디도여,
교회를 부탁하오

KB192430

이 책을
하나님 나라와 그 의(義)를 위해서,
복음의 영광을 위해서,
그리스도인다움과 교회다움을 위해서,
예배당에서, 광장에서, 거리에서
온몸으로 복음을 살아 내고 계시는
모든 그리스도의 증인들에게 드립니다.

디도여, 교회를 부탁하오

지은이 | 박대영
초판 발행 | 2018. 11. 21
5쇄 발행 | 2022. 3. 22.
등록번호 | 제1988-000080호
등록된 곳 | 서울특별시 용산구 서빙고로 65길 38
발행처 | 사단법인 두란노서원
영업부 | 2078-3352   FAX | 080-749-3705
출판부 | 2078-3331

책값은 뒤표지에 있습니다.
ISBN 978-89-531-3313-6 03230   Printed in Korea

독자의 의견을 기다립니다.
tpress@duranno.com   www.duranno.com

두란노서원은 바울 사도가 3차 전도여행 때 에베소에서 성령 받은 제자들을 따로 세워 하나님의 말씀으로 양육하던 장소입니다. 사도행전 19장 8-20절의 정신에 따라 첫째 목회자를 돕는 사역과 평신도를 훈련시키는 사역, 둘째 세계선교(TIM)와 문서선교(단행본·잡지) 사역, 셋째 예수문화 및 경배와 찬양 사역, 그리고 가정·상담 사역 등을 감당하고 있습니다. 1980년 12월 22일에 창립된 두란노서원은 주님 오실 때까지 이 사역들을 계속할 것입니다.

디도여,
교회를 부탁하오

디도서에서 배우는 복음, 교회, 그리스도인   박대영 지음

두란노

목차

교회, 목회, 목회자?

성경에서 말하는 교회와 목회자의 모습을 찾다가 디도서를 만났습니다. 디도서가 보여 준 교회상과 목회자상에 매료되어 성도들과 나눴습니다. 그 교회의 모습에는 벅찼고, 그가 제시하는 목회자상은 멋졌습니다. 하지만 그런 교회를 이루기에는 벅찼고, 그런 목회자가 되는 일은 버거웠습니다. 그래도 우리가 잘한 만큼 좋은 교회가 되고 좋은 사역자가 된다고 말하지 않고, 구주 하나님과 구주 예수님의 복음과 새롭게 하시는 성령의 역사가 그걸 가능하게 하신다니 디도서가 좋았습니다. 이 말씀을 나누면서 성도들과 함께 백번을 읽었습니다. 제 설교는 잊히더라도 말씀만은 마음에 오래도록 남아서 두고두고 말씀이 세우는 교회와 성도와 지도자가 되기를 바랐습니다.

목회를 하는 과정은 끊임없는 타협과 변화의 과정이었습니다. 대화라고 불러도 좋겠습니다. 내가 생각하는 교회상과 현실에서 전개되는 교회상과의 대화요, 성경이 원리적으로 제시하는 교회상과 내가 몸담고 있는 교회의 모습과의 대화입니다. 좋은 교회가 있다는 말을 들으면 찾아가 보려고 했고, 그분들의 고백이 담긴 책을 읽어 보기도 했습니다. 부러웠지만 비현실적이었습니다. 우리에게 적용할 수 있는 것들이 있었지만, 그들처럼 될 수는 없을 것 같았습니다. 그들이 다 말하지 않고 있다는 생각도 들었습니다. 내 입으로 말한 우리 교회의 모습과 실제가 같지 않았고, 그 전모를 다 드러낸 적이 없었듯이 말입니다.

그래도 교회에 대한 아득함은 목회자를 향한 거리감에 비하면 아무것도 아닙니다. 목회자란 직업이 과연 사람이 할 수 있는 일일까 싶은 생각을 여전히 하고 있습니다. 과연 한 번이라도 제대로 목회자다운 적이 있었는가 싶습니다. 진심으로 성도들을 사랑하고 그들의 말에 귀를 기울여 주고 그들의 형편이 궁금했던 적이 있었는가? 하나님의 말씀을 그분의 의도대로 전하려는 마음이 청중들에게 좋은 평판을 받으려는 마음보다 앞선 적이 있었는가? 내 삶을 통과한 말씀, 내가 살고 있는 말씀을 나누었던 적이 있었는가? 그리고 그들에게 요구하는 열매가 나에게 나타나고 있는가, 물었을 때 떳떳했던 적이 얼마나 있었나 싶습니다. 불신자들을 만날 기회가 거의 없는 사람으로서 그들 사이에서 살고 있는 성도들에게 어떻게 살아야 할지를 말한다는 게 과연 가능하기나 한 일일까? 내가 전하는 말씀과 설교자인 나 사이의 거리, 나와 성도 사이의 거리가 좀처럼 좁혀지지 않아 조바심이 나는 세월을 살아왔습니다. 한편으로는 목회라고 하는 것이 나에게 자연스럽고 덜 힘들게 되는 날이 오기를 기다렸고, 다른 한편으로는 정말 내가 힘들이지 않고 세련되고 깔끔하게 성도들을 상대하고 교회를 능수능란하게 경영하는 사람이 될까 두려웠습니다. 현실과 이상, 원리와 실재 사이의 간극이 좀처럼 좁혀지지 않는 것을 보면서, 이걸 어떻게 해석해야 할지 고민했습니다.

디도서는 그런 나를 향해서 쓸데없는 고민이라고 말하지 않아서 좋았습니다. 바울이 사역한 교회, 디도가 사역하고 있는 교회마저도 그와 같은 어려움을 겪었다고 말해 주어서 좋았습니다. 더 나아지길 기대하면서 애쓰는 수고와 애타는 마음이 결과와 상관없이 우리가 할 수 있는 전부라고 말해 주는 것 같아서 좋았습니다. 그래서 어떻게 해야 할지 생각하는 것은 늘 나의 몫이었지만, 제대로 하고 있는지를 짚어 볼 수 있는 질문들이 구구절절 담긴 서신이었습니다.

왜 디도서?

디도서는 바울 사도가 그레데 섬 사역을 디도에게 넘겨주면서 미처 마무리하지 못한 문제들을 잘 해결하도록 당부하는 서신입니다. 그 핵심에 장로, 즉 지도자들을 세우는 문제와 올바른 가르침을 확립하는 문제가 있었습니다. 지도자와 복음의 가르침, 둘은 떼려야 뗄 수 없고, 교회다움을 이루는 데 핵심적으로 필요한 것들입니다. 교회가 행하는 활동이 아무리 풍성하고 활발해도 그것이 복음이 제시하는 교회됨과 관련이 없다면, 무익한 일이 되고 성도들이 스스로를 속이는 일이 될 수 있습니다.

디도서, 교회를 부탁하오

그런 점에서 교회가 그 복음을 반영하는 삶과 인격을 갖춘 지도자, 그 복음의 내용과 현재적 상관성에 대해 깊이 이해하는 지도자를 세우는 일은 너무도 중요한 과제입니다. 물론 디도서에서 바울의 관심이 주로 올바른 가르침에 집중하고 있지만, 그 안에는 그 복음을 잘 가르칠 수 있는 지도자의 필요성이 전제되어 있습니다. 디도서는 석 장밖에 되지 않는 짧은 서신이지만, 복음에 대한 깊은 이해를 담은 진술들이 알차게 들어 있으며, 복음을 알고 믿는 것과 그 복음을 현실에서 살아 내는 것이 얼마나 긴밀하게 연결되어 있는지를 도저히 놓칠 수 없을 만큼 잘 설명해 주고 있는 놀라운 서신입니다. "복음이 교회를 형성했고, 따라서 교회의 위기는 복음의 위기"라고 했던 스콧 맥나이트(Scot Mcknight)의 진술처럼, 바울도 복음의 우선성을 강조하고 있는 것입니다.

이 원고를 마무리해 가는 시점에 저술가이자 영성가인 유진 피터슨(Eugene H. peterson) 목사님이 소천하셨다는 소식을 들었습니다. 그는 동네 작은 교회인 Christ Our King Church에서 성도들과 더불어 일상을 나누며 오늘의 중요성을 붙잡고 사셨습니다. 또한 소명을 따라 더 넓은 세상의 성도들이 이 시대의 언어로 하나님의 말씀을 읽을 수 있도록 《메시지》(복있는사람 역간)라는 성경 번역본을 펴내셨습니다. 언젠가 그의 책 《껍데기 목회자는 가라》(좋은씨앗 역간)에서 목회자들을 향해서 말씀하셨던 구절을 잊을 수 없습니다.

"목회자들을 단순히 좋은 사람으로만 한정하지 않는다면, 권력과 영향력과 특권을 추구하는 데 혈안이 된 문화 지도자들의 복제품 정도로 여길지도 모른다. 목회자도 성공한 사업가나 연예인들에 필적하는 인물이 되어 최고의 위치에 올라야 한다고 말하는 소리에 귀를 기울이면, 목회자들은 용기를 내어 교회를 지도상에 표시하고 세계적으로 유명한 교회를 만들려고 노력하게 된다."

더 많은 문화 소비자들의 구미와 취향을 분석해서 그들을 만족시켜 주는 문화 기술자들과 내가 얼마나 다르며, 쇼핑몰과 우리 교회가 얼마나 다른지를 묻고 있습니다. 종교 권력이 인간의 마지막 야망이라는데, 목사로서 나는 그 권력의 정점에 있다고 착각하며, 이 세상에서 그리스도를 현상시키는 증인이 아니라 나의 흔적을 남기고 기념비를 올리는 삶을 살고 있지는 않은지 물었던 것이었습니다.

그의 말은 김교신 선생이 당대의 종교 지도자들을 향해 해 주셨던 말과 맥을 같이하고 있었습니다.

"종교를 전업으로 삼는 자처럼 세상에 무익 유해한 것은 없다. 종교 전문가라는 것은 섶에 오르게 된 누에처럼 그 체질이 투명 무색하여 혈기가 없는 것이 그 특징이다. 저들은 허위 조작을 보고 듣고 성내지 않고,

물의를 목도하면서도 노발할 줄 모르며, 억울한 일 당하는 것을 보면서도 구제할 마음이 발동하지 아니함으로써, 도를 통했고 세속을 초탈한 까닭인 줄로 자긍한다. 우리는 그러한 초(超) 인간을 타기하고자 한다"((성서조선), 1936년 3월).

먼저 인간이 되는 것을 중히 여기지 않는 종교 전문가 혹은 생계형 직업 종교인들을 향한 그의 준엄한 꾸짖음은 일상과 현실과 성경에 깊이 뿌리를 내린 신자의 삶을 요구했던 유진 피터슨 목사님의 소리와 다르지 않아 보입니다. 울 줄도 모르고 웃을 줄도 모르고 분노할 줄도 모르는 사람, 모든 사람을 기쁘게 만들려고 안달하는 무색무취의 사람에게 그리스도를 맡길 수 없는 일입니다.

비스와바 쉼보르스카(Wislawa Szymborska)의 시 〈두 번은 없다〉(《끝과 시작》, 문학과 지성사 역간)에 이런 구절이 있습니다.

두 번은 없다. 지금도 그렇고
앞으로도 그럴 것이다. 그러므로 우리는
아무런 연습 없이 태어나서
아무런 훈련 없이 죽는다.

우리가, 세상이란 이름의 학교에서

가장 바보 같은 학생일지라도

여름에도 겨울에도

낙제란 없는 법.

반복되는 하루는 단 한 번도 없다.

두 번의 똑같은 밤도 없고,

두 번의 한결같은 입맞춤도 없고,

두 번의 동일한 눈빛도 없다.

연습 없는 인생이듯 목회에도 연습이 없습니다. 잘 못해서도 문제였고 잘 몰라서도 문제였습니다. 다시 기회를 준다 해도 더 잘할 것 같지는 않습니다. 하지만 그걸 낙제라고 부르고 싶지도 않습니다. 방향만 제대로 잡는다면, 그건 좀 더뎠을 뿐이었고 좀 돌아갔을 뿐이었다고 생각하려고 합니다. 어제의 내가 설교단에 서 있고, 지난주의 성도들이 제 앞에 앉아 있지만, 그렇다고 그것이 똑같은 반복은 아닙니다. 그만둘 수 없다면 부족해도, 더뎌도, 미숙해도 가 보려고 합니다. 새롭게 다가오신 주님을 새롭게 만나고, 새롭게 들려오는 복음을 새롭게 듣고, 새롭게 찾아오신

디도여, 교회를 부탁하오

성도들을 새 마음으로 맞이하면서 가 보려고 합니다. "우리 구주 하나님
의 자비와 사람 사랑하심"을 의지해서(딛 3:4), "그의 은혜를 힘입어"(딛 3:7),
"우리 구주 하나님의 교훈을 빛나게" 하고(딛 2:10), "선한 일을 열심히 하
는 자기(그분의) 백성"(딛 2:14)이 되기 위해서 성도들과 함께 살아 보려고
합니다. 이것이 민망한 사람에게 디도서를 통해서 주신 주님의 격려이
고, 주님이 보여 주신 방향성이고, 주님이 심어 주신 그림입니다.

본서의 구성과 활용

이 책에는 모두 일곱 편의 본문 묵상을 담았습니다. 전문적인 주석서는
아니지만, 설교자들이 설교를 준비할 때 활용할 거리가 많았으면 좋겠다
는 바람으로 충실한 주해를 담으려고 애를 썼습니다. 설교집은 아니지
만, 청중들이 내 앞에 있다고 생각하면서 목회적인 현실을 염두에 두고
썼습니다. 설교에 사용한 초고를 토대로 쓴 책이기에 '읽는 설교'라고 불
러도 좋을 것입니다.

　각 장 끝에 '교회다움을 위한 체크 리스트'를 담았습니다. 그것은 앞서
밝힌 대로, 본문에서 저는 저희 교회와 장로로서 제 자신을 돌아보게 하
는 질문들을 생생하게 들었습니다. 이 체크 리스트는 이 책을 함께 읽고
서로 자신의 생각을 나눌 때 '적용 질문'으로 활용할 수도 있겠습니다.

감사!

부족한 자료지만 이 책을 내기까지 도움을 주신 분이 많이 떠오릅니다. 성경적인 교회와 목회자상에 대해 처음으로 고민하게 해 주신 고(故) 윤종하 장로님께 감사드립니다. 복음에 기반한 인격적인 목회를 꿈꾸게 해 주시고 지금도 곁에서 지도해 주시는 황정길 목사님께 감사드립니다. 인내와 용서, 성실과 믿음이 목회자의 자질인 것을 보여 주셔서 제가 목회자가 되기를 주저하게 만든 고(故) 송용석 목사님을 기억합니다. 일상과 현실, 가정과 교회 간의 조화가 얼마나 중요한지를 보여 주신 김북경 목사님께 감사드리며 쾌유를 기원합니다. 예배당에서만이 아니라 광장에서도, 거리에서도 교회 개혁을 위해서 몸을 사리지 않고 애쓰시는 IPC의 방인성, 박득훈 목사님의 모습을 떠올리면서 쓴 구절이 적지 않습니다. 광주에서 지역 목회자들과 교회를 위해서 함께 고민하고 기도하는 아카데미 숨과 쉼의 운영위원들에게도 감사합니다.

이 책은 광주소명교회 성도들과 주님이 좋아하시는 교회와 목회자에 대해서 함께 고민하면서 나온 결과물들입니다. 소명의 가족들과 동역자 김성민, 이태환 목사님, 박정임, 홍창용 전도사님, 장경희 간사님에게 감사합니다. 본 교회의 어머니로서 사랑과 인내로 삶을 주님에게 드리며 사역하다가 은퇴하신 김영희 전도사님께 감사드립니다. 끝으로 가족들에게 감사합니다. 잊으면 큰일 나기라도 하듯 여기시며 날마다 저를 위해 기도해 주시는 부모님(박형수, 이영재)과 녹록치 않은 시간속에서도 따스한 우애와 굳은 신앙을 보여준 동생네(박대현, 김수연, 다인, 재인, 해인)와 누이들 (은영, 은경)에게 감사합니다. 마지막으로 안식월인데 책 쓴다고 별다를 바 없이 사는 남편을 참아 준 아내 차성과 두 아들 인서와 선재에게 미안함과 감사를 전합니다.

저는 이 책을 '하나님 나라와 그 의(義)를 위해서, 복음의 영광을 위해서, 그리스도인다움과 교회다움을 위해서, 예배당에서, 광장에서, 거리에서 온몸으로 복음을 살아 내고 계시는 모든 그리스도의 증인들에게' 드리고자 합니다. 복음을 전하기에 쉬웠던 시절은 없었습니다. 시대를 탓하지 않고 복음의 영광과 교회다움과 성도다움을 보여 준다면, 하나님이 다시 영광 받으시는 벅찬 광경을 개인의 일상에서, 특별히 우리의 교회에서 보게 하실 것을 믿고 묵묵히 자기 자리에서 소임을 다하는 모든 분들에게 조그마한 위로와 격려가 되기를 기대하며 조심스레 내놓습니다.

2018년 하늘 높은 가을에

박대영

하나님의 종이요

예수 그리스도의 사도인 나 바울이 사도 된 것은

하나님이 택하신 자들의 믿음과

경건함에 속한 진리의 지식과 영생의 소망을 위함이라

이 영생은 거짓이 없으신 하나님이 영원 전부터 약속하신 것인데

자기 때에 자기의 말씀을 전도로 나타내셨으니

이 전도는 우리 구주 하나님이 명하신 대로 내게 맡기신 것이라

같은 믿음을 따라 나의 참아들 된 디도에게 편지하노니

하나님 아버지와 그리스도 예수 우리 구주로부터

은혜와 평강이 네게 있을지어다.

———

디도서 1장 1-4절

1. 바울의 사명

- 교회의 존재 목표와 사명 -

성도 된 우리는 하나님의 임재가 기쁨으로 머무는 교회를 향한 간절한 바람이 있습니다. 그 그리스도의 몸의 일원이 된다면, 우리 역시 그리스도의 사람이 될 것이기 때문입니다. 그곳에서 서로 사랑으로 하나 되어 하나님을 아버지로, 예수님을 왕으로, 성령님을 스승으로 모시고 산다면, 아무것도 부러울 것이 없고, 무엇이든 무섭지 않을 것 같습니다. 그런 교회라면 이미 천국이고, 그런 삶은 이미 영생이며, 우리는 하늘을 먹고 마시며 살고 있는 것이니까요.

디도서는 바울이 그레데 섬에서 사역하는 디도에게 보낸 편지입니다. 이 편지에는 하나님의 영광이 머무는 교회를 향한 바울의 간절한 바람이 담겨 있습니다. 그런 영광스런 교회에 어울리는 성도들로 양육하기 위해 지도자 디도가 감당해야 할 일들이 무엇인지를 전해 주고 있습니다. 이제 우리도 그 음성을 들으며 교회가 교회다워지고, 성도가 성도다워지고, 그래서 교회가 세상 앞에 소금과 빛이 되기 위해서 무엇이 필요한지를 생각해 보려 합니다. 그리고 그런 교회가 되기 위해 우선해야 할 일이 무엇인지 디도서를 통해 살펴보려고 합니다.

디도서의 전체 흐름

바울은 디도서에서 크게 두 가지 사실을 강조합니다. 첫째는, 지도자와 장로를 신중하게 세우는 일입니다. 둘째는, 올바른 가르침을 전하는 일입니다. 1장은 교회에서, 2장은 가정에서, 3장은 세상에서 성도가 어떻게 살아야 하는지를 말해 줍니다.

이 중 디도서의 핵심 구절은 1장 5절로, 디도에게 부탁한 두 가지 일이 나옵니다. 즉, 남은 일을 정리하고, 각 성에 장로들을 세우라는 부탁입니다. 그러고 나서 1장 6-9절은 장로의 자격에 대해 언급합니다. 그리고 1장 10절부터 3장 11절까지는 바울이 못다 해결하고 남겨둔 일, 즉 그릇된 가르침에 영향을 받은 자들을 바로잡고, 또 공동체를 바른 가르침 위에 굳게 세우는 일에 대해 언급합니다. 이것은 후에 장로들이 이어서 해야 할 사명이었습니다. 그러고 나서 3장 11-15절에 몇 가지 부탁을 하고 문안 인사를 나눈 후 축복을 하면서 편지를 마치고 있습니다.

디도서의 전체 흐름

Ⅰ. 수신자와 발신자 그리고 인사(1:1-4)

Ⅱ. 몸말(1:5-3:11)

1. 요지(1:5): 디도를 그레데에 둔 두 가지 이유

1.1. 남은 일을 정리하기 위해

1.2. 각 성에 장로들을 세우기 위해

2. 두 이유를 구체적으로 설명(1:6-3:11)

2.1. 지도자(감독)를 세우는 일(1:6-9)

2.2. 거짓 교사를 막고 바른 가르침을 전하는 일(1:10-3:11)

1) 가르치는 것과 관련된 권면의 큰 두 가지 내용(1:10-3:7)

(1) 잘못된 가르침을 막고 꾸짖으라(1:10-16)

(2) 바른 교훈에 합당한 것을 말하라(2:1-3:11)

A. 바른 교훈에 합한 것을 말하라(2:1-15) - 공동체 안에서

B. 세상 앞에서 선을 행하라(3:1-7) - 공동체 밖에서

2) 요약 정리(3:8-11)

(1) 바른 교훈을 펴서 굳세게 하라(3:8)

(2) 거짓 가르침을 경계하라(3:9-11)

Ⅲ. 나가는 말(3:12-15)

1. 몇 가지 부탁(3:12-14)

2. 문안 및 축복(3:15)

디도서가 쓰인 목적

디도서 1장 1-4절에는 편지를 보내는 바울 자신과 편지를 받는 디도가 소개됩니다. 디도에게 바울이 은혜와 평화를 빌며 인사하고 있습니다. 시작하는 단락은 어느 편지나 거의 비슷하지만, 내용은 하나도 같은 것이 없습니다. 도입 부분에 사실상 본문에서 말하고 싶은 내용을 압축해서 암시적으로 담는 것이 바울의 익숙한 편지 쓰기 방식입니다.

같은 목회서신인 디모데전서와 비교할 때 디도서의 도입 부분은 매우 깁니다. 깊은 신학적인 내용을 담고 있습니다. 가볍고 경쾌한 도입이 아니라 묵직하고 진중한 도입입니다. 이는 별문제 없이 잘되고 있는 교회를 상대하는 게 아니라, 정색한 채 신중하고 엄중하게 가르칠 것이 있는 교회에게 보내는 편지답습니다.

"하나님의 종이요 예수 그리스도의 사도인 나 바울"(딛 1:1).

소개가 참 거창합니다. 얼핏 봐도 이 같은 자기소개를 통해서 자신이 어떤 중요한 '권위'를 가진 자임을 환기시키고 싶어한다는 인상을 받습니다. 이뿐 아니라 "사도인 나 바울이 사도 된 것은"(딛 1:1)이라며 바울은 자신의 사도성을 연달아 두 번이나 밝히고 있습니다.

이 편지는 디도 한 사람에게만 보낸 사신(私信)이 아닙니다. 이 같은 편지는 한 개인이 아닌 공동체를 향한 것으로 대중 앞에서 낭독되었습니다. 디도에게만 보낸 편지였다면 굳이 이렇듯 거창하게 자기소개를 할 필요가 없었을 것입니다. 그럼 이것은 누구에게 하는 것입니까? 바로 그레데 섬의 교회들과 교인들입니다. 교회는 이제 바울이 디도에게 명령

디도여, 교회를 부탁하오

한 것을 부담 없이 듣거나 무시할 만한 것으로 간주해서는 안 되었습니다. 하나님의 종, 예수 그리스도의 사도가 하는 말이니 반드시 듣고 따라야 했습니다. 그 말에 순종해야 했습니다. 또한 바울의 말을 수행하는 디도의 권위 역시 인정해 주어야 했습니다. 그는 바울 사도의 "같은 믿음을 따라 나의 참아들 된 디도"(딛 1:4)였기 때문입니다.

여기서 '아들'이라 함은 아버지의 권위를 그대로 물려받은 존재를 뜻합니다. 사실상 바울은 자신과 디도를 엄격하게 분리하고 싶지 않았습니다. 그러나 교회가 인정하는 권위가 사라진 곳에 사람이 제작한 권력이 자리 잡았습니다. 자발적인 순종 대신 강압적인 굴종이, 신비 대신 신화가 지배하게 되었습니다. 바울은 자신의 천부적인 권위를 디도에게도 부여하고 싶었습니다. 이를 통해 그레데의 상황이 어떠했으리라는 것을 짐작할 수 있습니다. 분명 바울이나 디도의 권위가 도전받고 있었을 것입니다. 거짓 가르침을 전하는 자들이 나타나서 바울과 디도의 가르침을 왜곡하며 그들은 가르칠 자격이 없다고 비난했을 것입니다. 바울이 이토록 자신을 변호하는 것은 자신의 명예 때문이 아니요, 자신과 디도가 전한 복음이 도전받고 있었기 때문입니다.

이는 무엇을 말해 줍니까? 메시지(message)와 메신저(messenger), 복음과 복음을 전하는 자는 떼려야 뗄 수 없는 관계라는 것입니다. 교회와 그 교회를 낳은 복음은 불가분의 관계입니다. 따라서 그 요건을 다 충족했다고 스스로 나설 수 있는 이가 있을까요? 없을 것입니다. 그러니 이 길은 결코 내가 먼저 하겠다고 나설 길이 아닙니다. 하나님이 시키셔야 합니다. 내가 하고 싶다고 할 수 있는 일도 아닙니다. 공동체가 허락해야 합니다.

그가 전하는 메시지에 사람의 살고 죽는 것이 결정되기 때문입니다. 메신저가 신뢰를 잃으면 메시지도 죽습니다. 그래서 디도서는 이 두 가지, 곧 올바른 메시지와 올바른 메신저를 동시에 말하고 있는 것입니다.

바울의 자기소개 (1a절)

바울은 자신을 두 가지 방식으로 소개합니다. 첫째로, 그는 하나님과 예수 그리스도와의 관계에서 자신의 존재를 규정합니다. "하나님의 종이요 예수 그리스도의 사도"(딛 1:1). 그의 정체는 하나님과 또 예수 그리스도와 관련이 있습니다. 그는 자신을 두 직분, 즉 종이요, 사도라고 부르고 있습니다. 이것이 디도서의 특징입니다. 구원과 교회 사역에 있어서 하나님은 늘 예수님과 함께, 그리고 예수님을 통해서 사역하고 계시다는 점을 디도서의 바울은 강조합니다.

　본문에서 하나님과 예수님은 함께 바울을 세우셨습니다. 또 함께 '구주'로 불리고 계십니다("구주 하나님"[딛 1:3, 하나님을 구주로 표현한 곳은 여기가 유일함], "예수 우리 구주"[딛 1:4]). 그레데의 거짓 교사들은 유대인이었을 것입니다. 그들은 십자가에 달려 죽은 예수가 구약에서 그토록 예언된 메시아(그리스도)일 리 없다고 주장했을 것입니다. 더욱이 그 메시아가 하나님과 동등한 분이실 거라고는 생각하지도 못 했을 것입니다. 바울은 이를 증명하기 위해 예수님을 하나님과 나란히 앉으시게 한 것입니다. 하나님의 일은 예수님을 '통해서' 하신 일이요, 예수님과 '함께' 하신 일임을 강조한 것입니다.

둘째로, 그는 하나님과 그리스도가 주신 사명을 중심으로 자신의 존재를 규정합니다. "나 바울이 사도 된 것은 … 하나님이 명하신 대로 내게 맡기신 것이라"(딛 1:1, 3). 그는 마치 자신이 이 세상에 태어난 것은 바로 이 사명 때문이라고 생각하는 것처럼 말합니다. 그리스도인들을 잡아 죽이던 자신을 주께서 만나 주셔서 변화시키신 것도 모두 이 사명, 복음을 전하는 사명 때문이라고 생각했습니다. 실제 예수 믿는 자들을 잡아 가두던 자리에서 예수 그리스도의 자비와 은총으로 용서받고 변화된 자리로 옮겨진 그의 삶 자체가 복음이 무엇인지를 보여 주는 사례였습니다. 그는 복음을 설명하면서 "나를 보시오"라고 말하면 될 간증을 갖고 있었습니다.

자신을 어떻게 정의하는지, 자신을 어떤 사람으로 소개하는지를 보면 그가 무엇을 가장 소중하게 여기는지를 알 수 있습니다. 그가 어떤 사람인가는 그가 맺고 있는 관계와 그 관계의 성격이 결정하기 때문입니다. 삶의 질은 관계의 질이라 말할 수 있고, 나의 나 됨은 그 관계에 임하는 내 태도가 반영된 것이라고 할 수 있습니다. 나를 하나님과의 관계에서, 예수님과의 관계에서 정의하고 있습니까? 나를 내게 주신 사명의 관점에서 정의하고 있습니까?

인간적으로 볼 때 바울은 당대 최고의 엘리트였습니다. 회심 전 그는 오직 하나님 한 분만을 위해서 비느하스의 열정으로 살았습니다. 하지만 부활하신 예수님을 만난 후 그것이 사환의 충성이 아닌 자신이 주인 노릇 한 인생이요, 메시아를 핍박한 삶이었음을 알았습니다. 어쩌면 이것이 지금 그레데 섬의 거짓 교사들이 하고 있는 잘못일지 모릅니다. 하지만 이제 바울은 자신은 하나님의 종(노예)이요, 단지 하나님이 시키시는 대로 전하는 사환에 불과하다고 소개하고 있습니다. 하나님 나라와 그분이 우리에게 약속하신 구원이 얼마나 영광스러운지를 모르는 사람들은 도저히 상상할 수도 없는 생각입니다. 복음을 알고 또 전하도록 부름 받은 성도들은 모두 하나님의 사환입니다. '맡은' 복음과 직분을 물성화시켜 그 소유로 힘을 만들고 차별화된 대접을 받는다면, 그 자신도 물성화될 것입니다.

교회도 그렇습니다. 하나님이 보시기에, 왕이신 그리스도가 보시기에 어떤 교회인지가 어떤 교단에 속했고, 어떤 목사님을 담임으로 두고 있으며, 얼마나 멋진 역사와 건물을 가졌는가보다 결정적으로 더 중요합니다. 자기 교회에 주신 사명을 잘 기억하면서 하나님 나라의 이야기를 함께 만들어 가는 교회, 하나님의 이야기에 참여하는 교회가 진정으로 살아 있는 그리스도의 몸인 것입니다.

하나님의 종

이제 좀 더 자세히 살펴보겠습니다. 먼저, 바울은 자신을 누구라고 소개합니까? 그는 자신을 '하나님의 종'이라고 소개합니다. 이는 바울의 편지 가운데 디도서에만 나오는 표현입니다. 대개는 '예수 그리스도의 종', '그리스도 예수의 종'이라고 부릅니다. '하나님의 종'이라고 부른 것은 구약의 여호와 하나님과 자신을 관련시키려고 한 듯 보입니다. 그레데의 거짓 교사들은 대부분 유대인입니다. 유대인에게 구약의 '하나님의 종들'은 매우 권위 있는 인물이었습니다. 구약에서 이 호칭은 아무에게나 붙일 수 없었습니다. 모세, 여호수아, 다니엘, 다윗, 아브라함 같은 위대한 하나님의 사람들, 하나님의 대리인들(agents)에게만 붙일 수 있었습니다. 바울은 자신이 바로 그 계보를 잇는 사람이라고 소개하고 있는 것입니다.

그런데 그것이 전부가 아닙니다. '종'은 이사야 43장에 나오는 '고난받는 종'을 연상하게 하는 단어이기도 합니다. 그 종은 바로 예수 그리스도를 가리킵니다. 더욱이 여기서 쓴 '둘로스'(δοῦλος)라는 헬라어 단어의 뜻은 '노예'입니다. 이는 철저히 주인에게 매인 존재라는 것을 강조하는 단어입니다. 종은 철저하게 주인에게만 복종해야 합니다. 메시아 예수님이 죽기까지 철저하게 아버지 하나님에게 복종하셨듯이, 바울 자신도 하나님의 명령에 따라 말하고 행동하는 자로 소개하고 있는 것입니다. 그러니까 이 '종'이라는 호칭 속에는 대립되는 두 이미지가 결합되어 있습니다. 하나님의 영광스런 대리인으로서의 종과 죽기까지 복종해야 하는 존재로서의 종의 이미지 말입니다.

오늘날 하나님에게 부름 받고 하나님 나라의 일에 참여하는 모든 교회와 그리스도인들이 하나님의 '종'이요, 그리스도의 '종'입니다. 더는 구약에서처럼, 그리고 사도 바울처럼 특정한 사람, 특정한 역할을 하는 목사나 선교사, 신학교 교수들에게만 사용하는 용어가 아닙니다. 우리는 모두 하나님의 종입니다. 노예입니다. '노예님'이라는 말이 없듯이, '종님'이라는 말도 없습니다. 우리는 높임을 받는 '종님'이 아니라 죽기까지 하나님만을 섬기고 복종해야 하는 '종놈'입니다.

교회는 어떤 곳입니까? 오직 하나님에게 복종하는 종놈들이 모인 곳입니다. 세상에 복종하면 안 됩니다. 땅에 복종하면 안 됩니다. 이 세대를 본받으면 안 됩니다. '하나님의 종'으로서의 교회는 세상과 선명하게 차별되어야 합니다. 하나님과 우상, 두 주인을 동시에 섬길 수는 없습니다. 교회다운 교회는 하나님만의 종으로서의 교회입니다. 또한 교회는 예수님이 하나님의 종으로서 우리를 위해 당신의 목숨을 내어 주며 섬기셨듯이, '서로' 섬기는 종들이 모인 곳입니다. 특정한 사람들만 종이 되는 것이 아니라, 서로가 서로에게 자발적으로 종이 되어 주는 교회입니다.

교회됨의 회복은 이 '종'으로서의 정체성 회복에 달려 있습니다. 특별히 말씀 사역자들은 자신의 존재를 이 '종'이라는 부르심의 빛에서 이해해야 합니다. 지나치게 영적이고 구별된 존재로서 성도들과 차별화하려 한다면 누구든 망가지기 쉽습니다. 우리가 종인 것을 기억한다면, 그 맡은 복음의 영광 때문에 상대가 허투루 대할 수 없는 권위를 가질 것이고, 그 복음이 요구하는 섬김의 삶 때문에 스스로 겸비할 수밖에 없을 것입니다.

예수 그리스도의 사도

바울은 또한 자신을 누구라고 소개합니까? 그는 자신을 '예수 그리스도의 사도'라고 소개합니다. 바울은 자신을 소개할 때 '사도'로 언급한 경우가 가장 많았습니다. 그는 원래 열두 제자에 속하지 않았고, 가룟 유다를 대신해서 보선(普選)으로 뽑힌 사도도 아니었습니다. 하지만 부활의 증인이 되었기에 주님은 그를 사도로 불러 주셨습니다.

사도는 예수님의 공식적인 메신저를 가리킵니다. 예수님을 대표해서 그분이 생전에 하신 일들과 말씀하신 바를 증언하며, 그것을 가르치고 전하고 보여 주는 사람입니다. 그래서 예수님이 바로 하나님 나라를 가져오신 하나님 나라의 왕이라고 전하는 자들입니다. 예수님의 부활과 승천으로 여전히 그분은 하나님 나라의 왕으로 통치하시며, 장차 심판의 주로 우리 가운데 오셔서 그 나라를 완성하실 것이라고 전하는 자들입니다. '하나님의 종'이 그러하듯이, 이제 더 이상 이 사도의 사명을 물려받은 개인은 존재하지 않습니다. 교회가 '사도와 선지자'의 터 위에 세움을 받아 그 사명을 이어 가게 하셨습니다. 따라서 모든 교회는 '사도적 교회'라고 할 수 있습니다. 교회는 우리 시대의 '작은 예수'이며, 예수님의 하나님 나라 통치를 가시화하는(visible) 천국의 대사관입니다.

바울은 한낱 인간에 불과합니다. 연약한 사람입니다. 그러나 지금은 인간 바울이 아니라 하나님의 종이요 그리스도의 사도로서 편지를 쓰고 있습니다. 그레데교회를 사랑하는 한 형제인 동시에 반드시 듣고 순종해야 하는 하나님의 말씀을 전하는 자입니다. 하나님이 그를 종으로 세우셨고, 부활하신 예수님이 그를 사도로 보내셨습니다. 그러나 이제는 교회 공동체가 이런 권위를 부여해서 말씀을 전할 수 있도록 세웁니다. 공식적으로 '안수'의 절차를 거쳐서 세움을 받기도 하지만, 공동체가 그 자격을 인정해서 허락하면 누구든 영적 권위를 갖고 하나님의 말씀에 기초해서 가르치며 권할 수 있습니다. 바울의 역할이 그레데 섬의 교회가 온전하게 서는 데 중요하다면, 우리 시대 공동체 역시 함부로 권위를 부여하지 않아야 하며, 혹은 권위를 남용하는 자에게 관대하지 않아야 합니다. 겸비하면서도 위엄 있게, 온유하면서도 담대하게, 사랑 가득하면서도 예리한 말씀의 사람을 세워야 합니다.

교회는 이 말씀의 권위를 사수하는 것을 매우 중요하게 여겨야 합니다. 아니, 가장 중요하게 여겨야 합니다. 거짓 가르침과는 피를 흘리기까지 싸워야 합니다. 지도자는 하나님의 말씀이 성도들의 귀에 권위 있는 말씀으로 들리도록 참 많은 것을 절제하고, 또 신중하게 말하고 처신해야 합니다. 가장 강력한 증인(證人)은 증거(證據)가 있는 사람입니다. 교회가 사도적 사명을 잘 감당하려면, 특별히 사역자가 이 사명에 충성하려면 자기 안에 증거가 있어야 합니다. 보여 줄 수 있는 것이 있어야 합니다. 그 진리가 이미 여기에서도 '실재'(實在, reality)한다는 것을 그는 스스로 드러내야 합니다. 그 하나님 나라의 복음이 예수 안에서 이미 여기에서도 실현되고 있음을 경험하게 해 주어야 합니다. 그것이 사도적 교회와 말씀의 사람들의 존재 방식이어야 합니다.

바울의 사명(1b-2절)

종은 의무를 강조하는 표현이고, 사도는 권위를 강조하는 표현입니다. 종과 사도로서 바울의 책임은 무엇이었습니까? 바울은 이를 세 가지로 말하고 있습니다.

"나 바울이 사도 된 것은 하나님이 택하신 자들의 믿음과 경건함에 속한 진리의 지식과 영생의 소망을 위함이라"(딛 1:1-2).

바울이 말하는 세 가지 책임은 무엇입니까? 믿음과 지식과 소망입니다. '하나님에게 택함을 받은 자들의 믿음을 위해서', '경건함에 속한 진리의 지식을 위해서' 그리고 '영생의 소망을 위해서' 사도가 되었다는 것입니다. 그런데 원문을 보면 전치사가 하나가 아니라 두 개입니다. 첫 번째와 두 번째에는 '카타'(κατά)를 쓰고, 세 번째에는 '에피'(ἐπί)를 썼습니다. 이 두 전치사의 뜻은 다릅니다. '카타'는 '위해서'로 번역할 수 있지만, '에피'는 '~위에'(기반으로)라고 번역할 수 있습니다. 그렇다면 바울은 두 가지 목적을 위해서 사도로 부름을 받았다고 말하고 있는 것입니다. 하나는 '하나님에게 택함을 받은 자들의 믿음을 위해서(카타, κατά)', 그리고 다른 하나는 '경건함에 속한 진리의 지식을 위해서(카타, κατά)'라고 말입니다. 그런데 그 사명은 무엇을 기초로, 무엇을 기반으로 이루어집니까? '영생의 소망을 기반으로(에피, ἐπί)' 이루어집니다.

바울이 교회를 위해서 부름 받은 목적을 아는 것이 중요한 이유는, 그것이 이 편지의 1차 독자인 디도의 사명인 동시에 같이 이 편지를 읽는 그레데 성도들의 신앙의 목표이기도 하기 때문입니다. 이는 또한 오늘날 사도적 교회인 우리의 교회가 교회다움을 이루기 위해 목표로 삼아야 할 모습이기도 합니다.

하나님이 택하신 자들을 믿음으로 인도하기 위해서

이것은 '믿음 없는 자들에게 믿음을 갖도록 하기 위해서'라는 뜻도 되고, '믿음 있는 자들을 더 장성한 믿음으로 양육하기 위해서'라는 뜻도 됩니다. 당연히 여기에는 믿음의 내용인 복음도 포함될 것입니다. 바울은 하나님이 선택하신 자녀들에게 복음을 잘 가르쳐서 건강하고 올바른 믿음의 사람, 어떤 유혹과 시련에도 끄떡없는 믿음의 사람을 만들도록 보냄받은 사도였던 것입니다. 이것이 지도자의 중요한 역할입니다. 바울은 여기서 하나님의 '선택'만을 강조하지도, 성도의 '믿음'만을 강조하지도 않습니다. 선택되면 자동적으로 혹은 필연적으로 믿음을 갖게 되는 것으로 여기지도 않고, 선택이 없이도 잘 가르치면 믿음에 이르게 된다고도 말하지 않습니다. 둘 중 하나만 강조하면 방종에 이르거나 자기 의에 빠지게 됩니다. 선택은 믿음을 요청하고, 믿음은 선택을 전제로 합니다. 둘 사이의 신비를 해결할 수 있는 손쉬운 길은 없습니다. 하나님의 주권과 인간의 자유의지 사이의 관계는 그 긴장을 그대로 유지한 채 둘 모두의 본래적인 중요성을 강조하는 것이 중요한 것입니다.

그레데 섬의 거짓 교사들이 유대인이라면, 그들은 자신을 하나님의 선택에 따라서 장차 메시아가 오실 때 가장 먼저 구원받을 '믿음'을 가진 자들이라고 여겼을 것입니다. 하지만 그들은 진정한 믿음의 대상인 '예수 그리스도'를 받아들이지 않음으로써 하나님에 대한 그들의 믿음마저 올바른 것이 아님을 입증했고, 사실상 혈통적인 유대인이라고 해서 모두가 아브라함의 복에 참여하는 믿음의 후손은 아님을 보여 주고 있었습니다. 바울은 이런 유대교의 공격에 믿음이 흔들리는 성도들을 붙들어 주고 그 믿음을 굳게 하도록 디도를 그레데에 남겨 둔 것으로 보입니다.

눈에 보이는 규모에 천착할 때 교회는 공동체나 가족으로서의 정체성을 잃고 유지와 관리에 연연하는 '기관'이나 '단체'로, 성도들은 소중한 지체가 아니라 기관을 효율적으로 유지하는 데 기여하는 '자원'으로 전락하게 됩니다. 의식에 잘 참여하거나 규모를 확장하는 일에 돈이나 노동력을 공급하는 역할을 충실히 잘하면 '믿음이 좋다'는 말을 듣곤 합니다. 그러나 그것들이 때로 우리의 존재 자체가 믿음의 사람으로 온전하게 되는 것과는 아무 상관이 없을 수도 있습니다.

성도들이 경건함에 속한 진리의 지식을 갖게 하기 위해서

'진리의 지식'이라는 것은 '진리를 안다'는 말입니다. 진리를 아는 사람을 만드는 것이 바울의 역할이었습니다. 그런데 이는 그냥 머리로 아는 것이 아니라 체험적으로, 인격적으로, 관계적으로 안다는 뜻입니다.

여기서 중요한 것은 '진리'라는 단어입니다. 바울은 구원을 가져오는 진정한 계시를 진리라고 부르고 있습니다. 예수님은 자신을 진리라고 부르셨습니다(요 14:6 참조). 로마의 총독 빌라도는 자기 앞에 진리가 서 있는 줄 모른 채 이렇게 묻습니다. "진리가 무엇이냐"(요 18:38). 진리를 안다는 것은 예수님을 아는 것이고, 복음을 아는 것이고, 왕으로서 그분이 가져오신 하나님 나라를 아는 것이고, 따라서 그것은 영생과 구원의 길을 아는 것입니다. 바울은 성도들이 이 진리를 알아 (오늘 여기서부터) 하나님 나라에 참여해 영생을 누리게 하려고 사도로 부름을 받았습니다.

그런데 바울은 그 진리를 '경건에 속한 진리'라고 합니다. 인격적이고 관계적이고 체험적인 진리기에, 그것은 반드시 삶 속에 열매로 나타나는 진리여야 한다는 뜻입니다. 예수님은 "진리를 알지니 진리가 너희를 자유롭게 하리라"(요 8:32) 하심으로써 진리를 의인화시키십니다. 진리를 무언가를 창조해 내는 능력이 있는 것으로 말씀하고 계신 것입니다. 진리

안에 거하는 사람은 진리의 열매, 빛의 열매, 성령의 열매를 많이 맺으며, 그로 인해 하나님이 영광을 받으실 것입니다. 그것을 보고 세상은 우리가 진리이신 예수님의 제자인 줄 알게 될 것이라고도 하셨습니다. 즉, 우리가 경건에 속한 자가 되게 하는 것이 진리라는 것입니다. 그러니까 경건에 속한 진리는, 경건에 알맞은 진리, 경건으로 인도하는 진리, 경건한 삶을 사는 법을 보여 주는 진리이며, 그런 진리여야 참진리인 것입니다. 여기서 '경건'(유세베이아, εὐσέβεια)은 하나님을 향한 외경심과 거기에서 나오는 규모 있고 단정한 실천적인 삶을 모두 아우르는 태도입니다. 그것은 진리 안에 뿌리 내린 삶을 통해서만 나오는 열매입니다.

  이단이 진리가 아닌 것은 그 열매가 보여 줍니다. 교회 또한 경건의 열매는 없고 잎만 무성해서 세상의 조롱거리가 된 것은 교회에 복음과 진리가 사라졌기 때문입니다. 반면, 진리를 고수하려다가 첫사랑을 잃어버렸던 에베소교회는 '촛대를 옮기겠다'(계 2:5 참조)는 경고를 들어야 했습니다. 이는 그들이 고수하려던 진리에 그들 자신은 아무런 영향도 받지 않은 채 죽은 정보와 체계와 논리로서의 '교리'만을 추구했기 때문입니다. 교리적인 진리만을 강조하는 교조주의나, 교리는 소홀히 한 채 경건한 삶만을 강조하는 경건주의는 모두 거짓 가르침과 세속의 유혹 앞에서 취약할 수밖에 없습니다. 한 극단에서는 '실리'만 추구하고 다른 극단에서는 '교리'만 추구하다가 '경건에 속한 진리'를 잃어버리게 되기 때문입니다. 건강한 교회는 경건에 속한 진리의 지식이 가르쳐지는 곳입니다.

믿음과 진리의 지식의 관계

바울은 지금 두 가지, 곧 '믿음'과 '진리의 지식'을 위해서 사도가 되었다고 말합니다. 그렇다면 이 둘은 서로 밀접한 관련이 있음을 알 수 있습니다. 믿음은 진리를 아는 지식이 있어야 생길 수 있습니다. 또한 진리는 믿음이 있어야 알 수 있습니다. 무엇이 먼저랄 것 없이 떼려야 뗄 수 없이 연관되어 있습니다. 지식을 무시한 믿음은 맹목적인 믿음입니다. 믿음이 없이는 생명에 이르는 참진리를 볼 수 없습니다.

바울의 다른 목회서신인 디모데전서는 이 둘 사이의 관계를 잘 보여줍니다. 디모데전서 4장 6-7절의 요지는 "경건에 이르도록 네 자신을 연단하라"(딤전 4:7)는 명령에 있습니다. 이어서 바울은 어떻게 경건에 이르도록 연단할 것인지를 말하는데, 그는 11-16절에서 '말씀을 따라 살면서 말과 행실과 사랑과 믿음과 정절에 본이 되라'고 권면합니다. 그럼 경건하지 않은 자들은 누구를 말합니까? 디모데전서 4장 1-2절은 '믿음에서 떠나 잘못된 가르침에 미혹이 되고, 양심이 화인을 맞아 거짓말하는 자'라고 말합니다. 즉, 하나님을 신뢰하는 마음이 사라지고, 욕심에 포박되어 양심이 무디어지고, 거짓말을 하며, 자신의 욕심을 합리화시켜 주는 거짓 진리에 눈을 돌리는 자들이 경건하지 않은 자들이라는 것입니다. 따라서 바울 사도는 우리가 경건하기 위해서는 무엇이 필요하다는 것입니까? 진리의 지식입니다. 믿음입니다. 하나님의 말씀이 필요하다는 것입니다. 하나님의 말씀에서 멀어지면 우리의 양심은 화인을 맞아, 경건의 능력은 사라지고 경건의 모양만 남게 됩니다(딤후 3:5, 14-17 참조). 믿음에서 떠나면 잘못된 가르침에 이끌리게 되는 것입니다.

영생의 소망에 근거해서 믿음과 진리의 지식을 추구함

본문 1절에서 바울은, 성도들은 복음에 대해 믿음으로 반응하고 진리를 아는 것이 필요할 뿐 아니라, 그 믿음과 진리에서 나온 경건한 삶이 뒷받침되어야 한다고 말합니다. 이런 성도로 양육하는 것이 자신이 하나님의 종과 사도로 부름 받은 목적이라고 이해하고 있습니다. 그렇다면 이런 성도가 되게 하는 것을 사도적 교회의 존재 목표로 삼아야 마땅합니다. 이런 엄중한 목표를 앞에 둔다면, 교회가 늘어난 교인 수나 외적인 활동으로 만족하는 일은 없을 것입니다.

이제 2절에서는 그런 목적을 달성하기 위한 바울 사역의 기초, 혹은 토대가 무엇인지를 말해 줍니다. 그것은 '영생의 소망'입니다. 바울의 사역은 '영생의 소망'에 근거하고 있습니다. 그것은 바울이 이 사명에 충성해야 하는 이유가 되기도 하고, 성도들이 믿음과 진리의 사람이 되어야 하는 이유가 되기도 합니다. 영생을 누릴 소망이 있기에, 하나님 나라는 반드시 새 하늘과 새 땅에서 완성될 것이기에, 바울은 목숨을 다해서 이 사역을 감당할 수 있고, 감당해야만 한다는 뜻입니다. 이 영생은 이미 우리가 누리고 있는 하나님 나라 백성의 삶이고 축복이지만, 디도서에서는 '소망'이라는 말을 수식하고 있는 것을 볼 때 미래적인 측면이 강하다고 할 수 있습니다. 그것은 '장차 올 세상의 생명'을 의미합니다.

우리가 사는 이 세상이 전부라면 목숨걸고 인생을 다 바쳐서 복음을 전할 필요가 없습니다. 성도들은 절대 진리를 부정하는 이 상대성과 다원성의 시대에 확고하지만 편협하고 독선적으로 보이는 믿음의 사람, 진리의 사람이 될 필요가 없습니다. 예수님이 참여하신 부활에 참여할 약속이 없다면, 그 약속이 실재하는 것이 아니라면, 바울도 과거 자신이 살아왔던 삶에서 돌이키지 않았을 것입니다. 그럴 필요가 없었을 것입니다. 우리가 고난 속에서도 믿음을 지키고, 또 "경건하게 살고자 하는 자는 박해를 받으리라"(딤후 3:12)는 바울의 말처럼 손해를 보고 어려움을 겪는데도 경건의 능력을 따르는 삶을 선택할 수 있는 것은, 오직 '영생의 소망'이 있기 때문입니다. 바울은 만약 우리에게 이 소망이 없다면 '모든 사람 가운데 우리가 더욱 불쌍한 자'이고, '내일 죽을 터이니 먹고 마시며 사는 것'이 옳을 것이라고 말합니다(고전 15:19, 32 참조). 그 말이 맞습니다. 하나뿐인 목숨과 인생을 생명 아닌 것에 걸 바보는 없을 것입니다.

　　교회의 존재 목표는 아주 분명해야 합니다. 함께하는 모든 이들이 영생의 소망을 갖게 하는 것입니다. 영생의 소망, 하나님 나라의 소망을 가지고 이 땅에서 믿음으로 진리를 따라 경건하게 살도록 돕기 위해 교회는 존재합니다. 겉만 경건한 사람이 아니라 경건의 능력이 있는 사람으로 살게 해 주어야 합니다. 순전하고 신령한 주님의 말씀을 잘 먹여서 이 세상을 이기고도 남을 만한 경건한 사람으로 자라 가게 하려고 교회는 존재하는 것입니다. 그리하여 모든 성도들이 의의 소망에 이르도록 해 주어야 합니다.

하나님 계획의 절정으로서의 영생

바울에게 이 '영원한 생명의 소망'은 단지 미래에 이루어질 막연한 바람이 아닙니다. 그것은 미래에 가서야 경험할 일만도 아닙니다. 영원한 생명은 내세에 얻는 것이 아니라, 이미 지금 여기에 나타났고, 사람들이 지금 여기에서 누릴 수 있는 현재적인 실재입니다. 바울에게 영생은 과거에도 존재했으며, 현재 경험하고 있고, 또한 장래에 완성될 어떤 것입니다. 영생의 나라를 이루고 영생의 복을 누리게 하는 것, 이것이 구속사의 목표입니다. 예수님을 통해서 성취의 형태로 영생이 나타난 것은 그야말로 구원 드라마의 절정입니다. 약속하신 그날은 예수 그리스도 안에서 이미 왔고, 또 그분의 재림을 통해 완성될 것입니다. 그날이 오지 않으면 지나온 모든 시간이 아무 의미가 없을 만큼 그날은 필연적인 날입니다. 이를 증명하기 위해서 바울은 하나님의 약속의 역사, 구속사, 하나님 나라의 역사를 거슬러 올라가고 있습니다.

"이 영생은 거짓이 없으신 하나님이 영원 전부터 약속하신 것인데 자기 때에 자기의 말씀을 전도로 나타내셨으니 이 전도는 우리 구주 하나님이 명하신 대로 내게 맡기신 것이라"(딛 1:2-3).

영생의 사람 창조, 그것은 하나님 나라 계획의 핵심입니다. 그리고 그 계획의 기원은 창세전입니다. "하나님이 영원 전부터 약속하신 것인데"(딛 1:2). 바울은 디모데후서에서도 말합니다. "하나님이 우리를 구원하사 거룩하신 소명으로 부르심은 우리의 행위대로 하심이 아니요 오직 자기의 뜻과 영원 전부터 그리스도 예수 안에서 우리에게 주신 은혜대로 하심이라"(딤후 1:9). 여기서는 영생을 '거룩하신 소명으로 부르신 구원'이라고 묘사하고 있고, 그것은 '영원 전부터' 예수 그리스도 안에서 이루실 계획이었다고 말하고 있습니다. 그런데 그 영생의 약속이 예수님을 통해서 역사 속에 나타났다고 바울은 디도서에서 말하고 있는 것입니다. 바울이 타임라인을 '영원 전'으로 연장시킨 것은 유대인들(혹은 유대인 그리스도인들)의 타임라인인 그들의 믿음의 조상 아브라함 이전까지로 소급하기 위해서입니다.

하나님의 관심은 아브라함의 혈통적 후손인 유대인에 국한되지 않았습니다. 또한 하나님의 방법은 아브라함이 아니라 '예수 그리스도'였습니다. 만약 유대인들이 이 예수님을 부인한다면 아브라함에게 주신 언약의 약속, 영생의 약속과는 아무 상관없는 사람이 된다는 것을 바울은 이야기하고 있습니다. 예수 그리스도에 대한 바른 믿음과 진리의 지식을 갖고 있지 못하다면, 그들은 헛된 것을 기다리는 자들이 될 것입니다. 오직 예수님만이 오늘은 물론 내일도 영생을 주실 수 있는 유일한 분이기 때문입니다.

하나님의 때를 따라 나타난 영생

그런데 바울은 이제 예수님이 부활하고 승천하신 후에는 그 영생을(그 하나님 나라를) 사도 바울 자신의 전도를 통해서 '나타내신다'고 말합니다. "자기 때에 자기의 말씀을 전도로 나타내셨으니 이 전도는 우리 구주 하나님이 명하신 대로 내게 맡기신 것이라"(딛 1:3). 하나님은 당신과의 언약 관계 속에서 누리는 '복'인 이 영생에 관한 말씀을 각 시대마다 다양한 대리인들을 통해서 드러내셨습니다. 유대인들은 '토라', 즉 하나님의 말씀을 맡음으로써 누구보다도 풍성하게 이 메시아 안에 있는 영생에 대해서 많이 들었던 이들입니다. 그러다가 '때가 차매' 아들이 직접 내려와 이 하나님 나라를 현시하셨고, 그 영생을 바로 이 땅에서 누리게 하셨습니다. 병든 자들이 낫고, 귀신 들린 자들이 회복되고, 눈먼 자들이 눈을

뜨고, 갇힌 자들이 해방을 맛보았습니다. 깨어졌던 관계가 회복되고, 참 안식을 누리는 나라를 가져오셨습니다. 그러고 나서 승천하신 후 예수님은 성령님을 통해 세상 끝 날까지 '교회'와 함께하겠다고 약속하시고는 자신이 경험하게 해 주었던 그 영생, 그 하나님 나라의 통치를 제자들이 전하도록 명령하셨습니다. 그 방법이 바로 '전도'(케뤼그마, *κήρυγμα*)입니다.

"자기 때에 자기의 말씀을 전도로 나타내셨으니"(딛 1:3, 마 12:41; 막 16:8; 눅 11:32; 롬 16:25; 고전 1:21, 2:4, 15:14; 딤후 4:17 참조).

여기 '자기 때에 나타내셨다'고 할 때 이 '때'라는 단어는 '하나님의 시간'을 의미하는 '카이로스'(*καιρός*)입니다. 하나님은 시간의 주인으로서 영원 전부터 영원 후까지, 창조 전부터 새 하늘과 새 땅에 이르기까지 역사를 주관하면서 하나님 나라의 창조의 역사를 이루어 오셨습니다. 예수님의 오심과 전도도, 바울의 부르심과 전도도 하나님의 때를 따라 이뤄진 일입니다. 그것은 오늘 우리 교회를 부르심과 교회에게 맡겨 주신 전도의 사명이 얼마나 막중한 시대적, 역사적 소임인지를 잘 보여 주는 표현입니다.

교회가 세워지고, 사역자와 성도로 부름 받아 한데 모이는 것은 우연이 아닙니다. 이는 영생의 소망을 전하기 위해서, 누리기 위해서 모인 것입니다. 그 소망 때문에 믿음으로 사는 자, 진리의 지식을 알고 경건하게 사는 자로 창조되기 위해서 모인 것입니다. 교회 안에서뿐 아니라 교회 바깥을 향해서도 '도'를 전하는 자들로 살도록 부름 받은 것입니다. 바울은 지금 신기루를 좇고 있는 것이 아닙니다. 오늘 우리의 신앙도 허깨비를 좇는 일이 아닙니다. 바울이 사도로 부름 받아 동아시아와 유럽을 일

생토록 돌아다니며 여러 차례의 죽을 고비 가운데서도 복음을 전해 온 것은 바로 이 영생의 약속이 있었기 때문입니다. 지금 바울은 그 약속이 실현되는 때를 향해서 나아가고 있음을 알았습니다.

전도를 통해서 나타내신 영생

여기서 바울은 자신의 일을 '전도'라는 말로 표현하고 있습니다. 그는 그 것을 하나님이 당신의 말씀, 즉 '자기의 말씀'을 나타내시는 일이라고 말 합니다. 그런 면에서 본다면 전도(케뤼그마, κήρυγμα)는 '선포'라고 번역하는 것이 더 나을 것입니다.[1] 전도는 사람들을 교회로 데리고 와서 등록시키 는 것이 아닙니다. 하나님 말씀을 전하는 일입니다. 교회 등록하고 세례 받고 직분 받으면 당연히 그리스도인이 되는 것으로 오해하기 때문에, 교회 안에 그리스도인이라고 착각하는 비그리스도인들이 많아졌고, 정 말 회심해야 할 사람들의 회심을 가로막게 되었습니다. 세례 전에 분명 하게 '하나님의 말씀'을 가르쳐 주어야 합니다. 전도 받음이 없이, 즉 선 포되는 하나님의 말씀에 내 자신이 적발되고 노출되고 심문을 받는 경험 이 없이 나온 고백이 얼마나 진정한 것인지 묻지 않을 수 없습니다.

하나님은 당신이 택한 자들에게 영생을 주기 원하십니다. 그런데 이를 위해서 하나님이 정하신 방법이 무엇입니까? 전도입니다. 전도는 미련 한 것이라고 바울은 고린도전서에서 말합니다(고전 1:21 참조). 그것은 십자 가를 전하는 일이기 때문입니다. 십자가에 달려 죽은 예수가 메시아라고

---

1 '케뤼그마'는 전파하는 행위를 강조할 수도 있고 내용을 강조할 수도 있다. 여기서는 영생을 주는 방법으로서 하나님의 말씀을 전파하는 행위를 강조하고 있다.

전하는 일이기 때문입니다(고전 1:22-24 참조). 우리도 저 예수처럼 바보같이 미련하게 십자가의 삶을 살아야 영생을 얻을 수 있습니다. 그래야 저 로마 제국의 협박에 굴하지 않고 이길 수 있다고 말할 수 있습니다. 그것이 바로 '전도'인 것입니다.

어떤 교회가 교회다운 교회입니까? 영생의 소망 때문에 전도하는 교회입니다. 교회 안에서 지도자를 통해 혹은 성도의 교제를 통해 성도들이 케뤼그마를 받는 교회입니다. 영생을 모른 채 죽어 가는 세상을 향해 이 생명의 케뤼그마를 전하는 교회입니다. 그리하여 '하나님의 때'를 따라서 존재하는 교회입니다.

거역할 수 없는 전도 명령을 통해서 드러난 영생

바울은 예수님이 승천하신 후에 이제 그 예수님이 생전에 하시던 전도를 자신이 하도록 부름 받았다고 말합니다.

"자기 때에 자기의 말씀을 전도로 나타내셨으니 이 전도는 우리 구주 하나님이 명하신 대로 내게 맡기신 것이라"(딛 1:3).

여기서 '내게 맡기신 것이라'를 직역하면, '나 곧 내게 맡겨진 전도'(ὃ ἐπιστεύθην ἐγὼ)입니다. 다른 누구도 아닌 바로 바울 자신에게 맡겨졌음을 강조합니다. 여기에서 쓰인 수동태는 신적수동태일 것입니다. 바울 스스로 맡겠다고 결정한 것이 아니라 '우리 구주 하나님'이 명하신 대로, 하나님의 주권을 따라 맡겨졌다는 뜻입니다. 그는 자신을 구원한 '구주 하나님의 종'이기 때문입니다. 따라서 그것은 거역할 수 없는 명령입니다.

더욱이 바울이 전도를 통해 전해야 할 것은 '자기(하나님)의 말씀'(톤 로곤 아우투, *τὸν λόγον αὐτοῦ*)이라고 합니다. 바울은 결코 자신의 말, 자신의 이야기를 전해서는 안 되었습니다. 하나님의 말씀, 하나님의 이야기, 하나님 나라의 이야기를 전해야 합니다. 하나님의 때('자기 때에')에 전해야 합니다. 하나님이 부르신 사람이 전해야 합니다('내게 맡기신 것이라'). 하나님이 전하라고 하시는 방법을 따라('전도로') 전해야 합니다. 그럴 때 각 시대마다 하나님이 자기 백성에게 영생을 주시는 역사가 이루어지기 때문입니다.

죄인 중에 괴수인 바울을 살리신 이유, 만삭되지 못해서 난 자 같은 그를 사도로 삼으신 이유가 바로 이 전도 때문이기에, 그가 이제 살고 죽는 것은 이 전도의 명령에 순종하는가에 달려 있다고 볼 수 있습니다. 이것은 열두 제자에게 남겨 주신 명령과 다르지 않습니다.

"예수께서 나아와 말씀하여 이르시되 하늘과 땅의 모든 권세를 내게 주셨으니 그러므로 너희는 가서 모든 민족을 제자로 삼아 아버지와 아들과 성령의 이름으로 세례를 베풀고 내가 너희에게 분부한 모든 것을 가르쳐 지키게 하라 볼지어다 내가 세상 끝 날까지 너희와 항상 함께 있으리라 하시니라"(마 28:18-20).

예수님은 간단한 쪽복음만 전하라고 말씀하시지 않습니다. 그동안 잘 가르쳐 주었으니 그 '모든 것'을 가르치라고 하십니다. 그뿐이 아닙니다. '지키게 하라'고 하십니다. 알게 하고 살게 하는 일, 이것이 성경이 말하는 전도입니다. 이것이 교회가 감당해야 할 사명입니다. 아무나 쉽게 그리스도인이라고 불러 주지 말아야 하며, 그 고귀한 이름을 남용하지 않아야 합니다. 이것은 열두 제자나 바울만의 사명이 아니라, 교회의 사명입니다. 교회의 서고 넘어지는 것은 이 '전도'에 달려 있습니다. 그것이 가장 주요한 사명이기 때문입니다. 사명은 생명을 받은 자들의 도리이고, 생명을 유지하는 방식입니다. 소명과 사명이 생명을 만들어 냅니다. 구원은 이제 내가 그리스도의 것이 되고, 그분의 사환이 되고, 그분의 동역자가 되어 하나님 나라를 경작하는 자가 되는 일이기 때문입니다.

교회에서 전도가 결코 옵션이 될 수 없다는 것을 어떻게 알 수 있습니까? 바울이 전도를 명하시는 하나님을 '우리 구주'라고 이례적으로 부르는 데서 알 수 있습니다(딛 1:3 참조). 본문 4절에서는 '그리스도 예수 우리 구주'라고 부릅니다. 하나님과 그리스도가 하시는 일이 무엇이라는 뜻입니까? 구원하는 일입니다. 영생을 주는 일입니다. 구약의 하나님도 '전도의 하나님'이셨으며, 예수님도 '전도하시는 하나님의 아들'이셨고, 이제 그 자녀이며 백성인 교회도 '전도하는 공동체'가 되어 이 세상을 구원하시는 하나님의 역사에 참여해야 하는 것입니다.

거짓이 없으신 하나님이 약속하신 영생

이 영생의 약속이 확실하고 믿을 만한 진짜 이유가 있습니다. 이 영생은 '거짓이 없으신' 하나님이 약속하신 것이기 때문입니다. '거짓이 없으신'(ἀψευδής)이라는 표현은 신약에서 이곳에만 나옵니다. 디도서 1장 12절을 보십시오. 디도는 자신이 머물고 있는 그레데 섬의 사람들을 이렇게 묘사합니다. "그레데인 중의 어떤 선지자가 말하되 그레데인들은 항상 거짓말쟁이며(ψεύστης) 악한 짐승이며 배만 위하는 게으름뱅이라 하니."

그레데의 선생들은 거짓말쟁이입니다. 사탄도 거짓말쟁이입니다. 바울과 디도의 가르침이 거짓이 아니라 그들이 거짓말하는 자들입니다. 바울은 거짓이 없으신 하나님의 말씀을 전하는 신실한 사역자였습니다. 사도적 교회의 성도와 사역자는 진실하신 하나님을 닮은 진실한 사람이어야 합니다. 거짓으로 사람의 마음을 훔치고 사적인 이익을 도모하는 이들 때문에 늘 교회는 교회다움을 잃었습니다. 교회는 하나님이 약속하신 영생을 전해야 하며, 결코 세상의 약속이나 청중들이 갖고 싶어 하는 것과 섞인 정체불명의 영생, 유사 영생에 취해서 살게 해서는 안 됩니다. 그런 유사 영생의 복음을 통해 거짓 확신과 거짓 안전감, 거짓 평화 속에서 현실 도피적으로 혹은 지나치게 현실적으로 사는 사람들이 교회를 점유하고 있습니다. 그것은 가짜 생명이요, "살았다 하는 이름은 가졌으나 죽은 자"(계 3:1)에 불과합니다. 십자가의 길을 걸어갈 때만 누릴 수 있는 부활의 생명이 영생입니다. 그것을 에누리 없이 전하지 않는, '거짓말'로 전하는 영생은 거짓말하지 않으시는 하나님이 주시는 영생이 아닙니다.

바울의 동역자 디도(4a절)

바울은 이렇게 길고 또 깊게 자신을 소개합니다. 그런 후에 그는 편지를 받는 디도를 소개합니다.

"같은 믿음을 따라 나의 참아들 된 디도에게 편지하노니."

바울의 편지는 디도에게 신임장과 같은 역할을 했을 것입니다. 디도는 그레데에서 아주 오래 사역할 사람은 아니었습니다. 그 역시 순회 사역자였습니다. 그레데교회가 어느 정도 성장하면 현지 지도자들을 세운 후에 떠나도록 예정되어 있었습니다. 뒤에서 살펴보겠지만, 아데마나 두기고가 그레데에 도착하면 디도는 그곳을 떠나 니고볼리에 도착해 있을 바울에게 가도록 예정되어 있었습니다(딛 3:12 참조).

여기서 디도를 부르는 바울의 표현을 보십시오. '같은 믿음을 따라 나의 참아들 된 디도.' 정말 친밀하고 따뜻한 관계임을 보여 주지 않습니까? 자신을 영적인 아비라고 부른 것을 보니 디도는 안디옥교회에서 바울에 의해 회심했을 것으로 보입니다. 적어도 디도는 바울에게 큰 영향을 받은 제자일 것입니다. 디도는 바울을 대신해서 그레데 섬에 남겨 두어 자기 역할을 감당하게 할 만큼 믿을 만한 동역자였습니다. 이런 동역자가 있다는 것은 큰 축복입니다. 모세에게는 아론과 여호수아가 있었고, 여호수아에게는 갈렙이 있었습니다. 디모데와 디도도 바울에게는 큰 힘이 되었을 것입니다. 예수님은 열두 제자를 그렇게 맘 놓고 맡기고 갈 만한 자신의 분신으로 양육하고 싶어 하셨습니다. 그것은 우리 시대, 오늘날 우리 교회를 향한 하나님의 간절한 바람이시기도 합니다. 교회의 중요한 사명은 바로 하나님의 말씀을 맡을 일꾼들을 세워 각 시대를 감당하게 하는 일입니다. 저마다 잘 준비된 일꾼들을 만나고 싶어 하지만, 인내하면서 자신의 공동체가 좋은 일꾼으로 자라기를 기다려 주는 데는 미흡한 것 같습니다.

이것은 비단 사역자들 사이의 관계만을 의미하지 않습니다. 교회다운 교회는 서로가 서로에게 믿음의 부자 관계, 모녀 관계, 모자 관계, 형제와 자매 관계를 형성하는 공동체가 아닐까 싶습니다. 심지어 사역자를 지나치게 특별한 존재로 대하지 않고 가족으로 대하면서 때로는 관대하게,

때로는 엄격하게 가르치고 보살피며 기도해 줄 때 그가 영생의 말씀을 소신껏 전할 수 있을 것입니다.

그런데 '참'(그네시오스, γνήσιος)아들이 있다면 '거짓' 아들도 있다고 할 수 있습니다. 그레데교회 안에 자신이 바울의 권위를 따라 가르치고 있다고 주장하는 자들이 있었을 것입니다. 바울은 그들을 염두에 두고 디도가 진짜 사도의 권위를 위임 받은 일꾼이라고 인정해 주고 있는 것입니다. 참아들과 거짓 아들을 가르는 기준은 무엇입니까? '같은 믿음'입니다 ("같은 믿음을 따라"[카타 코이넨 피스틴, κατὰ κοινὴν πίστιν], 딛 1:4). 인간적인 정만으로는 오래 사랑할 수 없습니다. 예수님의 심장으로 사랑하고 동역하려면 꼭 필요한 것이 같은 믿음입니다. 복음에 대한 같은 고백, 같은 소망, 같은 소명, 같은 열망, 같은 사랑이 있어야 합니다. 특히 공동체를 위협하는 거짓 가르침에 대해서 같은 마음으로 단호하게 맞설 수 있어야 합니다. 그레데교회의 대적자들의 특징은 그들이 바울과는 '다른 믿음'을 가지고 있었다는 사실입니다(딛 1:13, 16, 3:11 참조).

인사(4b절)

디도에게 바울은 이렇게 인사합니다.

"하나님 아버지와 그리스도 예수 우리 구주로부터 은혜와 평강이 네게 있을지어다."

자격 없는 하나님의 백성에게 하나님이 베푸시는 호의가 '은혜'입니다. 구원받은 하나님의 백성이 하나님과의 관계에서 누리는 안온함이 '평강' 혹은 '평화'입니다. 은혜가 구약의 '헤세드'(steadfast love)에 해당하는 단어라면, 평강은 구약의 '샬롬'에 해당합니다. 그런데 그것을 주시는 분이 누구십니까? '하나님 아버지와 그리스도 예수 우리 구주'이십니다. 참은혜와 평강은 하나님과의 관계, 그리고 예수님과의 관계 속에서만 나옵니다. 그분이 주시는 그 영생에 참여할 때 누릴 수 있는 복이 은혜와 평강(평화)입니다. 이것은 단지 심리적인 차원의 문제가 아니라 관계적인 차원의 축복입니다. 은혜를 받은 자가 은혜, 즉 조건 없는 사랑을 베푸는 공동체를 상상해 보십시오. 하나님과 원수였던 우리가 그 은혜로 화목하게 되어 누리던 평화를 이제는 다른 지체들과 더불어 누리는 모습을 상상해 보십시오. 디도 안에서 누리는 은혜와 평화(평강)는 필연 공동체 전체가 누리는 축복이 될 것입니다.

교회다운 교회는 이해타산이 아니라 은혜의 원리가 지배하는 공동체입니다. 갈등과 반목과 경쟁이 아니라 평화를 추구하는 공동체입니다. 바울은 이제 이 은혜와 평화의 축복을 통해 하나님이 어떤 성도, 어떤 공동체를 원하시는지 2장(2:11-15)과 3장(3:3-7)에서 더 자세하게 다루어 줄 것입니다.

디도여, 교회를 부탁하오

우리는 이제껏 바울이 디도에게 보낸 편지의 서두를 읽었습니다. 누가 보냈고 누가 받을 것인지를 기록한 것이 전부입니다. 하지만 그 안에는 앞으로 디도서에서 매우 중요하게 다룰 주제들이 들어 있고, 핵심적인 단어들이 소개되어 있습니다. 바울과 디도의 권위를 강조하면서 그들이 부름 받은 이유, 교회가 존재해야 하는 이유, 전도의 목표, 성도의 참모습 등 참 많은 것들을 담아 두고 있습니다. 우리에게 주신 영생의 축복을 소개하면서, 그 축복을 받은 우리가 믿음의 사람, 진리의 사람이 되기를 바라시는 주님의 마음을 기록하고 있습니다. 이것이 바울 사도를 부르시고, 디도를 그레데 섬에 남겨 두시며, 또한 오늘 우리 공동체를 이 땅에 있게 하신 하나님의 뜻입니다. 디도서는 우리를 부르신 하나님의 마음이 담긴 편지요, 우리 공동체의 사명이 무엇인지를 알려 주는 서신입니다. 하나님의 기대가 들어 있을 뿐 아니라 피해서는 안 되는 준엄한 명령이 담겨 있습니다. 그것은 바로 전도의 사명입니다. 교회와 성도가 살고 죽는 것을 결정하는 사명입니다.

교회는 하나님의 종이고 예수님의 사도입니다. 모든 진정한 교회는 종이신 그리스도의 뒤를 따르는 '고난 받는 종'의 공동체요, 예수님을 증거하는 '사도적 공동체'입니다. 그분이 말씀하시면 충성하는 존재입니다. 가라면 가고, 전하라고 하면 전해야 하는 존재입니다. 우리의 존재 자체가 믿음의 사람, 진리의 사람, 경건의 사람이 되어야 합니다. 이 험한 세상에서 그리 될 수 있고 그리 살 수 있는 것은, 우리에게는 영생의 소망이 있기 때문입니다. 우리의 구주 하나님이 구주 예수님과 더불어 영원 전부터 계획해서 이뤄 오신 일에, 지금도 이뤄지고 있는 일에 그리고 앞으로 성취될 그 광대하고 장엄하고 영광스러운 이야기에 오늘 우리가 참여하고 있기 때문에 우리는 주저 없이 믿음의 걸음을 걸을 수 있고, 진리가 아닌 것과 타협하지 않을 수 있는 것입니다. 이것은 엄청난 특권입니다. 교회가, 사역자가, 성도가 이 사명을 영광스런 특권으로 여길 때, 우리는 오늘 여기서 그 부르심에 합당한 존재로 살아갈 수 있을 것입니다.

교회의 존재 목표는 아주 분명해야 합니다.
함께하는 모든 이들이 영생의 소망을 갖게 하는 것입니다.
영생의 소망, 하나님 나라의 소망을 가지고
이 땅에서 믿음으로 진리를 따라 경건하게 살도록 돕기 위해
교회는 존재합니다.

1. 하나님의 종 된 공동체

☑ 우리는 세상이 아니라 하나님에게만 충성하는 종 된 교회이며, 지체들이 서로에게 종으로서 섬기기를 기뻐하는 교회인가?

2. 사도적 교회

☑ 우리는 예수 그리스도의 통치를 가시화하는 사도적 교회인가?

3. 성경적 권위를 갖춘 지도자

☑ 교회 공동체가 세운 지도자가 성경의 권위 아래서 성령의 인도하심을 따라 겸비함과 온유함으로, 담대하고 엄중하게 사역하는가?

4. 믿음의 사람을 세우는 공동체

☑ 우리는 한 사람 한 사람을 택하심의 은혜에 감사하며 믿음의 사람으로 세우기 위해 존재하는 공동체인가?

5. 경건의 열매가 있는 진리의 사람을 세우는 공동체

☑ '실리'나 '교리'만 추구하지 않고 경건의 열매를 맺게 하는 '진리'를 가르치고 구현하는 공동체인가?

6. 영생의 소망을 가진 성도를 세우는 공동체

☑ 성도들이 '영생의 소망' 때문에 이 세상을 상대화하면서, 동시에 여기서 영

생을 추구하고 누리며 사는 공동체인가?

7. 전도를 통해 시대적 소임을 감당하는 공동체

☑ 성도들이 하나님의 때를 따라 공동체 안에서 서로에게 '전도'하고, 생명 없는 세상을 향해서 '전도'함으로써, '구주 하나님'이 부여하신 시대적 소임을 잘 감당하고 있는가?

8. 같은 믿음의 동역자와 성도들

☑ 부자 관계를 방불케 하는 친밀한 사역자 간의 관계, 성도 간의 관계가 있는가? '같은 믿음'으로 연합하는 관계인가?

9. 은혜와 평강의 공동체

☑ 하나님과 예수님이 주시는 은혜와 평강(화)을 서로에게 빌어 주는 공동체, 그것을 경험하는 공동체인가?

내가 너를 그레데에 남겨 둔 이유는

남은 일을 정리하고 내가 명한 대로 각 성에 장로들을 세우게 하려 함이니

책망할 것이 없고 한 아내의 남편이며

방탕하다는 비난을 받거나 불순종하는 일이 없는 믿는 자녀를 둔 자라야 할지라

감독은 하나님의 청지기로서 책망할 것이 없고 제 고집대로 하지 아니하며

급히 분내지 아니하며 술을 즐기지 아니하며 구타하지 아니하며

더러운 이득을 탐하지 아니하며 오직 나그네를 대접하며 선행을 좋아하며

신중하며 의로우며 거룩하며 절제하며 미쁜 말씀의 가르침을 그대로 지켜야 하리니

이는 능히 바른 교훈으로 권면하고 거슬러 말하는 자들을 책망하게 하려 함이라.

———

디도서 1장 5-9절

2. 장로는 누구인가

- 지도자의 정체와 자격 -

저는 아버지가 되는 것이 몹시 두려웠습니다. 한 번도 해 보지 않고, 한 번도 배워 보지 않은 일이었기 때문입니다. 제가 가장 가까이서 본 아버지는 제 아버지입니다. 그 아버지처럼 될 자신이 없었습니다. 손봉호 교수라는 분이 계십니다. 그는 신학을 하러 유학을 갔습니다. 하지만 신학을 마치고도 목사 안수는 받지 않았습니다. 그 연유를 들은 적이 있습니다.

"내가 신학 공부를 하고도 안수를 받지 않은 것은 목회자의 책임이 너무 무서워서다. 어릴 때 내가 만난 목사님들은 하나같이 그 무서운 책임을 존경스럽게 감당하셨는데, 나는 도저히 그분들처럼 될 수 없다는 것을 절감했다."

지도자에 대한 기대치가 높고, 더 엄중한 책임을 부여하고, 더 큰 신뢰와 존경을 보이는 사회가 수준 높은 사회입니다. 지도자의 자리에 오르는 길이 어려워야 하고, 또 지도자를 길러 내는 과정이 잘 마련되어 있어야 합니다. 지도자가 된 후에도 늘 점검받고 더 나아질 수 있도록 돕는 구조가 마련되어 있어야 합니다. 그래서 스스로 지도자가 되겠다고 나서거나, 하루아침에 지도자로 부상하거나, 스스로 지도자 자격이 있다고 선전하는 것이 통하는 사회가 되어서는 안 됩니다. 그 대신 건강한 공동체가 한 사람의 지도자가 나오도록 기도와 인내, 전문성과 문화를 통해 양육하고, 그가 지속적으로 올바로 서 가도록 지원하고, 그릇된 길로 가지 않도록 지켜 주어야 합니다. 그래야 건강하고 지속 가능한 사회가 될 수 있습니다.

특히 영적인 지도자의 자리는 참으로 그 책임이 더욱 무겁습니다. 목회자는 사람들의 삶의 의미, 가치관, 행동 방식, 직업 선택, 자녀 교육, 심지어 영원한 미래에까지 결정적으로 영향력을 행사할 수 있기 때문입니다. 잘못 가르치고 그릇 인도하면 함께하는 영혼들을 파멸에까지 이르게 할 수 있습니다. 예수님의 경고를 허투루 들을 일이 아닙니다.

"누구든지 나를 믿는 이 작은 자 중 하나를 실족하게 하면 차라리 연자 맷돌이 그 목에 달려서 깊은 바다에 빠뜨려지는 것이 나으니라"(마 18:6).

경건한 설교자 스펄전(C. H. Spurgeon) 목사는 그가 책임졌던 신학교에서 두 부류의 학생에게는 입학을 허가하지 않았다고 합니다. 그는 너무 유능해서 모든 일에 성공하기 때문에 목회에도 성공할 것이라 자신하는 학생과 또 하나는 하나님이 자기를 목사로 만들기 위해 자신이 하는 모든 일마다 실패하게 하셨다고 믿는 지원자는 거부했습니다. 전자는 너무 교만해서 실패할 것이고, 후자는 목회를 해도 실패할 것이라고 판단했기 때문입니다.

한국 교회가 그간 배출한 목회자는 약 15만 명에 이릅니다. 안수를 앞두고 있는 이들도 있고, 거기에 신학생이나 전도사까지 합치면 훨씬 많을 것입니다. 너무 많은지 그렇지 않은지는 제가 판단하기 어렵습니다. 다만 저를 포함해서 이 많은 일꾼들이 정말 지도자로서 누군가를 인도할 만큼 준비가 잘되었는지는 의문입니다. 지금 교회에서 일어나는 많은 문제들은 상당 부분 지도자들의 과오와 부덕에서 비롯되고 있습니다. 지도자나 성도들 모두 하나님 앞에서는 한없이 부족하고 연약한 사람들이지만, 지도자들이 중심을 잘 잡고 있으면 성도들은 언젠가 제자리로 돌아오게 마련입니다. 그런데 도리어 지도자들이 성도들을 그릇된 길로 인도하고 그들의 그릇된 욕망을 정당화하고, 말씀을 곡해하면서까지 잘못된 욕망을 부채질하기 때문에 교회가 이 지경에 이르게 된 것입니다. 교회가 전도나 선교의 가장 큰 장애가 된 것은 부인할 수 없는 엄연한 현실입니다.

디도서 1장 5-9절은 장로의 자격을 다루고 있습니다. 바울 사도가 디도에게 그레데교회를 바로 세우기 위해 맨 먼저 언급하고 있는 것이 '인사' 문제, 즉 지도자 세우기라는 것은 그 자체로 우리에게 시사하는 바가 크다고 생각합니다. 여기서 말하는 '장로'는 오늘날 교회의 '목사와 장로'를 모두 포함합니다. 오늘 이 땅의 문제가 지도자의 문제로부터 시작되었다면, 이 말씀을 다시 새겨들을 이유가 충분할 것입니다.

디도를 그레데에 남겨 둔 이유 (5절)

바울은 앞서 편지를 보내는 자신과 편지를 받는 디도를 소개하면서 바울 자신이 맡은 일과 또 디도가 바울의 명령을 듣고 행해야 하는 일이 얼마나 중요한지를 강조했습니다. 그것은 영원 전부터 세우신 하나님의 계획을 성취하는 일이기 때문입니다. 그것은 택하신 백성에게 영생을 얻게 하는 일이고, 죄와 사망에 갇힌 자들을 구원하는 일이기 때문입니다. 어떤 사람이 그 구원에 이르고 영생을 얻습니까? 믿음의 사람입니다. 경건한 삶의 열매를 맺게 하는 진리를 아는 사람입니다. 구원의 완성, 하나님 나라의 완성, 즉 영생의 소망을 가진 사람입니다. 사도 바울은 그 일을 자기 목숨을 걸고 해 왔습니다. 또 이제 그 일을 사도의 권위를 위임 받은 디도가 감당하게 하기 위해 그레데에 그를 더 머물게 했습니다.

그런데 바로 그 엄중한 사명을 감당하기 위해서 바울은 디도에게 각 성에 장로들을 세우라고 명령합니다. 예수님이 하신 일을 바울이, 바울이 하던 일을 디도가, 이제 디도가 하던 일을 장로들이 하게 하라는 것입니다. 이것을 교회의 '사도적 사명'이라고 부릅니다. 물론 이 사명은 비단 장로들, 그러니까 목사와 장로에게만 해당되는 것은 아닙니다. 그런 생각에서 중세의 성직주의가 생겼고, 종교 개혁이 그것을 혁파했음에도 불구하고 지금까지도 교회에서 목사부터 집사까지 서열을 만들고 성과 속을 나누어 차이를 두고 있습니다. 교회의 사도적 사명은 교회 전체에 주신 사명입니다. 그 가운데서 성도들 전반에 해당하는 내용은 2장에 나오고, 본문은 특별히 장로들에게 해당하는 내용을 다루고 있습니다.

그레데는 에게 해 남부, 지중해 중앙에 있는 섬입니다. 오스만 제국의 영토로 있다가 1913년부터는 그리스 영토에 속하며 '크레타'로 불리기 시작했습니다. 아시아와 아프리카와 유럽, 세 대륙을 오가는 중요한 해상 무역로 위에 있어서 중간 기착지로 이용되는 많은 주요 항구들을 가진 곳이었습니다. 그곳은 주전 2세기 로마의 역사가 타키투스(*Tacitus Histories* 5.2.11)가 유대인들의 고국으로 여겼을 만큼 유대인들이 많이 사는 섬이었습니다.

디도서를 쓸 때가 바울의 사역 가운데 어느 시점에 속하는지는 분명하지 않습니다. 다만 많은 학자들은 바울이 사도행전 28장에 나오는 대로 로마에서 2년간 가택 연금을 당한 후 풀려났고, 그 후에 그가 원하는 대로 서바나로 전도를 하러 가기 전후 어느 시점에 이 그레데에 갔을 것이라고 말합니다. 그레데는 바울에 의해 맨 처음 복음이 전해진 곳은 아닙니다. 오순절 성령 강림으로 회심한 사람 중에 그레데 출신이 있었습니다. 그들이 돌아가 복음을 전했을 가능성이 큽니다(행 2:11 참조). 즉 1차 석방과 디모데후서의 배경이 되는 2차 투옥 사이에 바울은 디도와 함께 그레데를 방문하여("남겨두다"는 바울이 같이 있었음을 암시한다) 이미 존재한 교회를 도와서 선교사역을 했을 것입니다. 장로선출을 명령한 것을 볼 때 바울의 체류 기간은 1년을 넘지 않은 것으로 보입니다. 그레데에는 이미 상당히 많은 유대인들이 살고 있었습니다. 바울이 전한 복음에 유대인들은 심하게 반발했을 것입니다. 또 그곳은 앞서 언급한 대로 세 대륙이 만나는 곳이기 때문에 해상 무역이 매우 발달한 부유한 섬이었습니다. 그것은 섬이나 항구 도시가 대개 그렇듯이 퇴폐적이고 타락한 곳일 수 있다는 의미도 됩니다. 그리스도인들이 도덕적이고 윤리적인 면에서도 그레데 사람들과 선명하게 구별되어야 했던 이유가 분명했던 도시였습니다.

바울의 편지는 대개 자기를 소개한 후에 그 교회를 향한 감사나 찬양과 기도가 나옵니다. 그런데 디도서는 바로 본론으로 들어갑니다. 그것은 갈라디아서와 비슷하게 그레데의 상황이 그렇게 녹록하지 않았다는 것을 보여 줍니다. 바울의 급한 마음을 읽을 수 있습니다. 어서 필요한 말을 전해 주고 싶은 아비의 심정이 전해져 옵니다. 바울은 본문 5절에서 디도와 그레데 사역을 같이 하다가 그곳에 디도만 남겨 두고 떠난 이유를 이렇게 말합니다. 이것이 디도서 전체의 요지입니다.

"내가 너를 그레데에 남겨 둔 이유는 남은 일을 정리하고 내가 명한 대로 각 성에 장로들을 세우게 하려 함이니"(딛 1:5).

바울은 여기 첫 문장에서 '다름 아닌 이것 때문에' 너를 그레데에 남겨 두었다고 하며 뒤에서 말할 내용을 강조하고 있습니다. 디도를 '임명하다'라는 말 대신에 '남겨 두다'(아포레이포, ἀπολείπω)라고 한 것은 디도가 바울의 대리자 역할을 한다는 인상을 더 강하게 주기 위해서일 것입니다. 디도는 지금 단지 바울의 종이 아니라 제2의 바울로서 일하고 있음을 그레데 성도들도 알아야 한다는 것입니다. 그러니 반드시 이 편지에서 바울이 명령하는 바를 실천해야 한다는 것입니다. 이런 식으로 바울은 디도의 영적인 권위를 높여 주고 있습니다.

바울이 디도를 그레데 섬에 남겨 둔 이유는 두 가지입니다. 하나는 남은 일을 정리하기 위해서고, 다른 하나는 각 성에 장로들을 세우기 위해

디도여, 교회를 부탁하오

서입니다. 때론 이 둘을 한 가지로 보기도 합니다. 여기 두 문장을 연결하는 '그리고'를 '즉', '다시 말해서'라고 해석할 때 그렇습니다. 그때는 장로를 세우는 일이 정리해야 할 남은 일에 속하게 됩니다. 하지만 뒤에 이어지는 구조를 보면, 여기 남은 일은 대개 '가르침'과 관련이 있고, 장로를 세우는 일은 '사람'과 관련이 있다고 보는 것이 좋을 것 같습니다.

남은 일을 정리하라

개역한글 성경에서는 '부족한 일을 바로잡으라'고 번역했습니다. '정리하다'에는 '바로잡다'라는 뜻도 있으며, 이는 신약에 단 한 번, 여기에서만 사용되고 있습니다. 학자들은 그레데의 문서들을 조사하면서 이 단어가 '조약과 법률을 개혁하는 것'과 관련해서 쓰이고 있다는 사실을 밝혀냈습니다. 그렇다면 이는 그레데 교인들이 알고 있는 가르침이나 행동을 고치는, 개혁하는 임무를 디도가 맡게 되었다는 뜻이 됩니다. 그러면 '바로잡다'라는 개역한글 성경의 번역이 여기에 해당합니다. 하지만 '남은 일들'(타 레이폰타, τὰ λείποντα)이라는 목적어를 감안한다면, 교정하거나 개혁할 일이 아니라, 끝나지 않은 일을 완성해야 한다는 의미가 더 강합니다. 즉, 바울은 남은 일들을 해내도록, 혹은 해야 할 필요가 있는 일들을 하도록 디도를 그레데 섬에 남겨 두었다(아펠리폰, ἀπέλιπόν)고 언어유희(wordplay)를 하고 있는 것입니다. 바울이 이 두 가지를 모두 마음에 두었다는 것은 본문을 보면 확실히 알 수 있습니다. 그릇된 가르침을 바로잡고 장로들을 임명하는 일을 마무리하기 위해 바울은 먼저 떠났지만 디도는 그곳에 남겨졌다고 볼 수 있습니다.

장로들을 세우라

디도가 해야 할 두 번째 일은 바로 장로들을 세우는 일입니다. 그레데에 장로들이 아예 없는 것인지, 아니면 더 필요한 상황인지는 모릅니다. 그것은 그레데교회가 신생 교회인지, 아니면 세워진 지 오래되었는지에 따라 다르게 이해할 수 있습니다.

아직 어린 교회, 장로를 세울 만큼 성숙한 교회

아직 장로가 없는 것을 보면 그레데교회는 아직 어린 신생 교회였던 것으로 보입니다. 하지만 바울은 그레데의 교회들이 이제는 장로들을 세울 만큼 규모나 성숙도에 있어서 상당히 자랐다고 판단했습니다. 바울이 떠나고, 디도 역시 그 장로들에게 맡기고 떠나도 될 만큼 자란 것입니다. 안디옥교회도 그랬습니다. 분명 핵심 사역자였을 바울과 바나바라는 두 걸출한 지도자를 한꺼번에 선교사로 파송할 만큼 그들은 성숙했습니다. 지도자에게만 의존하는 교회가 아니라, 지도자를 잘 세우고 미래를 대비하는 교회가 건강한 교회입니다. 바울은 그레데만의 지도자가 아닙니다. 디도 역시 그레데의 전유물이 아니었습니다. 그레데는 디도와 함께 오래도록 사역하면 가장 좋을 줄로 알았겠지만, 디도는 곧 떠나야 할 사람이었습니다. 자신들보다 더 필요한 곳으로 보내 주어야 했습니다.

누가 세웠는가

디도에게 장로를 세우라는 명령을 했다고 해서 디도가 직접 적합한 사람을 장로로 세웠다고 볼 수는 없습니다. '세우다'라는 단어는 안수 행위와 같이 아마 장로를 세우는 최종 단계를 의미할 것입니다. 본문은 그전까지 어떤 식으로 장로를 세웠는지 그 절차나 방법에 대해서는 함구합니다. 다만 그 모든 책임을 디도가 감당하고 마무리하도록 요구하고 있는 것입니다. 당연히 성도들이 참여했을 것입니다. 뒤에 나오는 장로의 자격을 보면, 이들과 함께 지낸 사람들이 아니면 잘 알 수 없는 내용들입니다. 잠깐 사역하다가 떠날 디도가 이 모든 내용들을 다 파악하기는 어렵습니다. 당연히 성도들이 후보를 추천했을 것이고, 또 성도들의 손에 장로가 뽑혔을 가능성이 큽니다. 마지막에 추인하고 안수해서 장로로 세우는 일은 사도의 권한을 위임 받은 디도가 맡았을 것입니다.

각 성에 장로들을 세우라

물론 그레데의 모든 성에 교회가 있었다는 뜻은 아닙니다. 교회가 있는 도시마다 장로를 세우라는 뜻입니다. 그런데 여기서 장로는 '복수'로 되어 있습니다. 각 성마다 복수로 세우라는 뜻입니다. 중요한 것은 장로 한 사람이 한 교회를 맡지는 않았다는 점입니다. 이것은 장로에 대한 언급이 나오는 신약성경의 다른 곳도 마찬가지입니다.

복수 리더십, 이것이 성경적인 원리입니다. 교회는 한 사람의 독단적인 리더십으로 운영되어서는 안 됩니다. 한 교회에 3인 이상의 장로나 목사가 없으면 다른 교회와 연합해서 당회를 구성해야 합니다. 우리 교회의 문제를 다른 교회 장로님들이 다루고 결정한다는 것이 개교회주의에 물든 우리 시대 교회 상식으로는 매우 받아들이기 어려울 것입니다. 하지만 그것이 원칙입니다. 다 하나님의 교회일 뿐, 네 교회 내 교회가 따로 없기 때문입니다. 교회 안에 장로가 한 명뿐이더라도, 교회는 다양한 성도로 구성된 기구를 통해서 교회의 중요한 안건들을 함께 논의하고 결정해 나가야 합니다.

내가 명한 대로

바울은 특별히 장로 세우는 일을 '내가 명한 대로' 하라고 말하고 있습니다. 이것을 직역하면, '나 곧 내가 네게 명한 대로'(호스 에고 소이 디에탁사멘, *ὡς ἐγώ σοι διεταξάμην*)입니다.[2] 바울 자신의 명령이라는 것을 매우 강조하고 있음을 알 수 있습니다. 이것은 아주 구속력 있고 권위 있는 명령으로서, 시행하도록 조언하는 데 그치는 것이 아니라 반드시 해야 한다고 명령하는 것입니다. 그런데 이 표현이 5절 끝에 나옵니다. 그래서 '내가 명한 대로'가 무엇을 수식하는지가 논란입니다. 개역개정 성경처럼 '내가 전에 말했던 대로 장로를 세우라'는 말로 번역할 수 있습니다. 하지만 맨 뒤에 나오기 때문에 6절과 관련시킬 수도 있습니다. 그렇게 되면 장로를 세우되 '내가 이미 네게 마련해 준 기준대로 그런 자질을 갖춘 사람들로만 장로를 세우라'는 뜻이 됩니다. 저는 후자가 더 적합한 번역이라고 생각합니다.[3] 바울은 지금 자기가 명령한 대로 장로를 세우라고 말하고 있다기보다는, 자기가 정해 준 기준을 따라 장로를 세우라고 명령하고 있는 것입니다. 그는 아무나 장로로 세워서는 안 된다는 것을 강조하고 있는 것입니다.

---

2 '디아타세인'은 매우 권위적인 명령을 나타내는 강력한 단어다. 글라우디오 황제의 명령(행 18:2), 천부장 글라우디오 루시아의 명령(행 23:31), 장막을 지으라는 하나님의 명령(행 7:44), 전파하는 자는 복음을 따라 살아야 한다는 주의 명령(고전 9:14)에 쓰이고 있다.

3 Marshall, *The Pastoral Epistles*, 153.

디도여, 교회를 부탁하오

지도자 한 사람을 세우는 것이 얼마나 중요한지를 보여 주고 있습니다.

가르침과 사람

이것은 디도가 그레데에 남아서 해야 할 두 가지 중요한 일이었습니다. 또한 교회다운 교회를 지향하며 몸부림치는 우리 모든 교회들에게 필요한 일입니다. 우리의 앎이 가치관을 결정하고, 그것이 욕망을 형성하고, 그 욕망을 따라 의지가 만들어지며, 그 의지를 따라 삶은 구체적으로 창조됩니다. 올바른 가르침이 전제되지 않고서는 하나님이 기뻐하시는 성도나 교회를 생각할 수 없습니다. 더 나아가 그 가르침을 전하고 전수할 탄탄한 사람을 양육하고, 교회를 경영할 리더들을 배출하는 일이 공동체의 최우선적인 사명입니다. 교회는 성경적인 가르침에 대한 안목을 갖추고, 성경적인 교회와 지도자에 대한 성경적인 상(像)을 갖고 있어야 합니다. 그렇지 않으면 지도자들에게 수동적으로 끌려 다니면서 그 지도자의 목회 철학이나 그가 이루고 싶은 비전의 수종자 역할을 하는 데 그치고 말 것입니다.

장로의 자격(6-9절)

본문 6-9절은 장로의 자격에 대해서 이야기합니다. 이 가운데 상당 부분은 디모데전서 3장에 나오는 장로의 자질에서도 볼 수 있습니다.[4]

---

4 Ariches and Hatton, *A Handbook on Paul's Letters to Timothy and Titus*, 269-70.

디도서 1장		디모데전서 3장	
1:6-7	책망할 것이 없는 (아넹클레토스)	3:2	책망할 것이 없는 (아네필렘프토스)
1:6	한 아내의 남편	3:2	한 아내의 남편
1:6	방탕하다는 비난을 받거나 불순종이 없는 믿는 자녀	3:4	자녀들로 모든 공손함으로 복종하게 하는 자기 집을 잘 다스리는
1:7	제 고집대로 아니하는	3:3	관용하는
1:7	급히 분내지 않는	3:3	다투지 않는
1:7	술을 즐기지 않는	3:3	술을 즐기지 않는
1:7	구타하지 않는	3:3	구타하지 않는
1:7	더러운 이득을 탐하지 않는	3:3	돈을 사랑하지 않는
1:8	나그네를 대접하는	3:2	나그네를 대접하는
1:8	선행을 좋아하는		
1:8	신중한	3:2	신중한
1:8	의로운		
1:8	거룩한		
1:8	절제하는	3:2	절제하는
1:9	미쁜 말씀의 가르침을 그대로 지키는		
1:9	능히 바른 교훈으로 권면하는	3:2	가르치기를 잘하는
1:9	능히 거슬러 말하는 자들을 책망하는		
		3:2	단정한
		3:6	새로 입교한 자도 말지니

크게 나누면 6절은 가정의 가장으로서 모범이 되어야 한다는 것이고, 7-9절은 사회에서 타인과의 관계나 혹은 개인의 인격적인 면에서 흠이 없어야 한다고 말하고 있습니다.

6절의 첫 문장은 귀결절이 없는 조건문으로 시작합니다. '만약 누군가 …이라면'(에이 티스 에스틴, εἴ τίς ἐστιν). 이는 장로를 세울 때 반드시 시험과 검증을 거쳐야 한다는 것을 암시합니다. 어떤 조건을 갖추었을 때 장로로 세우라고 합니까? 6절과 7절은 시작하면서 모두 '책망할 것이 없어야' 한다고 말하고 있습니다. 이것이 요지이고, 나머지는 이 단어에 대한 설명입니다. 장로는 가정에서나 세상에서, 공적인 영역에서나 개인적인 인격의 차원에서 책망할 것이 없는 사람이어야 한다는 것입니다. 물론 이것은 지도자뿐 아니라 성도들에게도 해당하는 자질입니다 (고전 1:8; 골 1:22 참조). 이것은 전혀 흠이 없는 완벽한 사람이어야 한다는 뜻이 아닙니다. 그렇다면 아무도 지도자가 될 수 없습니다.

'책망할 것이 없다'는 뜻을 가진 헬라어는 두 가지입니다. 여기 나온 단어는 '아넹클레토스'(ἀνέγκλητος)이고, 다른 하나는 '아네필렘프토스' (ἀνεπίλημπτος)입니다. 이 중 '아네필렘프토스'는 주로 종말에 관련될 때 나옵니다(살전 3:13, 5:23 참조). 마지막 심판 때 주님 앞에서 흠이 없어야 한다고 할 때나 주님이 우리를 그렇게 흠 없는 존재로 만드시겠다고 할 때 이 표현을 씁니다. 그리고 여기 나오는 '아넹클레토스'는 '비난받을 것이 없다', '참소 받지 않는다'는 뜻입니다. 장로와 목사는 정직성에 의심을 받지 않는 사람, 탄핵이나 고소 대상이 아닌 사람, 수치스러운 일로 흠 잡힐 것이 없는 사람이어야 한다는 것입니다. 그렇습니다. 적어도 지도자는 남에게 손가락질을 당할 만한 사람이면 안 됩니다. 과거에 무슨 일이 있었든지 간에 지금은 사람들에게 신뢰를 회복한 사람이어야 합니다. 교회는 지도자를 세울 때, 이런 점을 잘 검증하는 것이 중요합니다.

가정에서 갖추어야 할 자질(6절)

가정과 결혼 생활에서 책망할 것이 없다는 것은 무슨 뜻일까요? 물론, 아내만 알고 있는 남편의 흠이 있을 것입니다. 늘 못마땅해하고 좀처럼 고쳐지지 않아 서운한 습관이 있을 것입니다. 자녀들도 아버지에 대해서 더 바라는 것이 있을 것입니다. 하지만 본문은 이런 것이 없는 사람을 두고 책망할 것이 있는 사람이라고 말하지 않습니다.

한 아내의 남편
"한 아내의 남편이며 방탕하다는 비난을 받거나 불순종하는 일이 없는 믿는 자녀를 둔 자라야 할지라"(딛 1:6).

　장로는 누가 봐도 '저 사람은 건실한 가장'이라고 인정할 수 있어야 합니다. 한 아내의 남편이라는 말은 문자적으로 아내가 한 명이어야 한다는 뜻입니다. 이것은 결혼을 한 번만 한 사람이란 뜻도 되고, 지금 한 명의 아내하고만 사는 사람이라야 한다는 뜻도 됩니다. 모든 시대에 다 적용될 수 있는 기준이지만, 특별히 그레데의 음란하고 부정한 상황을 배경으로 주어진 기준입니다. 그곳에는 아마 첩을 두고 살다가 회심한 사람이 있었을 것입니다. 그런 경우 그는 둘 중 어느 한 사람을 정리해야 하는 상황에 처해 있을 것입니다. 적어도 그런 사람은 장로가 될 수 없다는 것입니다. 혹은 새 장가를 들려고 의도적으로 이혼한 사람도 안 됩니다. 부득이한 사정으로 혼자가 되었다가 재혼한 경우를 말하는 것은 아닐 것입니다. 아마 공동체가 그 사정을 잘 알고 판단할 것입니다. 그렇다고 반드시 결혼한 사람만 장로가 될 수 있다는 것은 아닙니다. 또 과거에 실수한 사람은 절대 장로가 될 수 없다는 것도 아닙니다. 결정은 공동체가 합니다. 아무리 과거의 과오를 기억할 수 없을 만큼 잘 서 있는 사람이라도 공동체가 판단하기에 시기상조라고 여기면 장로로 세우지 않을 것입니다. 바울이 제시하는 기준은 법조문처럼 문자 그대로 지켜야 하는 것이 아니라 제의법적 상상력을 동원해서 공동체가 해석해야 하는 기준이었습니다.

믿는 자녀

또 장로는 자녀에게 어떤 아버지가 되어야 합니까?

"방탕하다는 비난을 받거나 불순종하는 일이 없는 믿는 자녀를 둔 자라야 할지라"(딛 1:6).

에베소의 장로 디모데에게 보낸 편지에서는 "자기 집을 잘 다스려 자녀들로 모든 공손함으로 복종하게 하는 자라야 할지며"(딤전 3:4)라고 비슷한 기준을 제시합니다. 디도서에서는 '믿는' 자녀를 두어야 한다고 이야기합니다. 물론 장로에게 반드시 자녀가 있어야 한다는 뜻은 아닙니다. 여기서 '믿는'(피스토스, πιστός)은 신앙이 있는 자녀라는 뜻도 되고, 신실한 자녀라는 뜻도 됩니다. 전자일 때는 기독교적 믿음을 의미하고, 후자

일 경우에는 아버지의 권위를 인정하는 자녀라는 뜻이 됩니다. 디모데전서를 생각하면 후자가 맞지만, 그 후자 안에는 부모의 신앙을 같이 가진 자라는 의미도 포함되어 있을 것입니다.

여기서 '방탕하다'(아쏘티아, ἀσωτία)는 '진탕 먹고 떠들고 취하는' 것과 관련이 있는 단어입니다. 에베소서는 이 방탕함을 '성령의 충만함'과 대조하고 있고(엡 5:18 참조), 베드로전서는 이 방탕함을 예수님을 믿기 전 이방인의 뜻을 따라 살아갈 때의 삶을 가리키면서 쓰고 있습니다(벧전 4:3-4 참조).

여기서 '비난을 받다'라는 말은 법적인 용어입니다(딤전 5:19 참조). '고발을 당한다'는 뜻입니다. 목사든 장로든 자식 교육에 대해서 장담할 수 있는 사람은 없습니다. 하지만 적어도 아비가 하나님 앞에서 말씀과 기도로 잘 양육했다면, 또 세상적인 성공보다는 하나님에게 합당한 자녀가 되기를 바라며 양육했다면, 세상이 방탕하다고 비난하고 아버지에게 불순종하는 자녀가 되는 일은 드물 것입니다.

여기서 '불순종'(아뉘포타크토스, ἀνυπότακτος)은 단지 사춘기의 반항 정도를 의미하지 않습니다. 바울은 이 단어를 그레데교회의 대적자들을 언급하면서 사용하고 있기 때문입니다(딛 1:10 참조). 또 디모데전서에서는 율법이 정죄하는 대상 중 하나를 가리키는 데 쓰고 있고, 불순종하는 사람들과 동류로 '죄인, 거룩하지 아니한 자, 망령된 자, 아버지를 죽이는 자, 어머니를 죽이는 자, 살인하는 자'를 제시하고 있습니다(딤전 1:9 참조). 이는 아버지를 죽이는 것과 다름없을 만큼 그 권위를 실추시키는 자녀를 가리킵니다. 부모의 권위에 대한 뿌리 깊은 반역을 뜻합니다. 지금 바울은 '자신의 육신의 자녀에게 존경과 권위를 인정받지 못하는 이가 성도들의 영

디도여, 교회를 부탁하오

적인 아버지 노릇을 제대로 할 수 있겠는가'라고 묻는 것입니다. '믿는 자녀'를 두려면 이 지도자는 갓 회심한 사람이 아니라(딤전 3:6 참조), 그리스도인으로서 비교적 오랫동안 지낸 사람이며 자신의 신앙으로 자녀를 양육해 온 사람이어야 한다는 것을 의미합니다.

교회의 할 일

겉으로는 아주 행복한 가정인 것처럼 보이지만 가정생활이 엉망인 지도자들이 많습니다. 아내에게 무시를 당하는 남편이 장로가 되고, 자식의 존경을 받지 못하는 아버지가 교회의 지도자가 되서는 안 됩니다. 그래서 저희 교단(국제장로교, International Presbyterian Church)에서는 남편이 장로가 될 때 아내와 자녀의 동의가 있어야 합니다. 아내와 자녀가 인정해야 목사나 장로가 될 수 있습니다.

저는 교회 역시 한 교회의 장로나 목사가 가정에서 좋은 아버지가 될 수 있도록 배려해야 한다고 생각합니다. 교회에만 충성하게 한다면 아버지는 가정을 돌볼 수 없습니다. 저도 한때는 "독립 운동하는 사람이 어떻게 삼시 세끼 챙겨 받고 자식들을 건사할 수 있단 말이오"라고 하면서 불철주야 뛰어다녔습니다. 하지만 가정이 안정되지 않고서는 주님이 기뻐하시는 일을 잘 할 수 없었습니다. 주의 일만 열심히 하면 하나님이 가정을 알아서 지켜 주신다는 말이 늘 사실은 아니라는 것도 알았습니다. 가정을 잘 돌보는 것이 주의 일이었기 때문입니다. 불가피하게 목회에만 전념해야 할 시기가 있습니다. 그때 공동체는 그 목회자의 가정을 위해서 배려하고 도움을 주어야 합니다. 하나님은 가정을 먼저 잘 돌본 후에 교회를 섬기라고 말씀하신다는 것을 기억해야 합니다.

장로의 가정을 생각할 때 장로의 아내와 자녀들에 대한 교회의 특별한 배려도 필요하다고 봅니다. 장로 될 사람만 잘하면 되는 것이 아니라, 장로의 아내나 남편(여자 장로일 경우)을 향한 교회의 태도도 중요하다고 봅니다. 특히 목사 장로의 아내는 '사모'로 불리면서 사역자도 아니고 성도도 아닌 모호한 자리에서 신앙생활을 해야 합니다. 세상에는 세 종류의 사람이 있는데, 남자, 여자 그리고 사모라는 우스갯소리가 있을 정도입니다. 쇼윈도의 마네킹처럼 자기 자신으로 살 수 없고 늘 남들이 원하고 기대하는 대로 행동해야 하는 존재가 사모입니다. 어느 한쪽으로 치우치지 않으려고 늘 긴장 속에서 살아야 하고, 정작 성도들과 깊은 교제를 나누지 못한 채 늘 한 발 떨어져서 살아야 하는 외로운 존재가 될 수밖에 없는 것이 현실입니다. 가장 많은 사랑을 베풀지만 그 사랑을 돌려받지 못하는 것이 사모입니다. 스스로 남편 목회자에 준하는 권위를 주장하다가 공동체 분란의 원인이 되기도 합니다. 건강한 장로의 가정은 건강한 사모가 있을 때 가능할 것입니다.

때로 장로의 자녀들이 장로(목사)의 자녀라는 이유 때문에 엇나가는 경우를 종종 봅니다. 사모와 마찬가지로 아버지가 사역자라는 이유로 그들에게도 특별한 수준의 삶을 요구하기 때문입니다. 그것이 선한 부담이 되어 더 절제하고 성숙한 신앙인으로 나아가는 이들도 있지만, 반발하며 빗나가는 경우도 있습니다. 교회는 장로들이 알아서 이 모든 긴장과 부담을 이기고 화목하고 단란한 가정을 이루도록 맡길 것이 아니라, 그들이 정상적이고 상식적인 일상을 누리도록 지나치게 엄격한 잣대와 역할을 제시하지 않아야 할 것입니다.

교회의 좋은 장로는 한순간에 등장하지 않습니다. 공동체에 의해서 만들어집니다. 좋은 공동체에서 좋은 장로, 혹은 목사 후보생들이 나오지 않습니까? 따라서 교회는 성도들이 자신의 가정을 잘 돌볼 수 있도록 도와주어야 합니다. 가정을 소홀히 하면서까지 교회를 위해 봉사하는 것을 '믿음'이라고 칭송해서는 안 됩니다. 오직 교회에만 충성하는 성도들을 만들어서는 건강한 가정, 견실한 직장을 가진 장로를 보기 어려울 것입니다.

하나님의 청지기(7-9절)

본문 7-9절은 청지기로서의 장로의 자질에 대해서 이야기합니다. 그런데 이 문장은 이유를 나타내는 접속사 '가르'(γὰρ)로 시작하고 있습니다. '감독이 하나님의 청지기'라는 것은 장로가 가정을 잘 경영하는 사람이어야 하는 이유가 된다는 뜻입니다. 동시에 이것은 7-9절에 나오는 자질을 장로가 갖추어야 하는 이유도 됩니다. '하나님의 청지기'라는 감독의 정체가 바로 6-9절에 나온 '책망할 것이 없는' 사람이 되어야 하는 이유가 되는 것입니다.

7-9절은 주로 개인적인 인격이나 사회적인 평판과 관련이 있습니다. 먼저 7절은 장로에게 있어서는 안 되는 여섯 가지 성품을 말하고, 8절은 장로가 갖추어야 할 여섯 가지 성품을 말합니다. 그런 다음 9절에서는 가

장 중요한 자질 하나를 더 말합니다. 그것은 장로가 하나님의 말씀을 먼저 잘 지키는 자라야 한다는 것입니다. 6절은 장로가 가정에서 아버지로서 잘 지내야 한다는 점을 말했습니다. 장로가 영적인 아버지의 역할을 감당해야 하기 때문입니다. 이제 7절부터는 하나님 나라의 청지기로서 일하려면 어떤 자질이 필요한지를 보여 줍니다.

청지기로서 갖추지 말아야 할 자질(7절)

"감독은 하나님의 청지기로서 책망할 것이 없고"(딛 1:7).

앞으로 제시할 부정적인 성품들은 모두 하나님의 청지기로서 감독의 역할을 수행할 수 없게 하는 것들입니다. 여기서 갑자기 바울은 장로(프레스뷔테로스, πρεσβύτερος)에 대해서 말하다가 그를 '감독'(에프스코포스, ἐπίσκοπος)이라고 부르고 있습니다. 이는 다른 직분이 아니라 같은 직분입니다. 바울은 사도행전 20장 17절에서 에베소 장로들을 불러 놓고는, 20장 28절에서 그들을 감독이라고 부르고 있습니다. 빌립보서에서도 감독과 집사에게 편지를 하고 장로는 빠뜨리는데, 이는 감독과 장로가 같은 직분이기 때문입니다. 감독은 목회자의 '감독' 기능을 강조한 호칭이고, 장로는 목회자의 '위엄'을 강조한 호칭입니다. 감독은 헬라적 배경에서 나온 말이고, 장로는 유대적 배경에서 나온 말입니다. 장로 위에 감독(bishop)을 세워서 장로와 감독을 구분한 것은 주후 110년경 수리아 안디옥의 이그나티우스(Saint Ignatius)가 처음입니다. 그러니까 현재의 감독 제도는 후대의 산물일 뿐, 성경에 나오는 감독은 장로를 가리킵니다.

바울은 감독으로서의 장로가 갖는 가장 중요한 성격을 '청지기'(에피스코포스, ἐπίσκοπος)로 표현합니다. 특히 '하나님의 청지기'(쎄우 오히코노몬, θεοῦ οἰκονόμον)라고 하여 일반적인 헬라어 어순과는 달리 '하나님의' 청지기라는 표현 앞에 두고 있습니다. 이는 청지기라는 말보다 '하나님의'를 더 강조하고자 하는 저자의 의도를 읽을 수 있습니다. 장로는 다른 어떤 인간이나 세상 조직의 청지기가 아니라, '하나님의' 청지기라는 것을 기억해야 한다는 것입니다. 이는 장로 직분이 갖는 영적 권위를 강조하는 표현인 동시에 그 역할이 얼마나 사사로운 이해관계나 감정에 따라서 사유화해서는 안 되는 직분인지를 보여 주는 표현이기도 합니다.

청지기는 집주인의 위탁을 받아서 집을 관리하는 집사입니다. 장로나 목사는 교회나 사역을 자기 소유로 여겨서는 안 됩니다. 특히 교회 개척에 참여한 사람들은 더욱 그렇게 여기지 않도록 주의해야 합니다. 돈을 냈든지 몸으로 헌신을 했든지, 그것을 '나의' 교회라고 여기면 안 됩니다. 주인의식을 가지지 말라는 의미가 아니라, 교회를 개인의 소유물처럼 간주하지 말라는 것입니다. 장로 혹은 감독은 교회나 교회의 일을 자신을 드러내는 영역이나 아성으로 생각하지 않고 하나님이 맡겨 주신 일로 생각할 줄 알아야 합니다.

또 청지기는 '책망할 것이 없는' 자여야 한다고 말합니다. 앞에서 나왔던 표현입니다. 가정에서도 책망할 것이 없고, 청지기로서도 책망할 것이 없어야 합니다. 청지기가 주인 행세하면 책망 받을 일이 많아질 것입니다. 목사나 장로가 교회의 주인 노릇 하면 역시 책망을 받을 것입니다.

이제 하나님의 교회의 청지기로서 책망 받을 것이 없는 목사나 장로가 되기 위해 그들이 가져서는 안 되는 다섯 가지를 이야기합니다. 교만, 혈기, 술, 권세, 돈이 그것입니다. 이는 지도자에게 늘 노출되는 유혹들입니다. 이것들은 이어서 나올 그레데 사람들의 특징(딛 1:10-11 참조)과 병행을 이룹니다. 이런 기준들은 모든 시대에 규범적으로 적용되는 자격 요건이 아니라, 방탕하고 타락한 그레데를 배경으로 특별히 요구되던 자격들입니다. 우리 시대를 생각하면 어떤 항목들을 더할 수 있을지 고민해 보아야 할 것입니다. 그때보다 사회가 더 복잡해졌고, 우리가 받는 유혹의 양상도 달라졌습니다. 그것은 사탄이 우리를 미혹하는 방식이 더욱 교묘해졌으며, 우리 시대가 자극하는 욕망을 구체화하는 형태로 미혹할 것이라는 뜻입니다. 바울 사도가 제시하는 기준들은 거의 다 개인적인 성품이나 습관과 관련이 있습니다. 지도자는 가정을 다스리지 못하면 교회를 다스리기 어렵습니다. 그뿐 아니라 자기 자신을 다스리지 못하면 교회를 다스리기 어렵습니다.

제 고집대로 하지 아니하며

'제 고집대로 하지 않는다'는 말은 '자기 뜻대로, 완고하게, 거만하게' 하지 않는다는 뜻입니다. 이것과 대조되는 성품은 아마 '관용함'(에피에이케스, ἐπιεικής, 딤전 3:3 참조)일 것입니다. 이것은 권위와 권력을 분간하지 못하고, 아집과 신념을 분간하지 못하는 지도자들이 빠질 수 있는 유혹입니다. 장로에게는 권위는 있지만 권력은 없습니다. 맘대로 해도 좋은 일은 하나도 없습니다. 성도들이 권위를 인정해서 위임한 일만 결정할 수 있고,

디도여, 교회를 부탁하오

그것도 복수로 임명된 장로들과 함께 의논해서 결정해야 합니다. 그렇지 않으면, 그 의도가 아무리 선하고 그 방법이 옳더라도, 그 결과로 성도들을 다치게 할 수 있습니다. 대개 고집을 부려서 강행한 일은 의도도, 방법도, 결과도 좋지 않습니다. 그런데 목회자들 가운데는 하나님의 말씀을 대언하는 권위를 이용해서 자신의 권위를 지나치게 확장하는 경우가 적지 않습니다. 자신이 전하는 하나님의 말씀과 자신을 동일시하는 것입니다. 말씀을 전할 때 외에도 늘 자신의 생각과 판단은 하나님의 것이라고 착각하는 것입니다. 이럴 경우 그 권위에 도전하면 큰 벌을 받는다고 협박함으로써 어떤 비판이나 이의제기도 할 수 없게 해 스스로를 가망 없는 독재자로 만들 수 있습니다. 사교(邪敎)의 교주나 이단들이 통상적으로 이용하는 수법이지만, 이단이 아닌 일반 교회의 목회자들 가운데도 그런 잘못을 범하기가 얼마나 쉬운지 모릅니다.

아집 혹은 고집과 신념은 구분해야 합니다. 바른 것을 분명히 붙잡고 불의에 굴하지 않는 의지는 '신념'이 강한 것입니다. 그것은 진리에 근거한 명확한 잣대에서 나온 줏대입니다. 예수님, 모세, 엘리야, 예레미야, 다니엘, 바울 등을 보십시오. 역사상 죽음을 두려워하지 않았던 많은 순교자들과 개혁가들을 보십시오. 그들은 자신이 붙잡고 있는 것을 결코 놓치지 않았습니다. 하지만 고집은 그런 신념과는 다릅니다. 성경의 원리에 부합하지 않는데도 자기 지식과 경험을 근거로 기어이 자기 의견을 관철시키려 한다면, 그것은 고집입니다. 그는 자기 확신이 너무 강해 자신의 시청 한계와 가청 한계를 인지하지 못하는 사람이며, 영적으로도 성숙하지 못한 사람입니다. 이것은 교만에서 나온 태도입니다. 말씀의 원리에 충실하거나 원칙에서 크게 벗어나지 않는다면, 자기 생각이 더 타당해 보이더라도 기꺼이 자기 의견을 포기할 줄 아는 자세가 지도자들에게는 필요합니다. '남을 나보다 더 낫게 여기는 겸손한 태도'가 없이는 지도자 역할을 제대로 할 수 없습니다. 지도자는 지시하기만 하는 사람이 아니기 때문입니다. 지도자는 공동체를 향한 하나님의 뜻을 충분히 잘 알고 있다고 믿어서는 안 되며, 그것을 이루기 위한 방법을 자신이 가장 잘 알고 있다고 생각해서도 안 됩니다. 그것은 자신은 더는 듣지 않아도, 성장하지 않아도 될 만큼 충분하다는 착각에서 나온 생각이기 때문입니다.

포기해야 할 때 하나님에게 맡기고 내려놓을 줄 알아야 지도자가 될 수 있습니다. 성도들의 약점과 실수는 본인에게만 문제가 되지만, 지도자의 잘못은 수많은 사람에게 악영향을 끼칩니다. 그러니 저지른 잘못에 대해서는 반드시 응분의 책임을 져야 하고, 언제든 범할 수 있는 잘못은 자신에게도 예외일 수 없다는 생각을 하면서 조심해야 합니다. '고집'은 나에게만은 그런 실수나 잘못이 빗겨갈 것이라는 지나친 확신도 포함합니다. 아무리 자기반성이 철저하고 유혹과의 싸움이 처절하더라도 자기 자신을 정확히 아는 것은 거의 불가능합니다. 자신의 장점도 다 모르지만, 특히 자신의 약점을 아는 것은 매우 어렵습니다.

모든 인간은 부족하고 실수합니다. 지혜로운 지도자는 이 사실을 숙지하고 비판받을 가능성을 열어 두어야 합니다. "나를 선하다 하는 자는 나의 적이요, 나를 악하다 하는 자는 나의 스승이다"(道吾善者 是吾賊 道吾惡 者 是吾師)란 경구는 모든 지도자가 잊지 말아야 할 교훈이며, 모든 인간은 죄인이란 사실을 가르치는 영적 지도자라면 더더욱 그래야 합니다. 자신의 고집에 맹목적으로 따르는 자들을 좋아하는 사람은 지도자가 되어서는 안 됩니다. 그렇게 아첨을 좋아하는 지도자는 반드시 실패하게 되며, 목회자도 예외일 수 없습니다. 하나님의 말씀에 대한 순종과 인간 지도자에 대한 굴종은 다릅니다. 굴종을 기대하는 지도자는 자신을 지킬 수 없습니다. 감시와 견제, 가르침과 조언을 받지 않고도 깨끗하고 바르게 살 수 있다고 생각하는 것은 착각이고 교만입니다. 비판뿐만 아니라 다른 사람의 견제와 감시를 받도록 장치를 만들어 놓는 것이 자신을 지키는 지혜로운 방법입니다.

급히 분내지 아니하며[5]

잘 따져 보지 않고 쉽게 분을 내는 사람은 모든 것이 자기중심적으로 돌아가야 한다고 생각하는 점에서 고집 센 사람의 특징과 같습니다. 이는 디모데전서 3장 3절에서 말한 '다투지 않는'(아마코스, ἄμαχος) 성품과 대조를 이룹니다. 목회자는 자신의 의견이 가장 올바르며, 그래서 무조건 받아들여져야 한다는 오만한 생각 때문에 급히 화를 냅니다. 하지만 교회에서든 세상에서든 무슨 의견을 선과 악 둘로만 가를 수 있는 것은 아닙니다. 선한 것 중에서도 더 선한 것과 덜 선한 것이 있고, 합리적인 것과 비합리적인 것, 효율적인 것과 비효율적인 것이 있습니다. 때론 둘 다 선하고 효율적이고 합리적일 수도 있습니다. 모두 하나님의 뜻을 위한 일일 수 있고, 하나님을 사랑하고 교회를 사랑해서 제기하는 의견일 수 있습니다. 하지만 자기중심성이 강한 사람에게는 하나님 사랑은 있을지 몰

---

5 이 단어는 신약에 단 한 번, 여기에만 등장한다.

라도 이웃 사랑은 없습니다. 이웃 사랑이 아닌 하나님 사랑을 하나님이 사랑이라고 받아 주실까요?

니체(F. W. Nietzche)는 오래전에 '급히' 분내는 것에 대해 다음과 같이 말한 적이 있습니다. 그는 당대 사람들이 "느리고 긴 시선을 상실했다"라고 말하면서, "인간은 어떤 자극에 즉시 반응하지 않고 속도를 늦추고 중단하는 본능을 발휘하는 법을 배워야 한다 … 정신의 부재 상태, 천박성은 자극에 저항하지 못하는 것, 자극에 대해 '아니'라고 대꾸하지 못하는 것에 그 원인이 있다. 즉각 반응하는 것, 모든 충동을 그대로 따르는 것은 이미 일종의 병이며, 몰락이며, 탈진이다"라고 시대를 진단했습니다. 지도자뿐 아니라 인간의 노동력을 대신한 기계의 시대를 넘어서 AI(artificial intelligence)가 인간의 인지 역할까지 대신할 4차 산업 시대를 코앞에 둔 이 시대 사람들은, 더는 참고 기다리면서 한 사람을 이야기와 역사로 보는 능력을 상실해 가고 있는 것입니다. 아마 서로가 갖고 있는 AI의 탁월성으로 그 사람의 능력이 평가받는 시대가 될지도 모릅니다. 그 전조를 우리는 이미 보고 있습니다. 한 사람의 학력이나 학위나 다양한 스펙들이 그 사람 자신보다 더 중요하게 간주되는 시대입니다. 전문성을 갖춘 사람들은 더 큰소리를 내도 되고, 급히 화를 내면서 자기 의견을 관철할 자격이 있는 것처럼 생각합니다.

니체가 말한 정신의 '부재 상태, 천박성'을 보이는 사람은 제 뜻대로 되지 않는 일과 기대하는 대로 움직여 주지 않는 사람, 또는 자신이 통제하지 못하는 상황이나 자신의 인과율을 벗어난 것에 대해 '급히' 분을 내게 됩니다. 그런 사람은 장로가 되어서는 안 됩니다. 왜 그렇습니까? 교

디도여, 교회를 부탁하오

회의 지도자들이 만나는 사람은 그들이 알 수 없는 역사를 가지고 그들 앞에 서 있기 때문입니다. 그러다 보니 그들을 다 이해할 수 없고, 그들을 충분히 돕기란 쉽지 않습니다. 그들은 지도자가 할 수 없는 요구를 쉴 새 없이 할 것이고, 도무지 만족이란 모르는 사람처럼 행동할 것이며, 염치와 체면과 상식을 뭉개 버릴 수도 있습니다. 그들은 내내 지도자의 참을성을 시험합니다. 그들은 자신들에게 친절하지 않은 자들을 이단들보다 더 신랄하게 비판합니다. 그런 사람들에게 '급히' 분노했다가는 그들의 지도자가 될 수 없고, 무엇보다 분노를 통해서는 이루려고 하는 바를 이룰 수 없습니다.

어떻게 하면 '급히' 분노하는 잘못을 범하지 않을 수 있을까요? 예수님은 그 마음에 있는 것이 밖으로 표현되어 나온다고 말씀하신 적이 있습니다. 평소 하나님의 말씀을 마음에 품고 그분이 주신 힘으로 살아갈 때는 사실 아무리 어려운 상황이 닥쳐도 감정적으로 크게 반응하지 않을 수 있습니다. 하지만 하나님과의 교제가 뜸하고 신앙이 침체기에 있을 때는 사소한 말 한마디에도 온 신경을 곤두세워서 반응하게 됩니다. 따라서 급히 분을 내지 않는 사람은 자신의 감정에 지배받지 않고 하나님의 지시를 평소에 잘 따르는 경건한 사람을 의미합니다. 지도자가 급히 화를 내지 않으려면 하나님의 말씀으로 늘 마음을 잘 지켜야 합니다. 더 큰 권위 앞에 순종하는 일상을 보낼 때 자기감정과 설익은 판단에 기대어 분노하지 않을 수 있습니다. 야고보는 그것을 '마음에 심긴 도를 온유함으로 받으라'고 표현하고 있습니다.

"내 사랑하는 형제들아 너희가 알지니 사람마다 듣기는 속히 하고 말하기는 더디 하며 성내기도 더디 하라 사람이 성내는 것이 하나님의 의를 이루지 못함이라 그러므로 모든 더러운 것과 넘치는 악을 내버리고 너희 영혼을 능히 구원할 바 마음에 심어진 말씀을 온유함으로 받으라"(약 1:19-21).

하지만 장로는 절대 화를 내어서는 안 된다는 뜻이 아닙니다. 예수님이나 구약의 선지자들은 욕쟁이들이었습니다. 하나님은 사랑의 하나님이시지만 동시에 정의와 공의의 하나님이시며, 심판하는 진노의 하나님도 되십니다. '분노' 그 자체가 문제가 아니라, 어떤 동기에서 화를 내는지가 문제입니다. '급히' 분을 내는 경우는 대개 나를 보호하고자 하는 본능에서인 경우가 많습니다. 하지만 예수님이나 선지자들의 경우는 하나님의 뜻에 부합하지 않는 삶에 대한 분노, 즉 불의에 대한 거룩한 분노였습니다.

화를 잘 내는 몇 가지 요령이 있습니다. 첫째, 바로 그때 화내면 안 됩니다. 그렇지 않으면 듣는 사람도 감정이 격해져서 일이 확대되고 맙니다. 둘째, 용서할 것과 야단치면서 권면해야 할 것을 잘 구분해야 합니다. 셋째, 야단을 칠 때는 상황과 대상에 따라 방법을 달리해야 합니다. 절대 인격적으로 모독해서는 안 됩니다. 단둘이서만 만나 야단을 쳐야 할 일이 있습니다. 또 '책임자'에게만 야단을 쳐야 할 일이 있습니다. 때론 전체를 야단쳐야 하는 경우도 있습니다. 다른 사람이 없는 곳에서 은밀하게 야단을 쳐야 할 때가 있고, 공개적으로 분노해야 할 때도 있습니다. 때로는 대가를 지불하는 것을 통해 분노해야 할 때도 있습니다. 넷째, 잘못한 것이 무엇인지 반드시 알게 해 주어야 합니다.

디도여, 고회를 부탁하오

술을 즐기지 아니하며

이는 술 자체를 비방하는 말이 아닙니다. 역시 그레데 섬의 독특한 상황을 염두에 둔 지적입니다. 포도주를 음료수로 간주하고 먹는 이스라엘이나 프랑스, 또는 맥주를 음료수로 생각하고 있는 독일의 경우처럼 우리와는 술에 대한 문화적인 인식이 다른 나라들이 있습니다. 하지만 우리는 이 말씀을 그대로 존중할 필요가 있습니다.

개인적으로 '술'은 우리 시대의 '마약'이라고 생각합니다. 건강한 음주 문화를 장려하기보다는 가능하면 술을 마시지 않도록 가르치는 것이 좋을 듯합니다. 하지만 성경이 '술' 자체에 대해서 다른 것보다 특별히 더 부정적인 개념을 갖고 있는 것은 아니라는 것도 알아야 합니다. 술은 자제력과 관련되어 있습니다. 여기서 '술을 즐긴다'는 것은 '술에 취하는', '술고래가 되는', '술 마시는 버릇이 있는'이라는 뜻입니다. 술로 인해서 자제력과 분별력을 잃어버릴 정도로 취한 상태를 의미합니다. 이것은 맨 마지막에 언급된 '절제'의 덕목을 벗어난 태도입니다. 그는 자기를 스스로 통제할 수 없는 사람입니다. 이런 사람은 성도들을 잘 목양할 수 없고, 성도들에게 자신의 삶을 본받으라고 말할 수도 없습니다.

본문에서 술을 즐기는 것은 일종의 탐닉이나 중독의 현상입니다. 그 시대에는 술이 중독의 원인이었다면, 우리 시대에는 다양한 중독들이 있습니다. 아치볼드 하트(Archibald D. Hart)의 《숨겨진 중독》(참미디어 역간)이라는 책에는 우리 시대 사람들이 흔히 빠질 수 있는 중독 증상이 잘 설명되어 있습니다. 그는 여기서 '쇼핑 중독', '일 중독', '의존증', '종교 중독', '술 중독', '성 중독', '조급증', '음식 중독' 등을 예로 들고 있습니다. 자기 열심에 취해서 가정은 내팽개치고 교회 일에만 매달리는 사람은 종교에 중독된 사람입니다. 그 밖에도 생각할 수 있는 것은 'TV 중독', '잡지 중독', '스포츠 중독', '미디어 중독', '돈 중독', '주식 중독', '내 집 마련 중독', '유명 대학 중독', '연예인 중독', '게임 중독' 등이 술 중독 이상으로 우리 시대의 그리스도인들을 위협하고 있습니다. 이것이 그레데 섬의 '술 중독'과 같은 것들입니다. 그레데에는 없는 것들이 우리 시대에는 있습니다. 이런 것들에 빠져 자제력과 분별력을 잃은 사람이라면, 스스로 지도자가 되려고 해서는 안 됩니다.

구타하지 아니하며

한번은 영국에서 설교 중에 매 맞는 아내 이야기를 했는데, 설교 끝나고 한 부부가 상담을 하러 찾아왔습니다. 자신들이 그랬다는 것입니다. 이제 거의 고쳐졌지만, 자신들의 과거가 그랬노라고, 아마 그런 부부들이 적지 않을 거라고 말했습니다. 물론 대개는 불행하게 성장해 온 과거와 무관하지 않습니다. 자신의 무의식 속에 잠재해 있는 폭력성을 억제하지 못해서 아내를 구타하고 나중에 후회하는 사람들이 많이 있습니다. 스코틀랜드의 한 유명한 목회자 사모의 고백이 교계에 큰 파장을 일으켰습니다. 그 사모님은 목사님이 설교할 때 늘 기둥 뒤에서 들었다고 합니다. 늘 집에서는 자신에게 폭력을 행사하면서 교회에서는 '사랑'을 말하는 남편의 얼굴이 가증스러워 쳐다볼 수가 없었기 때문입니다.

　이런 사람들도 역시 모든 것이 자기중심적으로 돌아가야 한다고 생각하기 때문에 자신의 뜻이 관철되지 않을 때는 폭력을 행사하는 것입니다. 한 몸인 교회에서 자신의 생각을 그렇게 폭력적인 방법으로라도 기어이 관철시키겠다고 생각하는 사람이 지도자가 되면 성도들에게 큰 상처를 입히게 됩니다. 물론 여기서는 물리적인 폭력을 의미하지만, 사실 말이나 소외나 무시 등을 통해서 행사하는 폭력이 더 큰 문제입니다. 좀 더 고상하게 보이지만 더욱 가혹한 폭력입니다. 가장 손쉬운 방법으로 급하게 일을 처리하려고 할 때 말보다 주먹이 앞서게 됩니다. 이런 사람은 결코 기다리지 못합니다. 다른 사람의 의견을 경청할 수 없고, 특히 목자의 심정으로 각기 다른 속도로 더디 자라는 양들을 양육할 수 없습니다. 이런 사람은 절대 지도자가 되어서는 안 됩니다.

더러운 이득을 탐하지 아니하며

돈에 대한 욕심을 가진 자는 장로가 되어서는 안 됩니다. 이미 충분히 가지고 있는데도 타인의 것을 탐하는 태도를 가리키는 표현입니다. 돈 자체에 대한 갈망이 없는 사람은 없겠지만, 돈에 대한 욕망이 하나님을 향한 갈망은 물론이고 다른 많은 가치들에 대한 갈망보다 앞선 것이 발견된다면, 그는 장로로 적합하지 않습니다. 돈은 결코 가치중립적인 것이 아니라 우리 힘으로는 감당할 수 없는 치명적이며 또한 가공할 만한 힘을 갖고 있습니다. 그것은 거듭난 사람이 성령의 능력으로만 이길 수 있습니다. 따라서 돈에 대한 갈망이 다른 모든 갈망을 압도하거나 그 결과로 가치 있는 갈망들을 질식시킨다면, 그는 영적인 지도자로서는 물론이고 그리스도인으로서도 적합하지 않습니다.

특히 사도 바울은 '부정한 이득'을 탐하는 자를 언급하고 있습니다. 이는 사회적인 규칙을 어겨 가면서까지 이득을 얻으려 하며, 그것을 부끄러워할 줄 모르는 사람을 가리킵니다. 우리 시대의 지도자들이 가장 많이 넘어지는 자격일 것입니다. 자본주의 사회에서는 사회에서 영향력 있는 사람들이 교회에서도 장로가 됩니다. 그런데 앞에서도 언급했듯이, 정당한 방법으로 그렇게 많은 재산과 지위를 차지하기란 상당히 어렵습니다. 사업하는 성도들을 상담하다 보면 한국에서 정직한 땀의 대가로 부를 축적한다는 것이 그리 간단하지 않습니다. 이중장부를 만들고, 은행에 로비해서 융자를 받고, 공무원들과 결탁해서 행정적인 편의를 제공받지 못하면 사업하기 힘듭니다. 의사나 변호사 그리고 약사로 있는 분들은 현금 거래를 요구해서 소득을 은닉하고 정직하게 신고하지 않으려고 합니다. 우리가 말하는 재테크라는 것이 성경적인지 잘 살펴야 합니다.

장로는 불의한 이익은 아닐지라도 적어도 돈 버는 일에 혈안이 되어서는 안 됩니다. 더러운 이익 앞에 쉽게 무릎을 꿇는 사람은 더욱더 안 됩니다. 그런 태도로는 교회를 잘 경영할 수 없고, 성도들에게 세상과 구별된 거룩한 삶을 가르쳐 줄 수도 없습니다. 부정한 이익으로 번 돈으로 하나님의 일 혹은 거룩하고 영적인 일을 한다는 이들을 엄정하게 꾸짖고 제대로 가르칠 수 있으려면, 장로가 사심 없고 욕심 없이 살고 있어야 합니다.

세상의 방법에는 좀 어두워도 하나님을 의지할 줄 아는 사람을 지도자로 세워야 합니다. 세상 물정에 밝은 지혜도 필요하지만, 세상 물정에만 밝은 사람은 지도자로서 적합하지 않습니다. 예수님은 교인들의 영적인 이익보다 자신의 이익에 더 관심을 쓰는 지도자를 '도둑' 혹은 '삯꾼'

이라 부르셨습니다(요 10:1, 12 참조). 목사도 정당한 급여를 받아야 하지만, 적어도 목사가 급여를 위해서 혹은 받은 만큼만 일하려고 한다면 삯꾼에 불과합니다. 삯꾼 목자가 그 자체로 나쁜 사람은 아닙니다. 그는 양들의 주인이 아니기 때문에 양들을 위해서 목숨을 버리지 않아도 됩니다. 그 렇더라도 도덕적인 비난을 전혀 받지 않습니다. 하지만 교회의 지도자는 삯을 위해 일해서는 안 됩니다. 노동의 대가를 바라는 것은 당연하고 그 것은 합당하지만, 그것을 얻는 것이 사역의 주목적이 되어서는 안 된다 는 뜻입니다. 삯을 못 받아도 양을 위해서 목숨을 버린 예수님처럼 섬기 도록 부름을 받았기 때문입니다. 얼마를 주든지 해야 할 일을 해야 합니 다. 할 수 있는 만큼 해야 합니다. 하나님의 계산을 기다리면서 묵묵히 살 아가야 합니다.

사람들은 다른 어느 분야의 책임자보다 목회자에게 이기심을 더 잘 극 복할 것을 요구합니다. 고등 종교는 이기심과 세속적 가치의 극복을 그 기본으로 삼고 있습니다. 한국 교회에는 후손에게 땅 한 평, 돈 한 푼, 집 한 칸조차 남기지 않은 분들도 계시지만, 엄청나게 큰 특권과 부를 가진 대형 교회를 자녀에게 세습한 사람들도 있습니다. 누가 더 하나님 나라에 공헌하고, 누가 더 교인들과 사회의 존경을 받는지는 불문가지(不問可知) 입니다. 모든 목회자는 자신이 어느 편에 서 있는가를 점검하고, 어느 편 에 설 것인가를 결정해야 합니다.

자기가 '도둑' 혹은 '삯꾼'임을 인정하는 목회자는 많지 않습니다. 다 만 영적으로 충분히 성숙한 목회자만이 스스로를 좋은 목자가 아니라 도 둑 혹은 삯꾼이라 생각하고 부끄러워합니다. 겸손한 사람은 자신의 교만을 걱정하고, 교만한 사람은 자신의 겸손을 과시하고 우쭐합니다. 목사는 자신을 도마 위에 얹어 놓고 난도질을 해서 모든 인간적인 욕망을 가려내어 이를 악물고 이를 극복할 수 있어야 합니다. 기도와 설교 준비는 자기반성과 비판을 위한 가장 좋은 기회입니다. 기도는 지극히 거룩하신 하나님 앞에 자신의 벌거벗은 모습을 드러내는 시간이고, 설교의 1차 대상은 자기 자신이기 때문입니다.

청지기로서 갖추어야 할 자질(8절)

이제 8절에서는 청지기에게 필요한 긍정적인 자질을 소개하고 있습니다.

오직 나그네를 대접하며

문자적으로 하면 '낯선 자를 사랑하는 자'입니다. 늘 좋아하는 사람만 좋아하는 것은 누구나 할 수 있습니다. 하지만 낯선 사람에게 호의를 베푸는 일은 쉽지 않습니다. 지도자는 늘 교회를 찾는 낯선 사람에게 호의를 베풀 줄 알아야 합니다. 뿐만 아니라 이것은 사실 잠자리를 제공해 주는 것까지를 포함합니다. 외모로 차별해서는 안 됩니다. 도움을 줄 사람이 아니라 도움이 필요한 사람도 환영해야 합니다.

선행을 좋아하며

여기서 이 '선'은 넓은 의미에서 '선한 일을 하는 사람', 혹은 '선한 사역'

까지를 포함합니다. 자신이 선한 사역에 몸담거나 선한 일을 하는 사람들의 일에 열렬한 후원자나 조력자가 되기를 기뻐하는 사람을 의미합니다. 어떤 특별한 계기를 마련해서 선행을 하기보다는 아주 작은 일에서부터 남을 돕고, 나누고, 자원 봉사하는 사람을 의미합니다.

신중하며

이것은 정신을 똑바로 차리고 지각 있는 판단을 내리는 것을 말합니다. 맑은 정신으로 자신을 통제할 줄 아는 사람을 가리킵니다. 술에 중독된 사람과는 정반대의 기준입니다. 차분하고 자제심을 갖춘 사람을 의미합니다.

의로우며 거룩하며

이 두 습관은 특별히 하나님 앞에서 살아가는 지도자의 모습을 소개하고 있습니다. 장로는 더러운 이익을 탐하는 자가 아니라, 도리어 세상에 영합하지 않고 하나님의 원칙에 충실해서 살아가는 사람이 적합하다는 것입니다. 이는 단지 윤리적으로 깨끗하게 사는 것을 의미하지 않습니다. '의'와 '거룩'의 기준은 오직 하나님의 말씀입니다. 하나님이 원하시는 뜻대로 사는 삶일 때만 의로운 삶이고 거룩한 삶입니다. 아무리 사람들 보기에 좋고 하나님을 위한다는 명분으로 행해지는 일들도, 하나님의 뜻에 순종하는 일이 아니면 하나님이 아니라 사람에게 영광이 돌아가고 맙니다. 이 의로움은 당연히 다른 사람들을 향해서도 바르고 공정한 기준을 따라 살면서 약속을 잘 지키는 것을 의미합니다.

따라서 지도자가 갖추어야 할 가장 기본적인 덕목은 순종입니다. 먼저 하나님의 말씀 앞에 절대 복종할 자세가 되어 있는 사람만이 지도자로서 자질을 갖춘 사람입니다. 세상에서 어떤 지위에 있더라도, 일단 말씀으로 다가오시는 하나님의 명령에는 자신의 모든 것을 다 내려놓고 절대 순종할 줄 아는 사람이 지도자가 되어야 합니다.

절제하며

절제는 성령의 아홉 가지 열매에서도 마지막에 속합니다. 이는 자신을 다스릴 줄 아는 능력을 의미합니다. 자기감정이나 충동이나 욕망을 자제하는 것, 돈이나 명예나 권력의 욕망에 빠지지 않도록 억제하는 것을 말합니다. 성령의 열매는 무언가 선하고 덕스러운 일을 하는 것을 포함하지만, 무언가 좋지 못한 일을 하지 않도록 내 정욕을 이기는 능력도 포함합니다. 그렇지 않으면 선하게 보이는 일을 통해서, 사랑이라는 이름으로, 하나님의 영광이라는 명분으로, 교회를 위한다는 핑계로 얼마든지 내 욕망을 채우려고 할 수 있기 때문입니다. 그래서 이 '절제'는 뒷문을 단속하는 역할을 합니다. 그래서 아홉 가지 성령의 열매나 여기서 자격을 말할 때도 맨 나중에 나오는 것인지 모릅니다.

지금까지 하나님의 교회의 청지기로서 장로들이 갖추어야 할 자질과 버려야 할 성품에 대해서 살폈습니다. 그런데 이상한 것이 있습니다. 여기에는 믿음이나 소망, 사랑이나 성령의 충만 같은 영적인 자질들이 전혀 언급되지 않고 있다는 점입니다. 물론 저는 영적인 다른 자격들이 전제되어 있다고 생각합니다. 하지만 바울은 의도적으로 인간적인 자격을 강조했을 것이라고 생각합니다. 그런데 같은 방종한 사회에서 교회의 지도자는 적어도 그들과는 삶의 방식과 가치관이 눈에 띄게 달라야 한다고 말하고 싶었던 것이 아닐까요? 정말 '당신이라면 목사 자격이 있고, 장로 자격이 있다'고 말할 만큼 가정에서나 직장에서 세상과는 다르게 산다고 인정받아야 한다는 것입니다. 사람을 바꿀 수 없는 복음이라면 진정한 복음이 아닐 것입니다. 말씀이 이미 삶에서 역사하고 있다는 증거가 있는 사람, 말씀의 권능을 경험한 사람만이 지도자가 될 수 있다고 바울은 말하고 있는 것입니다.

말씀 준수(9절)

이제 바울은 9절에서 청지기로서 장로의 마지막 자격 하나를 더 언급합니다. 가장 중요해서 맨 마지막에 소개하고 있을 것입니다. 이 자격은 바로 10절부터 이어지는 거짓 교사들과 대조되는 자격입니다. 그리고 앞의 자격 요건을 갖추기 위한 선결 조건입니다.

"미쁜 말씀의 가르침을 그대로 지켜야 하리니 이는 능히 바른 교훈으로 권면하고 거슬러 말하는 자들을 책망하게 하려 함이라"(딛 1:9).

어떤 자격입니까? '미쁜 말씀의 가르침을 그대로 지키는 자'입니다. 장로에게 탁월한 덕성과 함께 신학적인 소양도 요구하고 있습니다. 여기 '그대로 지키다'(안테코, ἀντέχω)라는 것은 '굳게 붙잡다', '확고하게 고수하다' 정도로 번역하는 것이 더 낫습니다. 이 표현을 예수님은 누가복음 16장 13절의 두 주인을 섬길 수 없다는 말씀에서 쓰셨습니다.

"집 하인이 두 주인을 섬길 수 없나니 혹 이를 미워하고 저를 사랑하거나 혹 이를 중히 여기고(안테코, ἀντέχω) 저를 경히 여길 것임이니라 너희는 하나님과 재물을 겸하여 섬길 수 없느니라."

새번역 성경은 이 단어를 '떠받들고'라고 번역하고 있습니다. 나뉜 마음 없이 하나님의 말씀만을 기준으로 삼는 태도를 지도자에게 요구하는 것입니다. 잣대 없는 줏대는 의미가 없고, 일관성 있는 기준이 없이는 선한 권면도, 단호한 경고도 할 수 없습니다.

장로는 하나님의 말씀을 신뢰할 만하다고 믿는 사람, 그래서 그 말씀을 굳게 지키는 사람이어야 합니다. 하나님의 지혜보다 더 지혜로운 것이 없고, 하나님의 방법보다 더 훌륭한 방법이 없고, 하나님의 약속보다 더 신실하게 이루어지는 약속이 없다고 믿어야 합니다. 자기중심적이거나 현세 지향적인 사람이 아니라, 하나님 중심이요, 이타적인 사람이어야 합니다. 영원의 눈으로 현재의 순간을 바라보고, 하늘의 관점으로 땅을 해석할 줄 아는 사람이어야 합니다. 그 말씀이 전하는 가르침을 지도자 자신이 먼저 실천해야 합니다. 순종하는 지도자가 말씀의 참뜻을 더 잘 깨달을 수 있습니다. 순종해 보지 않으면 하나님과의 교제를 누릴 수 없습니다. 약속하시고 명령하시는데, 그 명령에 따르지 않으면 약속을 누릴 수 없기 때문입니다.

여기 '미쁜 말씀의 가르침'은 예수님과 사도로부터 전해져 온 말씀이 이미 어느 정도 체계화되었다는 인상을 받습니다. 오늘 우리에게는 성경

디도여, 교회를 부탁하오

이라 해도 좋고, 바른 교리라 이해해도 좋습니다. 목사와 장로들은 바른 교리를 잘 이해하고, 또 그 교리대로 교회를 운영하며, 개인적인 삶을 살아 내야 한다는 뜻입니다.

바울은 이렇게 지도자가 그 가르침을 잘 알고, 또 먼저 순종해야 하는 이유를 두 가지로 말합니다. 디모데에게는 이것을 '가르치기를 잘하는'(딤전 3:2 참조) 장로가 되어야 한다는 말로 요약했습니다.

바른 교훈으로 권면할 수 있기 위해서

하나님의 말씀에 대한 신뢰가 없으면 다른 사람을 바른 교훈으로 권면할 수 없습니다. 물론, 살아 보지 않고, 또 살고 있지 않으면서 다른 사람에게는 얼마든지 틀리지 않는 말씀, 감동적인 말씀을 전할 수도 있습니다. 하지만 진정으로 감동을 주는 권면은 '말'이 아닌 삶과 인격에 있습니다.

디도는 특히 바른 교훈, 즉 복음으로 대적자들의 입을 막아야 했습니다(딛 1:11 참조). 여기 '바른'(휘기아이노, *ὑγιαίνω*)은 건강한 상태를 나타내는 의학 용어로서, 이는 대적자들의 병적인 가르침과 대조되는 표현입니다. 병적인 가르침에 대한 처방전은 '건강한' 교훈이라는 것입니다. 그것이 사변적이지 않고 삶을 통과한 교훈이라면 얼마나 더 설득력이 있겠습니까? 적어도 그렇게 순종해 보려고 노력하는 사람의 어눌한 고백이 마음을 울리고, 우리를 변화시키고, 우리를 말씀에 승복하도록 이끌지 않습니까? 그런데 다원주의와 상대주의가 만연한 사회는 우리에게 저마다 자기 기준으로, 자기 마음 가는 대로 살면 그만이라고 가르칩니다. 옳고 그른 것을 따지지 말라고 합니다. 이것이 '병적인' 교훈입니다.

　우리 인간은 스스로 존재하지 않고 지으신 창조주를 의지해서 삽니다. 인간은 가장 인간답게 존재할 때 의미 있고 행복한 삶을 영위할 수 있습니다. 성경은 그 인간이 가장 자유롭게, 가장 아름답게 사랑하며 사는 길을 제시해 주는 '인간 사용 설명서'입니다. 성경이 없다면, 인간은 악보 없이 늘 즉흥 연주만 해야 하는 연주자처럼, 대본 없이 늘 즉흥 연기만 해야 하는 배우처럼 아무거나 할 수 있는 자유 대신에 아무것도 할 수 없어 쩔쩔매는 존재가 될 것입니다. '바른 교훈'은 우리 삶에 안전망을 설치하고 울타리를 세워 주어 우리로 안전하고 자유롭게 살아갈 수 있도록 해 줍니다. 바울은 이제 디도서 2장부터 3장 8절까지 이 바른 교훈으로 권면하는 일을 할 것입니다.

거슬러 말하는 자들을 책망할 수 있기 위해서

권면보다 더 어려운 것이 책망입니다. 책망하는 사람에게 권위가 없을 때는 아무런 실효를 거두지 못합니다. 아무리 말씀으로 책망해도 '당신이나 잘하세요!'라는 말을 하게 만든다면 아무 소용이 없기 때문에, 바울은 디도에게 솔선수범해서 말씀을 신뢰하면서 그 말씀을 붙잡고 순종하는 사람을 지도자로 세우라고 권면하고 있는 것입니다. 여기 '거슬러 말하다'(아티레고, ἀντιλέγω)라는 단어는 나중에 종들이 자기 상전들에게 해서는 안 되는 불순종을 가리키는 말로 나옵니다(딛 2:9 참조). 이사야 65장 2절에도 같은 단어가 쓰이고 있습니다. "내가 종일 손을 펴서 자기 생각을 따라 옳지 않은 길을 걸어가는 패역한(아티레고, ἀντιλέγω) 백성들을 불렀

나니."

바울은 에베소의 장로 디모데에게도 말씀의 권위를 확보하기 위해 성경의 권위를 인정하는 것과 설교자의 실천하는 삶의 중요성에 관해 비슷한 권면을 해 준 적이 있습니다.

"악한 사람들과 속이는 자들은 더욱 악하여져서 속이기도 하고 속기도 하나니 그러나 너는 배우고 확신한 일에 거하라 너는 네가 누구에게서 배운 것을 알며 또 어려서부터 성경을 알았나니 성경은 능히 너로 하여금 그리스도 예수 안에 있는 믿음으로 말미암아 구원에 이르는 지혜가 있게 하느니라"(딤후 3:13-15).

"너는 이것들을 명하고 가르치라 누구든지 네 연소함을 업신여기지 못하게 하고 오직 말과 행실과 사랑과 믿음과 정절에 있어서 믿는 자에게 본이 되어 내가 이를 때까지 읽는 것과 권하는 것과 가르치는 것에 전념하라"(딤전 4:11-13).

이 시대의 교회가 자신들의 지평을 넓힌다는 이유로 성경의 권위를 스스로 허물고 상대화시켰기에, 세상 앞에서 교회가 발언권을 잃고, 유사 진리에 의해 잠식당하고, 세속주의에 맞서지 못한 채 굴복하는 것입니다. 동시에 이 거짓 가르침을 책망하지 못했기 때문에 이단에게 당하는 것입니다. 세속적인 가치관의 허구성을 폭로하고 비판해서 성도들에게 대안적인 삶을 살도록 창조적인 상상력, 거룩한 영적 상상력을 불어넣어 주어야 합니다. 만약 그렇게 하지 못하면 성도들은 엿새 동안 세상과 똑같이 살다가 주일에만 그리스도인으로 살게 될 것입니다. 그렇다면 우리 아이들은 더더욱 그렇지 않겠습니까?

교회는 이런 지도자의 자질을 갖춰 나갈 수 있도록 배워 가야 합니다. 모두가 서로에게 스승이 되고, 아비가 되고, 어미가 되어야 합니다.

* * *

어떻습니까? 이런 기준대로라면 아무도 지도자가 될 수 없다고 생각할 지 모릅니다. 사실 그렇습니다. 자신이 이런 기준에 부합하니 지도자를 하겠다고 나설 만큼 뻔뻔한 사람은 없을 것입니다. 하지만 현실이 꼭 그런 것만 같지는 않습니다. 장로 선거에서 사양하는 사람을 찾아보기 힘듭니다. 장로 되려는 의지가 얼마나 강한지, 장로 선거에서 떨어지면 아예 교회마저 옮길 만큼 깊은 상처를 받습니다. 자신같이 자격 있는 사람을 안 뽑아 준 교회는 수준이 안 맞아서 다닐 수 없다는 것입니다. 정말 가관입니다. 서로 자격 없다고 양보하다 억지로 떠밀려 맡게 되는 자리가 되어야 정상이지 않겠습니까?

바울은 아무나 장로로 세우지 말고, 자신의 이 명령대로 세우라고 강조합니다. 세상이 다른 어떤 기준을 제시해도 하나님의 사도인 자신이 제시한 기준을 양보하지 말라고 합니다. 목사를 세울 때 학위나 학벌을 앞세우지 않아야 합니다. 장로를 세울 때 세속적인 성공이나 연륜을 앞세우지 않아야 합니다. 우리도 모두 부족하지만 이 높은 기준만큼은 포기해서는 안 됩니다.

공동체는 하루아침에 이런 지도자가 우리 앞에 등장하기를 바라서는 안 됩니다. 공동체가 지도자를 세워 가야 합니다. 우리 아이들을 지도자

디도여, 교회를 부탁하오

로 양육해야 합니다. 많이 기다리고 용납하면서 서로가 서로를 먼저 지도자로 세워 주는 겸손함과 양보가 있는 공동체가 되어야 합니다. 권면을 해도 권위가 서는 지도자, 책망을 해도 달게 듣는 공동체, 그런 지도자와 성도가 있는 교회가 되기 바라야 합니다.

1. 가르침과 사람(지도자)

- ☑ 교회가 올바른 가르침을 전하고 올바른 지도자를 세우는 것을 가장 우선적인 관심사로 삼고 구체적으로 투자하고 있는가?
- ☑ 진리를 잘 전수하기 위해 어떤 노력을 기울이고 있는가?
- ☑ 지도자를 잘 양육하기 위해 어떤 노력을 기울이고 있는가?

2. 지도자의 자격

- ☑ 지도자를 선정하는 우리 공동체만의 기준이 있는가?

3. 지도자와 가정

- ☑ 지도자가 교회에만 열중할 것이 아니라 가정도 잘 돌볼 수 있도록 배려하고 있는가?
- ☑ 지도자의 자녀들(Pastoral Kids)이 건실하게 자라도록 신경을 쓰고 있는가?
- ☑ 교회는 평상시에 성도들의 가정이 튼실해지도록 어떤 노력을 기울이고 있는가?

4. 지도자와 성품(부정적)

- ☑ 우리 공동체가 이해하고 있고 또 실행하고 있는 장로(혹은 목사) 직분은 하나님의 것을 맡아 관리하는 '청지기'인가, 아니면 권력이나 명예의 자리인가?
- ☑ 다음의 성품을 장로(혹은 목사)의 결격 사유로 여기고 있는가?

  1) 고집이 세거나, 급히 분을 내거나 구타하는 등 자기중심성이 강한 사람

2) 중독에 빠지는 등 자기 절제 능력이 없는 사람

3) 부정한 이익을 탐하는 등 신앙 윤리가 느슨하고 욕심이 많은 사람

5. 지도자와 성품 (긍정적)

☑ 말과 삶이 일치하며 구체적인 인격과 삶의 열매를 나타내는 사람을 장로 (혹은 목사)로 기대하는 공동체인가?

☑ 다음의 성품을 장로 (혹은 목사)에게 기대하는가?

1) 보상을 기대할 수 없는 나그네를 대접하는 등 이타적인 삶을 사는 사람

2) 신중하고 절제하는 등 자기 통제 능력이 강한 사람

3) 선행과 의로움과 거룩함을 추구하는 등 하나님을 두려워할 줄 아는 사람

6. 지도자와 말씀

☑ 하나님의 말씀 (성경)의 신실성과 권위를 인정하고, 그것을 기준으로 삼아 말씀을 전하고 또 사는 지도자인가?

☑ 말씀에 근거한 바른 교훈으로만 권면하고, 거슬러 말하는 자를 향해서도 단호히 책망하는 사람인가?

불순종하고 헛된 말을 하며 속이는 자가 많은 중

할례파 가운데 특히 그러하니 그들의 입을 막을 것이라

이런 자들이 더러운 이득을 취하려고 마땅하지 아니한 것을 가르쳐

가정들을 온통 무너뜨리는도다

그레데인 중의 어떤 선지자가 말하되

그레데인들은 항상 거짓말쟁이며 악한 짐승이며 배만 위하는 게으름뱅이라 하니

이 증언이 참되도다 그러므로 네가 그들을 엄히 꾸짖으라

이는 그들로 하여금 믿음을 온전하게 하고

유대인의 허탄한 이야기와 진리를 배반하는 사람들의 명령을 따르지 않게 하려 함이라

깨끗한 자들에게는 모든 것이 깨끗하나

더럽고 믿지 아니하는 자들에게는 아무것도 깨끗한 것이 없고

오직 그들의 마음과 양심이 더러운지라

그들이 하나님을 시인하나 행위로는 부인하니

가증한 자요 복종하지 아니하는 자요 모든 선한 일을 버리는 자니라.

———

디도서 1장 10-16절

3. 입을 막고 엄히 꾸짖으라

- 앎과 삶의 일치를 촉구하는 가르침 -

사탄의 가장 큰 사역은 하나님이 그 영광과 위엄에 걸맞은 대접을 받지 못하시게 하는 것입니다. 그분의 역사가 잊히고, 그분의 말씀이 신뢰를 얻지 못하게 하는 것입니다. 그분의 존재감을 약화시키고, 피조물의 존재감이 부각되게 하는 것입니다. 그분의 약속이 헛되고 비현실적인 것이 되게 해서 소망할 이유를 갖지 못하게 만들고, 오직 오늘 우리가 갖고 있는 소유나 자원만이 우리의 안전을 책임지고 내일을 보장한다고 믿게 하는 것입니다. 그래서 현실을 무시한 채 오직 미래만을 도모하게 만드는 일입니다. 한마디로, 하나님이 예배를 받지 못하시게 하는 것이 사탄의 가장 큰 사역인 것입니다.

이를 위해서 사탄은 구체적으로 하나님의 사람들이 하나님의 말씀을 듣지 못하게 합니다. 곧이곧대로 선포하지 못하게 하고, 있는 그대로 믿지 못하게 합니다. 더 중요하게 보이는 일들이 생겨서 말씀에 무관심하게 만들기도 하고, 이미 충분히 알고 있다고 생각하게 만들기도 합니다. 너무 어렵기 때문에 성경은 전문가들의 전유물이라고 생각하게 만들기도 하고, 그 말씀이 현재 내 처지와는 아무 상관 없는 듯이 보이게도 합니다. 말씀을 몰라도, 그 말씀대로 따르지 않아도 구원받는 데는 아무 지장이 없다고 믿게 하고, 너무 많이 알면 살아야 할 것이 많기에 부담스럽다고 생각하게 합니다. 심지어 말씀은 더 이상 우리 삶의 준거의 틀로 삼을 만큼 신적 권위가 있는 것이 아니라, 받아들이는 시대와 사람에 따라 얼마든지 그 메시지를 달리할 수 있으며, 다른 많은 진리들 가운데 하나일 뿐이라는 식으로 상대화시키기도 합니다. 그러면 그 말씀은 더 이상 진리가 아니라 죽고 사는 것과 상관없는, 그저 알아 두면 좋은 정보로 전락합니다.

적어도 말씀을 무력화시키려는 사탄의 사역이 우리 시대에는 어느 정도 성공한 듯 보입니다. 있는 그대로 말씀이 선포되는 곳이 드물고, 그 말씀에 목숨을 거는 사역자들도 드물기 때문입니다. 말은 범람하지만 말씀은 들리지 않고, 언제 어디서든 들을 수 있지만 지독하게 말씀에 무관심한 시대가 되었기 때문입니다. 다음세대의 형편은 더 참담한데, 다음세대 자녀들은 성경을 이해하는 데 필요한 기본 이야기나 교리조차 모르는 성경 문맹, 신학 문맹이 되었으며, 교회가 그 심각성을 알고도 적절한 대안을 내놓지 못할 만큼 무기력해졌기 때문입니다. 사역자들을 길러 내는 신학교는 성경을 아는 것보다 더 중요한 것이 훨씬 많다고 여기는 듯, 성경을 가르치고 설교자로 준비시키는 일을 잘 해내지 못하고 있고, 교계

디도어, 교회를 부탁하오

는 말씀을 잘 몰라도 안수 주는 일을 주저하지 않고 있습니다. 교회도 말씀을 잘 알고 전하는 사람보다 스펙을 따라서 일꾼들을 정하고 있으며, 교회의 외연을 확장시킬 수만 있다면 말씀과 상관없는 목회 철학이나 비전을 잘도 용납해 주고 있습니다. 그래서 이제 교회 안에 전도해야 할 사람이 더 많고, 지도자가 가장 말씀에서 멀어져 있다는 믿기지 않는 말까지 들립니다. 교회가 이단의 공세에 속수무책으로 무너지고 세속의 유혹에는 허망하게 굴복하는 것이 그 결과입니다.

이런 이유로 디도서의 메시지는 여전히 우리에게 큰 울림을 주고 있습니다. 디도서는 교회를 세우는데 정말 중요한 두 가지에 관심을 기울이고 있습니다. 그것은 '올바른 지도자'와 '바른 가르침'입니다. 우리 시대의 상황이 그레데의 상황과 흡사하고, 그래서 우리에게 절실히 필요한 것도 온전한 지도자와 바른 교훈의 말씀입니다.

바울은 디도에게 그레데 각 성에 장로들을 세우라고 당부합니다. 반드시 자신이 명한 기준을 따라 세우도록 장로의 자격에 대해서 언급합니다. 장로는 가정을 잘 다스리는 아버지여야 합니다. 또 가정 밖 사회생활에서도 인정을 받는 사람이어야 합니다. 지도자가 되겠다고 결심한 사람이 아니라 지도자가 되기에 적합하다고 인정받는 사람을 세워야 합니다. 놀랍게도 바울은 지도자가 교회 안에서 어떤 활동을 해 왔는지에 대해서는 자격 조건에 포함시키지 않고 있습니다. 왜 그랬을까요? 중요하지 않아서가 아닐 것입니다. 말할 필요가 없기 때문입니다. 성도들이 이미 보고 알기 때문입니다. 하지만 아무리 교회 안에서 인정을 받아도, 가정과 사회에서 인정받지 못하면 장로로서 적절하지 않다는 것이 바울의 강조점입니다. 장로는 교회 안의 성도들에게뿐 아니라 교회 밖의 사람들을 향해서도 교회를 대표하는 존재입니다. 그래서 한편으로는 세상과 구별된 거룩하고 의로운 사람이어야 하지만, 동시에 세상에서도 인정받는 사람이어야 하는 것입니다.

　바울이 제시한 장로의 기준은 무엇이었습니까? 어떤 사람이 장로가 되어서는 안 됩니까? 어떤 사람을 세우면 교회와 상관없고, 그리스도와 상관없고, 하나님 나라와 상관없는 것입니까? 고집이 세고, 급히 분내고, 술을 즐기고, 구타하고, 더러운 이득을 탐하는 사람입니다. 그럼 반대로 누가 교회와 그리스도와 하나님 나라를 섬길 적합한 사람입니까? 나그네 대접을 잘하고, 선을 좋아하고, 신중하고, 의롭고, 거룩하고, 절제하는 사람입니다. 그리고 그런 장로가 되기 위해서 필요한 가장 기본적인 자질은, 하나님의 말씀을 신뢰하고 믿을 수 있는 삶의 유일한 표준이요, 근거로 받아들이는 자세입니다. 말씀만을 유일하게 '미쁜', 즉 '신뢰할 만한' 것으로 여기고, 경험과 지식과 때로는 순간적인 감정에 자신을 내어 맡기지 않는 사람입니다. 그런 사람은 자신의 지혜를 전적으로 의지하지 않고 자신의 성취를 자기만의 공로로 여기지 않기 때문에, 하나님 앞에서나 사람 앞에서 자기 고집을 고수하지 않습니다. 하지만 하나님의 말씀이 아니라 자기 자신을 믿는 사람은 맘에 안 맞는 의견이나 사람들을 향해 급히 분노하고 심지어 폭력을 행사하기도 합니다. 자기 이익에는 지나치게 밝아서 부정한 방법을 써서라도 재산을 모으려고 합니다. '부정한' 사람이 '의롭고 거룩한' 하나님을 두려워할 리가 없습니다. 또한 자기 자신을 잘 지키지 못해서 무절제한 생활을 합니다. 의롭고 거룩하며, 이웃이나 나그네를 사랑할 줄 알고, 신중하고 자기 절제를 할 수 있는 인격이 되려면, 하나님의 말씀을 굳게 잡아야 합니다. 그 말씀만을 준거의 틀로 삼고 살아야 합니다. 그럴 때 선한 교훈으로 권면할 수 있고, 거슬러 말하는 자를 책망할 수 있는 지도자가 될 수 있습니다.

입을 막으라(10-13a절)

본문은 그릇된 가르침을 전하는 자들에 대해 어떻게 대처할지를 말해 줍니다. 이 내용은 뒤에서도 언급할 것입니다(7장). 먼저, 본문 10절은 헬라어 '가르'(γὰρ), 즉 '왜냐하면'으로 시작합니다. 이어지는 내용은 거짓 가르침을 전하는 자들과 그 가르침을 추종하는 자들을 어떻게 다루어야 하는지에 관한 것입니다. 그렇다면 바울은 본문에서 왜 미쁜 말씀의 가르침을 굳게 붙잡는 장로들을 세우고, 특별히 삶과 인격에서 경건의 열매가 드러난 장로들을 세워야 하는지 그 이유를 말하고 있다고 할 수 있습니다.

그렇게 볼 만한 증거가 또 있습니다. 가만히 보면 장로의 자격을 말할 때 썼던 표현이 거짓 교사들을 묘사할 때도 쓰이고 있습니다. 교회 지도자들은 '불순종하는 일이 없는' 자녀를 두어야 합니다(6절). 그런데 거짓 교사들은 '불순종하는' 자들입니다(10절). 장로는 '믿는' 자녀를 두어야 합니다(6절). 그런데 거짓 교사들은 '믿지 아니하는 자들'입니다(15절). 장로는 '더러운 이득'을 탐하지 않습니다(7절). 그런데 거짓 교사들은 '더러운 이득을 취하려고' 하는 자들입니다(11절). 장로는 '미쁜 말씀의 가르침을 지키는' 자들입니다(9절). 그런데 거짓 교사들은 '유대인의 허탄한 이야기와 진리를 배반하는 사람들의 명령을 따르는' 자들입니다(14절). 이들에 대한 묘사는 점점 구체화되고 있으며, '순종하지 않는'(아뉘포타크토이, ἀνυπότακτοι)으로 시작해서 '복종하지 않는'(아페이쎄이스, ἀπειθεῖς)이라는 동의어로 끝나고 있습니다. 반항과 반역, 이것이 거짓 교사들의 가장 큰 특징이며, 반대로 순종과 복종이 그리스도의 일꾼들의 가장 큰 특징임을 알 수 있습니다.

상황이 그렇게 여유로운 것도 아니었습니다. 원문에서 10절의 첫 단어는 '있다'(에이신, Εἰσὶν)입니다. 그것은 미래에 예상되는 일이 아니라 지금 당면한 문제라는 것입니다. 얼마나 긴박하고 시급한 상황인지를 강조하는 것입니다. 말씀의 권위를 인정하고 말씀으로 잘 준비된 장로들이 필요한 이유는, 그 긴박성과 함께 거짓 가르침을 전하는 자들이 '많기'(폴로이, πολλοί) 때문입니다(딛 1:10 참조). 거짓 선지자가 참선지자보다 늘 많았습니다. 예수님은 그것을 '좁은 길'과 '좁은 문'이라는 비유로 설명하신 적이 있습니다.

"좁은 문으로 들어가라 멸망으로 인도하는 문은 크고 그 길이 넓어 그리로 들어가는 자가 많고 생명으로 인도하는 문은 좁고 길이 협착하여 찾는 자가 적음이라"(마 7:13-14).

많은 사람들이 가는 곳은 진리의 길, 생명의 길, 예수님이 가신 길이 아니라는 것입니다. 그런데 바로 이어서 거짓 선지자들에 대해서 경고하는 말씀을 하십니다. 그렇다면 거짓 선지자들은 바로 넓은 문, 넓은 길, 멸망

디도어, 교회를 부탁하오

의 길로 이끄는 자들인 것을 알 수 있습니다. 하지만 잘 속는 이유가 있습니다.

"거짓 선지자들을 삼가라 양의 옷을 입고 너희에게 나아오나 속에는 노략질하는 이리라 ⋯ 나더러 주여 주여 하는 자마다 다 천국에 들어갈 것이 아니요 다만 하늘에 계신 내 아버지의 뜻대로 행하는 자라야 들어가리라 그날에 많은 사람이 나더러 이르되 주여 주여 우리가 주의 이름으로 선지자 노릇 하며 주의 이름으로 귀신을 쫓아내며 주의 이름으로 많은 권능을 행하지 아니하였나이까 하리니 그때에 내가 그들에게 밝히 말하되 내가 너희를 도무지 알지 못하니 불법을 행하는 자들아 내게서 떠나가라 하리라"(마 7:15, 21-23).

겉으로 드러난 열매로는 잘 분간하기가 어렵습니다. 게다가 거짓 선지자들의 수가 많기 때문입니다. 많은 수는 우리를 안심하게 합니다. 그것이 통계의 유혹입니다. 소수의 진리보다 다수의 여론을 따르는 것이 더 안전하다고 믿고 싶어 합니다. 그러나 예수님은 우리의 판단 기준이 '하늘에 계신 내 아버지의 뜻대로 행하는 것'이어야 한다고 말씀하십니다. 말씀 순종, 그것이 참과 거짓을 분별하는 기준이어야 한다는 것입니다.

본문 10절은 거짓 교사들의 특징과 정체를 다음과 같이 묘사합니다.

"불순종하고 헛된 말을 하며 속이는 자가 많은 중 할례파 가운데 특히 그러하니."

여기 그들의 특징이 세 가지로 나타나 있습니다. 첫째는, 불순종하고, 둘째는, 헛된 말을 하며, 셋째는, 속인다는 것입니다. '불순종한다'는 것은, 1차적으로는 바울과 디도가 전한 복음에 복종하지 않고, 교회의 질서

나 권위에도 복종하지 않는다는 뜻입니다. 그들은 또한 '헛된 말을 하는 자들'(마타이오로고이, ματαιολόγοι)입니다. 이는 알맹이가 없고, 공허하고, 의미 없고, 내용 없는 말을 닥치는 대로 지껄이는 사람들을 가리킵니다(딤전 1:6 참조). 하나님의 말씀을 전한다고 하면서 세상의 온갖 잡다한 지식들만 나열하는 사람들이 이와 같습니다. 성도들의 신앙을 건강하게 만들어 줄 말씀, 알맹이가 있는 말씀을 전하지 않는 자들을 가리킵니다. 또 그들은 '속이는 자들'(프레나파타이, φρεναπάται)[6]입니다. 덕을 세우지 못할 뿐 아니라 적극적으로 사람들을 그릇된 길로 이끄는 자들이란 뜻입니다. 그들은 터무니없는 말이나 허튼소리를 믿게 하는 자들입니다.

거짓 교사가 많은 할례파

본문은 거짓 교사들이 특히 '할례파' 가운데 많다고 말합니다. "많은 중 할례파 가운데 특히 그러하니"(딛 1:10). 여기서 '특히'(마리스타, μάλιστα)는 이런 문제를 일으키는 사람들 중에 할례파에 속한 자들이 많다는 뜻입니다. 교회 밖의 사람들이 아니라 교회 안에 있는 사람들이 문제였던 것입니다. 다양한 형태로 교회를 어렵게 하는 거짓 교사들이 있는데, 그들은 사도 바울이 떠난 자리에서 자신들이 목소리를 높이려고 했습니다. 바울이 위임한 디도의 권위를 인정하지 않고 자신을 따르는 자들을 만들려고 했습니다. 바울은 밀레도에서 만난 에베소 장로들을 향해 "또한 여러분 중에서도 제자들을 끌어 자기를 따르게 하려고 어그러진 말을 하는 사람들이 일어날 줄을 내가 아노라"(행 20:30)라고 하면서 교회 내부에서 문제

---

6 이 단어는 신약에 단 한 번, 여기에만 등장한다.

디도여, 교회를 부탁하오

가 발생할 것임을 예고한 적이 있었습니다.

여기서 '할례파'는 할례를 고집하는 자들, 즉 유대인 출신의 그리스도인들을 완곡하게 표현하는 말입니다. 그레데 섬에는 유독 유대인이 많았습니다. 그들 중에 일부가 예수님을 믿고 그리스도인이 되었습니다. 유대인들의 선민사상은 그들의 뿌리 깊은 자부심이었습니다. 예수님을 메시아라고 믿어서 그리스도인이 되었지만, 그 예수님은 엄연히 유대교의 믿음을 성취한 분으로서의 의미가 있었습니다.

유대인들이 이방인과 선명한 차이를 두기 위해서 유독 중요하게 여겼던 세 가지 율법의 명령들이 있습니다. 그것은 안식일과 할례와 정결법입니다. 이 셋은 모두 예수 그리스도를 통해서 완성되었습니다. 하지만 유대인 그리스도인들은 여전히 구약이 중요하고, 구약의 제도들을 문자적으로 지켜야 한다고 주장했습니다. 즉, 이방인들이 먼저 아브라함의 혈통적인 후손의 대열에 합류한 후에야 비로소 유대인의 후손으로 오신 그리스도의 사람이 될 수 있다고 주장한 것입니다. 그런 자들에게 율법의 성취와 율법으로부터의 해방을 가르치는 바울은 율법 폐기론자로 보였을 것입니다. 이런 현상을 우리는 로마서나 갈라디아서, 빌립보서에서도 볼 수 있습니다. 신학적인 분별력을 갖춘 지도자가 없다면 얼마든지 그럴 듯하게 들릴 수 있는 주장들입니다. 바울은 장로 후보가 될 만한 사람 중에 불순종하고 헛된 말을 하고 속이는 사람은 안 된다는 것을 분명히 하고 있으며, 특히 할례파 유대인 그리스도인들 중에 그런 자들이 많다는 것을 이미 경험해서 알고 있었던 것입니다.

교회 안에 극단적인 이단이라면 가려내기가 수월할 것인데, 결정적인 차이임에도 분간하기 어려운 다른 교리를 가진 사람들을 어떻게 대해야 할지 적잖이 어려웠을 것 같습니다. 그릇된 교리를 전하고도 교회가 수적으로 성장하고, 각종 치유나 축귀 같은 이적이 일어나고, 봉사나 구제에 열정이 있는 교회여서 교단 내 영향력이 커지면 더욱 문제 삼기 곤란할 것입니다.

그들에 대한 대응책

바울은 먼저 거짓 교사들의 특징을 묘사한 후 그들을 향한 두 가지 대응책을 제시합니다. 첫째는 11절에 나옵니다. "그들의 입을 막을 것이라." 둘째는 13절에 나옵니다. "그들을 엄히 꾸짖으라." 바울은 9절에서 장로들이 말씀을 그대로 지키는 자가 되어야 하는 이유를 두 가지로 말했습니다. 첫째는, 바른 교훈으로 권면할 수 있기 위해서, 둘째는, 거슬러 말하는 자들을 책망할 수 있기 위해서입니다. 저는 이 두 가지가 '입을 막는다, 엄히 꾸짖는다'는 말로 다시 표현되었다고 생각합니다. 거짓 교사들이나 그들에게 영향을 받고 있는 성도들을 향해서 일방적으로 책망만 하는 것이 아니라, 먼저는 잘 설득하고 바르게 가르쳐야 합니다. 그래도 듣지 않으면 책망해야 합니다. 그러자면 장로들이 먼저 말씀을 잘 분별할 수 있어야 하고, 또 바른 가르침을 잘 전해 줄 수 있어야 하고, 또 그렇게 가르칠 만큼 삶과 인격과 앎에서 합당한 권위도 확보하고 있어야 하는 것입니다.

디도여, 교회를 부탁하오

입을 막으라

사도 바울은 단호합니다. 우선 이들의 입을 막으라고 합니다. 이 말을 직역하면 '반드시 이들의 입을 막아야 한다'입니다. 그는 '데이'(δεῖ)라는 조동사를 써서 꼭 해야 한다고 강조합니다. 여기서 '입을 막다'(에피스토미조, ἐπιστομίζω)를 직역하면 '입 위에 무언가를 놓다'입니다. 입에 재갈을 물린다는 뜻입니다. 물론 아예 발언하지 못하도록 발언권을 박탈하라는 뜻은 아닙니다. 그들의 가르침이 어떻게 잘못되었는지를 밝히고 바른 가르침을 전해서 그들이 할 말이 없게 만들라는 뜻입니다. 9절에서는 그것을 '바른 교훈으로 권면한다'고 표현했습니다. 알아들을 수 있게 가르쳐서 돌아설 수 있는 기회를 주라는 뜻입니다.

이어서 왜 그렇게 해야 하는지 두 가지 이유를 말합니다. 11절은 바울의 말을 통해서, 12절은 그레데의 한 선지자의 입을 통해서 그 이유를 말하고 있습니다. 첫 번째 이유는 이것입니다.

"이런 자들이 더러운 이득을 취하려고 마땅하지 아니한 것을 가르쳐 가정들을 온통 무너뜨리는도다"(딛 1:11).

여기서 가정은 믿는 성도의 가정일 수도 있고, 가정교회들을 가리킬 수도 있습니다. 거짓 가르침 때문에 가정이 풍비박산이 되었다는 말도 되고, 가정교회들이 깨졌다는 말도 됩니다. '무너뜨리다'(아나트레포, ἀνατρέπω)는 '전복시키다', '파괴하다'라는 뜻입니다. 바울은 디모데후서에서 에베소교회의 후메내오와 빌레도가 부활이 이미 지나갔다는 교리로 사람들의 믿음을 '무너뜨렸다'고 할 때 이 단어를 쓰고 있습니다(딤후 2:18 참조). 예수님이 성전에서 장사하는 자들의 상을 뒤엎으셨을 때도 이 단어가 나옵니다(요 2:15 참조). 이는 대단히 파괴적이고 치명적인 영적 폭력을 의미하는 단어입니다. 거짓 교리 하나가 한 가정을 무너뜨리는 것을 우리는 우리 시대 신천지의 만행을 통해서나 혹은 세속주의에 의한 교회의 타락에서 볼 수 있습니다.

그들의 영적 파괴 행위가 '가르침'을 통해서 왔다는 사실에 주목해야 합니다. "더러운 이득을 취하려고 마땅하지 아니한 것을 가르쳐"(딛 1:11). 이것을 직역하면, '가르치지 않아야 할 것을 가르쳤기 때문이다'(디다스콘 테스 하 메 데이 아이스크루 케라두스 카린, *διδάσκοντες ἃ μὴ δεῖ αἰσχροῦ κέρδους χάριν*)입니다. 여기에도 조동사 '데이'(*δεῖ*)를 써서 강조합니다. '절대' 가르쳐서는 안 되는 것을 가르쳤기에, '반드시' 그들의 입을 다물게 해야 한다고 말하고 있는 것입니다. 그들이 이렇게 그릇된 것을 가르친 이유가 무엇입니까? 옳지는 않지만, 적어도 그들이 그것이 바르다고 믿었기 때문에 가르쳤다면 이해할 수 있습니다. 하지만 바울은 그들의 그릇된 이해를 탓하지 않고 그들의 부정한 '의도'를 문제 삼고 있습니다. 이것은 그들을 더욱 믿을 수 없게 만드는 결격 사유입니다. 그들은 '더러운 이득을 취하기 위해서' 가르쳤습니다. 더러운 이득을 취하기 위해서 가르치지 않아야 할 것을 가르쳐 가정들을 온통 무너뜨리고 있었습니다.

그들의 관심은 '진리'가 아니라 '물질'이었습니다. 많은 경우 진리를 위한 싸움의 배후에는 권력과 돈이 자리 잡고 있습니다. 율법을 문자 그대로 지켜야 한다고 가르치던 자들이 결국엔 교회 안에서 바울의 권위에 저항해 자신들이 지도자가 되어 물질적인 이득을 취하려는 데 더 마음을 빼앗기고 있었던 것입니다. 앞서 감독은 '더러운 이득을 탐하지 않는' 자여야 한다는 조건(딛 1:7 참조)을 언급한 이유가 여기에 있었습니다. 잘못 알고 있는 것은 권면과 설득으로 바뀔 수 있지만, 탐욕스런 의도를 바꾸는 것은 쉽지 않습니다. 베드로 사도도 비슷한 취지로 거짓 교사들의 탐욕적인 의도를 경계하라고 권면한 적이 있습니다.

"그러나 백성 가운데 또한 거짓 선지자들이 일어났었나니 이와 같이 너희 중에도 거짓 선생들이 있으리라 그들은 멸망하게 할 이단을 가만히 끌어들여 자기들을 사신 주를 부인하고 임박한 멸망을 스스로 취하는 자들이라 여럿이 그들의 호색하는 것을 따르리니 이로 말미암아 진리의 도가 비방을 받을 것이요 그들이 탐심으로써 지어낸 말을 가지고 너희로 이득을 삼으니 그들의 심판은 옛적부터 지체하지 아니하며 그들의 멸망은 잠들지 아니하느니라"(벧후 2:1-3).

갈라디아교회의 대적자들도 그레데의 거짓 교사들과 비슷한 주장을 하고 있었는데, 바울은 갈라디아교회의 대적자들의 문제를 다음과 같이 지적한 바 있습니다.

"그들이 너희에게 대하여 열심 내는 것은 좋은 뜻이 아니요 오직 너희를 이간시켜 너희로 그들에게 대하여 열심을 내게 하려 함이라"(갈 4:17).

어떤 사회에서 종교가 타락하는 징후 가운데 하나가 직업 종교인의 증가라고 합니다. 목사가 되려는 사람이 적으면, 그때는 교회가 쇠퇴할 때이고 목사의 길은 고난의 길이 됩니다. 반면 목사가 되려는 사람은 많지만 고난을 받으려는 사람이 적다면, 그때는 겉으로는 성장한 듯 보이지만 실제로는 교회가 타락할 때입니다. 지금 여기저기서 목사와 선교사들 때문에 교회가 고난을 받고 있다는 소식이 들려옵니다. 종교 권력은 세상의 그 어떤 권력보다 매력적이며, 종교적인 명예는 사람들이 맨 마지막으로 누리고 싶어 하는 것이기에 그만큼 치열하고 저열합니다. 탐욕스런 종교 권력자들에 의해 교회는 복을 빌어 주고 복채를 챙기는 인본주의적인 복음의 장으로 전락할 수 있습니다.

그레데의 거짓 교사들이 하나님을 이야기하지 않은 것도 아니고, 예수님의 사랑과 은혜를 말하지 않은 것도 아닙니다. 오히려 예수님의 말씀에 더해서 철저한 율법의 준수까지 주장했던 사람들입니다. 하지만 아무리 정통에 속했고 정통 신앙을 고수한다고 떠들어도 그것만으로 사람이 바뀔 수는 없습니다. 예수 그리스도 안에 거해서 그분의 말씀으로 동행하지 않으면, 우리는 권력과 돈의 유혹에서 자유로울 수 없습니다. 그래서 장로는 '더러운 이득을 탐하지 않고' '미쁜 말씀의 가르침을 그대로 지키는' 사람이라야 하는 것입니다(딛 1:7, 9 참조).

12절은 왜 그들의 입을 막아야 하는지 두 번째 이유를 제시합니다.

"그레데인 중의 어떤 선지자가 말하되 그레데인들은 항상 거짓말쟁이며 악한 짐승이며 배만 위하는 게으름뱅이라 하니."

이 선지자는 주전 6세기 사람인 크노소스의 '에피메니데스'(Epimenides)입니다. 그는 동료들로부터 선지자요, 기적을 행하는 사람으로 높임을 받았습니다. 그런 그가 그레데인들을 혹평한 자료를 바울은 알고 있었습니다. '항상 거짓말쟁이다. 악한 짐승이다. 배만 위하는 게으름뱅이다.' 앞서 불순종하고 헛된 말을 하고 속인다는 바울의 평가보다 혹독합니다. 이런 그레데인들의 특성이 거짓 교사들과 일치한다는 것입니다. 할례파들이 자신들의 교리에만 충실했어도 이렇게 부도덕하고 비윤리적인 사

디도여, 교회를 부탁하오

람은 되지 않았을 것입니다. 하지만 그들은 심지어 이 그레데 섬의 영향을 더 받고 있었습니다. 그들의 주장은 고상해도 그들의 삶은 그레데인들에 대한 세간의 평가와 다를 바 없었습니다.

그들이 거짓말을 잘한다는 것은 이미 잘 알려져 있었습니다.[7] 바울은 거짓 교사들의 말과 행동이 일치하지 않는 것을 두고 이렇게 말한 것 같습니다. 겉 다르고 속 다른 사람들, 웃는 얼굴 뒤에 비수를 숨긴 사람들, 이들이 거짓 가르침을 가진 자와 그들의 영향을 받은 자들입니다. 이런 그들은 흡사 '악한 짐승'이었습니다. 이는 대단히 지독한 비난으로 그들의 본성을 지적하는 표현입니다. 에피메니데스는 '그 섬에는 야수가 없는 대신에 주민들이 그 자리를 메우고 있다'는 식으로 야유와 독설을 퍼부었습니다. 야생적이고 잔인하고 길들여지지 않는 성격의 사람들이라는 것입니다.

자기 이익에 눈이 멀면 사람이 어떻게 됩니까? 성령의 감동으로 살지 않으면서 하나님의 말씀을 다루면 참으로 추한 사람이 됩니다. 거룩한 도구로 세속적인 목적을 추구하는 사람들은 더욱 역한 냄새가 납니다. 인간의 탐욕스런 본능으로 말씀을 다루면, 그는 짐승 같은 존재가 됩니다. 잔인하고 냉정한 괴물이 됩니다. 공동체에는 관심이 없고 자기와 자기 가족만 생각하게 됩니다. 그래서 앞서 바울은 '급히 분내고, 술을 즐기며, 구타하는 자'를 지도자로 삼지 말라고 한 것입니다. 이 세 가지가 모이면 인간은 짐승보다 못한 사람이 되기 때문입니다. 베드로후서 1장

---

7 그레데인들은 헬라의 최고 신 제우스의 무덤이 그레데에 있다는 주장을 했기 때문에 거짓말쟁이라는 비난을 받았다고 한다(Towner 2006:659; Liefeld 1999: 315, n. 8).

3-4절에서 하나님은 구속의 목표를 우리가 신성한 성품에 참여하는 자가 되게 하는 것이라고 하십니다. 그리고 다음 장에서는 이와 대조적으로 하나님의 구속에서 멀어진 자들을 소개합니다.

"그러나 그들은 본래 잡혀서 죽을 목적으로 태어난 지각없는 짐승들과 같아서, 알지도 못하는 일들을 비방합니다. 그러다가 그들은 짐승들이 멸망하는 것같이 멸망을 당할 것입니다 … 사람들이 [우리의] 주님이시며 구주이신 예수 그리스도를 앎으로 세상의 더러운 것들에서 벗어났다가, 다시 거기에 말려들어서 정복을 당하면, 그런 사람들의 형편은 마지막에 더 나빠질 것입니다. 그들이 의의 길을 알고서도 자기들이 받은 거룩한 계명을 저버린다면, 차라리 그 길을 알지 못했던 편이 더 좋았을 것입니다. 다음과 같은 속담이 그들에게 사실로 들어맞았습니다. '개는 자기가 토한 것을 도로 먹는다.' 그리고 '돼지는 몸을 씻고 나서, 다시 진창에 뒹군다'"(벧후 2:12, 20-22, 새번역 성경).

마지막으로 '배만 위하는 게으름뱅이'는 '게으른 대식가'(가스테레스 아르가이, γαστέρες ἀργαί)라는 뜻입니다. 더러운 이득을 취하려는 그들의 욕망이 얼마나 큰지를 표현한 것입니다. 진리를 아는 일에는 게으르면서 자기 욕망을 채우는 일에는 부지런한 지도자들을 비꼬는 것입니다. 바울은 본문 13절에서 이런 증언, 즉 평판이 참되다고 확인해 주고 있습니다. "이 증언이 참되도다." 사사 시대 마지막 제사장 엘리는 자식들의 탐욕적인 비행(非行)을 눈감다가 하나님에게 다음과 같은 책망을 듣습니다.

"너희는 어찌하여 내가 내 처소에서 명령한 내 제물과 예물을 밟으며 네 아들들을 나보다 더 중히 여겨 내 백성 이스라엘이 드리는 가장 좋은

디도어, 고회를 부탁하오

것으로 너희들을 살지게 하느냐"(삼상 2:29).

결국 엘리는 전쟁에서 이스라엘이 패하고 두 아들들이 죽고 법궤를 블레셋에게 빼앗겼다는 소식을 듣고 의자에서 넘어져 목이 부러져 죽습니다. 그런데 성경 기자는 그 죽음의 원인을 이렇게 묘사합니다.

"하나님의 궤를 말할 때에 엘리가 자기 의자에서 뒤로 넘어져 문 곁에서 목이 부러져 죽었으니 나이가 많고 비대한 까닭이라"(삼상 4:18).

여기서 '비대하다'는 것은 영적인 비둔함을 가리키는 묘사인 것이 분명합니다. 하나님과 그분의 말씀보다 자식들을 더 무겁게 여긴 그는 영광의 자리(의자)에 앉는 대신에(삼상 2:8 참조) 의자에서 떨어져 죽는 것으로 인생을 마감한 것입니다.

우리는 여기서 디도서에 기록된 세 가지 중요한 사실을 볼 수 있습니다. 첫째, 바울은 그레데의 상황을 아주 정확하게 이해하고 있었습니다. 지도자의 중요한 역할이 이것입니다. 그 시대의 영적 생태계를 바르게 진단하고, 거기에 맞게 말씀을 전하고, 그 상황에 적절하게 대처할 수 있는 역량을 갖춘 일꾼을 세우거나 양육하는 일이야말로 지도자의 중요한 역할입니다. 세상을 해석하고 그 세계관에 신학적으로 응전할 수 있는 역량이 있을 때, 성도들은 교회 안으로 숨어들어 도피적인 신앙생활을 하는 것이 아니라, 세상에서 당당하고 담대하게 하나님 나라를 드러내며 살 수 있게 될 것입니다.

둘째, 우리는 진리를 떠난 사람들이 어디까지 망가지는지를 볼 수 있습니다. 그들이 교회 안에 지금도 머물러 있다는 것을 염두한다면, 바른 진리를 모른 채 교회만 왔다 갔다 하는 자는 언제든 거짓말쟁이요, 짐승 같은 존재요, 게으른 대식가가 될 수 있다는 사실을 기억해야 합니다. 특히 말씀을 충분히 모른 채 지도자의 자리에 서면 말씀은 얼마든지 하나의 정보로 전락할 수 있고, 물성화된 말씀으로 재물이나 권력에 대한 탐욕에 그 지도자 자신도 물화(物化)되는 비극을 낳을 수 있음을 기억해야 합니다. 말씀에 스스로 영향 받지 않는 지도자만큼 자신과 청중에게 위험한 것은 없습니다.

셋째, 우리는 결코 지도자의 수준을 낮춰서는 안 됩니다. 지도자의 연약함에 대해서는 관대해야 하지만, 성경적인 지도자상을 보기 어렵다고 해서 기대치를 낮추어서는 결코 안 됩니다. 자신의 자격 없음을 인정하지 않는 지도자를 용납해서는 안 됩니다. 또한 지도자에 대한 높은 기준을 성급히 요구하기보다는 그 기준을 따라 성장하도록 격려와 도전을 병행해야 할 것입니다. 복잡한 세상과 힘겨운 성도들의 현실을 말씀으로 대처할 수 있는 지도자, 인간과 역사에 대한 깊은 이해를 갖고 있는 지도자, 그러면서도 따스하고 긍휼이 많고 눈물과 웃음이 가득한 지도자를 기대하는 것이 결코 큰 욕심은 아닐 것입니다.

엄히 꾸짖으라(13b-14절)

이제 바울은 그들이 만약 바른 교훈으로 권면해도 입을 다물지 않을 경우, 좀 더 적극적으로 그들에게 대응하라고 이야기합니다.

"그러므로 네가 그들을 엄히 꾸짖으라"(딛 1:13).

디도여, 교회를 부탁하오

여기서 '그러므로'를 직역하면 '이런 이유 때문에'(디 헨 아이티안, δι' ἣν αἰτίαν)입니다(딤후 1:6, 12 참조). 앞에 나온 거짓 교사들의 특징과 '가정을 온통 무너뜨리는' 그들의 악행을 생각할 때 당연히 나와야 할 대책이 바로 '엄히 꾸짖는' 것이라는 뜻입니다. 여기서 '엄히'(아포토모스, ἀποτόμως)는 '날카롭게'라는 뜻입니다. '꾸짖으라'(엘렝코, ἐλέγχω)는 9절에 나온 '책망하라'는 단어와 같습니다(딤전 5:20 참조). '거슬러 말하는 자들을 책망하라'고 한 말을 '엄히 꾸짖으라'는 말로 바꾼 것입니다. 이는 뒷장에서 "모든 권위로 책망하여 누구에게서든지 업신여김을 받지 말라"(딛 2:15)고 할 때 다시 한 번 더 나옵니다. 마치 암세포를 발견한 의사가 매스를 손에 들고 그 세포에 감염된 부분을 과감하게 절단하는 장면을 연상하게 하는 모습입니다. 말씀으로 거듭해서 권면해도 듣지 않을 때에는, 과감하게 책망하고 꾸짖어야 합니다. 성경 자체가 바로 이 책망(엘렝코스, ἐλεγχος)의 기능을 하고 있어서(딤후 3:16 참조), 장로들이 말씀으로 잘 준비된다면 이 거짓 교사들을 죄로부터 돌아서 온전하게 할 수 있을 것입니다. 이 '꾸짖음'이 아무리 '엄하더라도' 그 목적은 고치고 깨우쳐서 온전하게 하는 데 있다는 것을 이 단어가 보여 줍니다.

바울도 그렇게 했습니다. 그는 참으로 온유한 사람이었지만, 그릇된 가르침에 대해서는 단호했습니다. 바울은 갈라디아서 4장 20절에서 이렇게 말합니다. "내가 이제라도 너희와 함께 있어 내 언성을 높이려 함은 너희에 대하여 의혹이 있음이라." 해산하는 수고를 통해서 낳은 믿음의 자식들이 진리 아닌 것으로 돌이키는 것을 보고 권면했는데, 만약 그래도 듣지 않는다면 다시 가서 화를 내겠다는 뜻입니다. 이에 앞서 그는 상투적인 인사나 감사 또는 기도도 없이 곧장 "만일 누구든지 너희가 받은 것 외에 다른 복음을 전하면 저주를 받을지어다"(갈 1:9)라고 아주 무서운 저주를 선포하며 편지를 시작하고 있습니다. 책망을 듣느냐 안 듣느냐가 사느냐 죽느냐를 결정할 정도로 중요했기에 이렇게 책망한 것입니다. 오늘 우리의 교회에서 책망이 사라진 지 오래되었습니다. 그럴 수 있는 지도자를 찾아보기 어렵고, 그런 책망을 곱게 받는 성도도 많지 않습니다. 지도자가 죄를 지적하는 일에 무례해서는 안 되지만, 무관심해서도 안 됩니다. 교인 한 명을 잃을지언정, 성도 한 명을 잃지는 않아야 합니다.

꾸짖는 두 가지 목적

그렇게 날카롭게 꾸짖어야 하는 이유 혹은 목적이 있습니다. 바울은 이를 긍정적인 이유와 부정적인 이유, 두 가지로 말합니다.

첫째는, 그들로 하여금 믿음을 온전하게 하기 위해서입니다(딛 1:13 참조). 여기서 '믿음'이란 단어에는 정관사가 있어서 '그 믿음'이라고 읽어야 합니다. 이것은 일반적인 신실함을 의미하기보다 바른 기독교 신앙이나 교리, 혹은 참된 복음을 가리키는 것입니다. 왜 거짓 교사들을 책망합니까? 믿음을 바로잡아 주기 위해서입니다. 병든 믿음을 고쳐서 건강한 믿음으로 회복하도록 도와주기 위해서입니다. 여기서 '온전하게 하다'(휘기아이노, $\upsilon\gamma\iota\alpha\acute{\iota}\nu\omega$)는 의학 용어입니다. 디모데전서 1장 10절에는 '바른 교훈'이라는 표현으로 등장하는데, 대적자들의 그릇된 가르침에 대조되는 복음적인 가르침을 나타내고 있습니다. 그러니까 '믿음을 온전하게 한다'는 것은 '건강한 복음에 입각한 믿음'을 갖도록 엄히 꾸짖어야 한다는 뜻입니다.

둘째는, 유대인의 허탄한 이야기와 진리를 배반하는 사람들의 명령을 따르지 않게 하기 위해서입니다(딛 1:14 참조). 바울은 그들이 어떻게 병든 믿음을 갖게 되었는지를 설명합니다. 그들은 무엇을 좇고 있었습니까? '유대인의 허탄한 이야기'와 '진리를 배반하는 사람들의 명령'입니다. '유대인의 허탄한 이야기'는 유대인의 신화들입니다. 구약성경의 이야기들을 영지주의적으로, 그리고 환상적으로 교묘하게 꾸며 낸 이야기들입니다. '진리를 배반하는 사람들의 명령'이란 표현은 예수 그리스도의 온전한 복음에서 나온 명령과 대조되고 있습니다. 예수님을 통해서 완성된 율법의 가르침이 아니라 유대주의에 젖은 '할례파'들이 만든 율법을 가리키는 것입니다(골 2:22 참조). 여기서 바울이 그들의 주장을 '진리를 배반한'(아포스트레포메논 텐 알레세이안, $\dot{\alpha}\pi o\sigma\tau\rho\epsilon\phi o\mu\acute{\epsilon}\nu\omega\nu$ $\tau\grave{\eta}\nu$ $\dot{\alpha}\lambda\acute{\eta}\theta\epsilon\iota\alpha\nu$) 것으로 아주 강하게 표현한 것에 주목해야 합니다(딤후 4:4 참조). 그러고도 '경건의 모양'을 갖추었기 때문에 자칫 장로들로 세워질 수도 있는 상황이었습니다. 그래서 바울은 이렇게 말하고 있는 것입니다. 그들에게 영향을 준 자들이 교회 바깥에 있다는 것을 알 수 있습니다. 거짓 교사들이 그들의 영향을 더는 받지 않게 하고, 또 공동체 역시 그들을 지도자로 세우지 않게 하는 것이 디도의 '엄한 꾸짖음'의 목표였던 것입니다.

유대인들에게 허탄한 이야기가 있다면, 우리 시대에는 예수를 믿어서 부자가 되었고, 성공했고, 큰 교회를 일구었다는 허탄한 이야기가 있습니다. 그런 것으로 하나님의 사람들을 만들 수 있다면 예수님은 십자가에 달려 비참하게 돌아가실 필요가 없었을 것이고, 제자들을 향해 "자기를 부인하고 자기 십자가를 지고 나를 따를 것이니라"(마 16:24; 막 8:34)고 말씀하실 필요도 없었을 것입니다. 그들은 사랑의 신비를 믿는 자들이 아니라 성공 신화를 믿는 자들입니다. 그들은 십자가 신앙이 아니라 십자군 신앙을 따르는 자들입니다. 그들은 진리이신 예수님의 길, 십자가의 길을 거부하고 세속적인 영광의 길을 추구함으로써 진리를 배반한 사람들입니다. 우리는 그들의 명령을 따르지 않아야 합니다.

거짓 교사들의 본성과 실상(15-16절)

끝으로 바울은 이 거짓 교사들의 실체를 좀 더 적나라하게 폭로합니다. 본문 10절부터 시작해서 뒤로 갈수록 거짓 교사들에 대한 묘사가 구체적인 형태를 띠고 있습니다. 교회 지도자들은 교회의 일꾼들을 세울 때 누구보다도 이런 실상을 잘 파악해야 합니다. 바울은 그들의 본질을 이렇게 말합니다.

"깨끗한 자들에게는 모든 것이 깨끗하나 더럽고 믿지 아니하는 자들에게는 아무것도 깨끗한 것이 없고 오직 그들의 마음과 양심이 더러운지라"(딛 1:15).

진리를 배반한 자들이 무슨 주장을 했기에 바울이 이렇게 반박하는 것일까요? '어떤 것을 만지거나 먹으면 그 사람이 깨끗해지고, 또 그렇게 하지 않으면 그 사람이 더러워진다'고 가르치지 않았을까요? 그들에게는 정결법이 여전히 유효했던 것입니다. 부정한 음식이나 부정한 물건을 만지면 그들도 부정해진다고 생각했습니다. 하지만 바울은 "하나님께서 지으신 모든 것이 선하매 감사함으로 받으면 버릴 것이 없나니"(딤전 4:4)라는 말로 정리해 준 바 있습니다. 중요한 것은 그 외적인 게 아니라, 그것들을 다루는 사람의 마음이 문제라는 것입니다. 자기 속은 온갖 거짓된 것과 욕심이 가득한데 겉으로만 금욕적인 생활을 한다고 해서 깨끗해지지는 않는다는 것입니다.

여기서 '마음과 양심이 더러워진 사람들'은 누구를 염두에 두고 한 이야기 같습니까? 진리를 배반하거나 거슬러 말하는 사람들을 두고 한 말입니다. 그들이 겉으로 주장하기에는 깨끗한 삶을 살자고 말하지만, 실제로 그들은 마음과 양심이 더러워진 사람들이라고 비판하고 있는 것입니다. 본문 11절을 보십시오. 그들은 '더러운 이득을 취하려고' 합니다. 남의 가정이야 파괴되든지 말든지 상관하지 않습니다. 악한 짐승 같은 사람입니다. 이런 사람들이 먹을 때 손을 깨끗이 씻는다고 해서 그들이 깨끗한 사람이 되는 것은 아닙니다. 음식이 죄를 가리거나 마음을 깨끗하게 해 주지는 못합니다. 거짓 교사들의 잘못은 두 가지입니다. 율법을 구원의 필수 조건으로 제시한 것이 첫째고, 양심이 더러우면서도 외적인 정결만을 주장한 것이 둘째입니다.

성속 이원론에 대해서

거짓 교사들의 이와 같은 생각이 우리 속에도 스며들어 있습니다. 마치 거룩한 장소나 시간이나 물건이 따로 있는 것처럼 생각하거나, 그것들 중에서도 더 거룩하고 더 영적인 것이 있는 것처럼 오해하기도 합니다. 가령 교회는 거룩하고 교회 밖의 일은 속되다고 생각합니다. 주일은 다른 날보다 더 거룩하다고 여깁니다. 다른 날 교회 바깥에서 하는 일이 주일에 교회에서 하는 일보다 덜 거룩하거나 혹은 세속적이라고 생각합니다. 심지어 교회 안에서 거룩한 일만 하면 교회 밖에서 한 잘못이 다 용서되는 것처럼 생각하기도 하고, 구원은 마치 이런 거룩한 일을 얼마나 지성으로 하느냐에 달려 있는 것처럼 생각하기도 합니다. 가능하면 이 부정한 세상에 영향을 안 받고 사는 것이 상책이며, 그래도 혹시 모를 부정함을 씻기 위해 사죄의 기도를 잘 드리는 것이 중요하다고 여깁니다.

하지만 거룩한 것과 그렇지 않은 것은 '거룩하신 하나님'이 결정합니다. 그분과 상관있다면, 그분의 말씀에 순종하는 것이라면, 그분의 성령이 임재하신 곳이라면 그리고 그분의 아들과 연합되어 '주 안에서' 행한 일이라면, 그것이 무엇이든, 그곳이 어디든, 그때가 언제든, 그 사람이 누구든 상관없이 성소가 되고, 성직이 되고, 성전이 되고, 성일이 되고, 성자가 되는 것입니다. 만약 이렇게 생각하지 않는다면, 지금 이 그레데의 유대인들처럼 이중적인 생활, 바리새인의 외식적인 삶을 살게 될 것입니다. 주님은 우리의 마음과 양심이 하나님의 말씀과 기도를 통해 깨끗하고 거룩해졌는지를 보십니다. 깨끗한 자에게는 모든 것이 깨끗합니다. 즉, 하나님의 말씀 안에 거하는 자, 하나님을 사랑하는 마음으로 무엇이든 행하는 자, 하나님의 시선으로 이 세상을 바라보는 자에게는 모든 것이 깨끗하고 거룩해질 것입니다. 교회는 거룩한 일과 깨끗한 일을 정해 놓고 그 일을 하도록 가르치는 곳이 아니라, 언제 어디서 무슨 일을 하든 그가 거룩한 사람, 정결한 사람이 되도록 돕는 곳입니다.

그레데의 거짓 교사들은 깨끗하고 부정한 일은 잘 구분했지만, 그들의 실상은 어떠했습니까? 마음이 깨끗하지 않고 부정했던 그들의 모습은 어떠했습니까?

"그들이 하나님을 시인하나 행위로는 부인하니 가증한 자요 복종하지 아니하는 자요 모든 선한 일을 버리는 자니라"(딛 1:16).

거짓 교사들은 유대인 그리스도인들이었습니다. 그들은 하나님을 시인했습니다. 직역하면, '하나님을 안다고 고백했습니다'(딤전 6:12 참조). 하지만 그들의 행위는 그 고백을 부정했습니다. 이는 그리스도를 부인한 것과 다를 바 없었습니다(딤후 2:12 참조). 양심이 부정한 상태에서도 하나님에 대해서는 바른 고백을 할 수 있습니다. 진짜 믿지 않아도 입술로는 시인할 수 있습니다. 하지만 그 믿음이 참믿음인지 그렇지 않은지는 그 사람이 맺은 열매로 알 수 있습니다. 은혜로 변화된 마음과 양심인지는 열매가 말해 줍니다. 그런데 그들의 열매는 가증했습니다. 복종하지 않았습니다. 모든 선한 일을 버렸습니다. '가증하다'(브데뤼크토스, βδελυκτός)[8]의 명사형은 70인역 성경에서 가증한 '우상 숭배'를 나타내는 표현으로 나옵니다. 그들은 정결법을 잘 지키겠다고 했지만, 사실 하나님에게는 우상 숭배나 다름없었다는 것입니다. 그들의 행위는 하나님에 대한 '불순종'이었습니다.

여기 '모든 선한 일을 버리는 자니라'(프로스 판 에르곤 아가쏜 아도키모이, πρὸς πᾶν ἔργον ἀγαθὸν ἀδόκιμοι)에서 '아도키모이'(ἀδόκιμοι)는 '시험을 견뎌 내지 못하고 실패한', '가치 없고 자격 없는'이라는 뜻입니다. 더군다나 '모든 선한 일을' 버렸다고 한 것을 보면, 거짓 교사들은 삶의 방식 자체가 매사에

---

8 이 단어는 신약에 단 한 번, 여기에만 등장한다.

하나님을 거스르고, 진리를 배반하고, 자기중심적이었음을 보여 줍니다. 하지만 두려운 것은, 그러면서도 지도자 후보군에 들 정도로 사람들을 미혹하고 있었다는 사실입니다. 하나님을 안다고 고백했지만, 하나님 앞에서 그들은 혐오스런 존재였습니다. 하나님을 안다고 고백했지만, 하나님의 말씀에는 불순종하는 존재였습니다. 하나님을 안다고 고백했지만, 하나님의 뜻, 즉 선한 일을 하는 데는 아무 쓸모없는 존재였습니다. 경건의 모양은 있었지만, 경건의 능력은 없었던 것입니다.

진정으로 하나님을 안다는 것은 무슨 뜻입니까? 단지 지식의 문제가 아닙니다. '하나님을 안다'는 것은 '언약 관계' 안에서만 이해할 수 있는 표현입니다. 즉, 하나님과 그의 백성이 '언약'의 관계를 맺은 후 그 관계에 충실한 상태를 두고 '백성들이 하나님을 안다'라고 표현합니다. 따라서 단지 지식적으로 그분이 존재한다는 사실을 안다고 해서 '하나님을 안다'고 말할 수 없습니다. 그것은 지식적인 차원이 아니라, 철저히 관계적이고 경험적인 차원의 문제입니다. 따라서 하나님의 말씀에 순종하지 않으면 하나님을 안다고 말할 수 없습니다. 야고보서가 가장 강조하는 메시지가 그것입니다. 입술로만 고백하는 '앎'은 귀신들도 잘하고 있으며, 심지어 그들은 그 하나님 앞에서 떨 정도라는 것입니다. 하지만 귀신들은 그러고도 순종하지 않았고, 도리어 하나님의 일을 방해했습니다. 행함이 없는 믿음이 그와 같습니다. 그래서 야고보 사도는 그 믿음을 '죽은 믿음', 즉 시체 믿음이라고 부릅니다(약 2장 참조). 우리는 어떻습니까? 그리스도의 구속의 능력으로 우리에게 임한 성령 하나님의 역사하심을 의지해 살고 있습니까? 인간적으로 몸부림치면서 겨우 기독교의 껍데기만 흉내 내는 사람은 아닙니까? 이단만이 우리 시대의 거짓 교사들이 아닙니다. 교회 바깥만큼이나 교회 안에도 '행위로 부인하는' 지도자들이 있어서 교회를 조롱과 혐오와 냉소의 대상으로 만들고 있습니다.

바울은 맨 처음 이들에 대한 개괄적인 평가를 하면서 본문 10절을 '복종치 아니하고'(개역한글 성경)라는 말로 시작했습니다. 그리고 우리는 앞서 본문이 '복종하지 아니하는 자'라는 말로 끝마치고 있다는 점을 주목했습니다. 그들은 자기 열심대로 살았을 뿐, 진정한 지식을 좇은 것은 아니었습니다. 바울은 마지막으로 그들을 '모든 선한 일을 버리는 자'라고 평가합니다. 하나님이 아들 예수님을 통해서 창세전부터 계획하신 대로 하늘에 속한 신령한 복을 주시고 주의 백성으로 우리를 구속하신 궁극적인 목적은 무엇입니까? 우리를 어떤 백성으로 새 창조하시기 위해서입니까? 참하나님을 아는 자들의 특징은 무엇입니까?

"그가 우리를 대신하여 자신을 주심은 모든 불법에서 우리를 속량하시고 우리를 깨끗하게 하사 선한 일을 열심히 하는 자기 백성이 되게 하려 하심이라"(딛 2:14).

"너희는 그 은혜에 의하여 믿음으로 말미암아 구원을 받았으니 이것은 너희에게서 난 것이 아니요 하나님의 선물이라 행위에서 난 것이 아니니 이는 누구든지 자랑하지 못하게 함이라 우리는 그가 만드신 바라 그리스도 예수 안에서 선한 일을 위하여 지으심을 받은 자니 이 일은 하나님이 전에 예비하사 우리로 그 가운데서 행하게 하려 하심이니라"(엡 2:8-10).

따라서 그 사람들은 입으로는 시인하고 하나님을 알고 있었지만, 자기 우상을 만들어 자기 소견에 옳은 대로 하고 싶은 것 다 하고 살았던 사사 시대의 이스라엘 백성과 같았습니다. 그들은 불법의 사람들이었습니다. 그들은 예수 그리스도를 통한 구속을 거부한 사람들이었습니다. 앞서 장로의 자격 가운데서도 이 '선한 행실'에 대한 조건이 있었습니다. "선행을 좋아하며"(딛 1:8). 이것은 단지 윤리적이고 도덕적인 착한 일을 말하는 것이 아닙니다. 그 뒤에 미쁜 말씀에 대한 태도를 언급하고 있는 것으로 봐서(딛 1:9 참조) 하나님의 백성으로서 행하는 선한 일, 다시 말해서, 구속을 통해 변화된 사람의 삶을 요구하고 있습니다.

디모데후서 3장 17절에서 바울은 하나님의 말씀인 성경이 사람을 어떻게 새롭게 창조하는지를 이렇게 설명합니다.

"이는 하나님의 사람으로 온전하게 하며 모든 선한 일을 행할 능력을 갖추게 하려 함이라."

그레데의 거짓 교사들은 '모든 선한 일을 버린' 자들이었지만(딛 1:16 참조), 말씀을 붙잡는 사람들은 모든 선한 일을 행할 능력을 갖추게 됩니다. 하나님을 입술로는 시인하지만 하나님의 말씀에 순종하지 않고 그 말씀이 요구하는 바를 따라 마음과 삶을 재조정해 가지 않으면, 지도자의 자격이 없으며 도리어 경계의 대상으로 삼아야 합니다.

이렇듯 거짓 교사들을 이기려면 장로는 하나님의 말씀의 내용을 잘 알 뿐 아니라, 말씀의 능력을 삶 속에서 경험해야 합니다. 불법을 행하는 가증한 자들, 선한 일을 버리는 자들에 맞서서 구원의 열매, 선하고 거룩하고 의로운 열매들을 맺어 가야 할 것입니다.

디도여, 교회를 부탁하오

* * *

사도 바울은 본문을 통해 거짓 교사들의 실상을 보여 주었습니다. 그것은 실재 없는 형식, 능력 없는 모양, 성품이 뒤따르지 않는 가르침 그리고 행함이 없는 믿음입니다. 그리고 이는 우리의 가르침에도 세 가지 질문을 던지고 있습니다. 첫째, 그 가르침의 근원은 하나님(계시)인가, 인간(전통)인가? 둘째, 그 가르침의 본질은 내적(영적)인가, 외적(의식적)인가? 셋째, 그 가르침의 결과는 변화된 삶인가, 형식적인 신조인가? 진정한 기독교는 신적인 근원, 영적인 본질, 도덕적인 영향력을 갖추어야 합니다. 하나님은 오늘날 우리 교회에게도 그와 같이 요구하고 계십니다.

"하나님에게서 온 말씀을 전하라."

"인격을 변화시킬 수 있는 말씀을 전하라."

"세상을 변화시킬 수 있는 말씀을 전하라."

공동체는 그릇된 가르침뿐 아니라 우리의 욕망을 자극하는 세속적인 가치관에도 단호하게 맞서서 공동체를 거룩하고 정결하게 지켜 갈 수 있어야 합니다. 마음과 양심이 깨끗한 성도들로 가득한 공동체가 되기를 바라야 합니다. 입술로도 하나님을 시인하고 삶으로도 시인하는 교회가 되어야 합니다.

교회다움을 위한 체크 리스트

1. '말씀' 혹은 '성경'에 대한 교회의 태도

- ☑ 하나님의 말씀을 알게 하고 살게 하는 일을 가장 중요하게 여기고 있는가?
- ☑ 지도자나 일꾼들을 정하는 가장 우선적인 기준이 '말씀'인가?
- ☑ 그릇된 이 세상의 가르침에 대해서 잘 대비시켜 주고 있는가?

2. '말씀'인가 '여론'인가?

- ☑ 우리 교회 안에 들어온 세속적인 운영 방식은 무엇인가?
- ☑ 우리 교회는 말씀의 원리가 반영될 수 있는 의사 결정 구조인가?

3. 세상을 해석하고 대안을 제시하는 말씀 선포

- ☑ 우리 교회는 세상과 그릇된 가르침을 전하는 자들이 할 말이 없을 만큼(입을 막을 만큼) 올바른 가르침을 전하고 있는가?
- ☑ 시대의 세계관의 허위를 간파하고 대안적인 하나님 나라의 삶의 모습을 제시하는가?
- ☑ 세상과 성경을 모두 알고 있는 일꾼들을 세우고 또 양육하고 있는가?

4. 거짓 가르침에 대한 단호한 대응

- ☑ 바른 교리와 신학(믿음) 체계를 갖추도록 하는 교육이 있는 교회인가?
- ☑ 세상의 허탄한 성공 신화나 성경의 인물들을 빙자한 영웅 이야기로 성도들의 일상을 훼손하고 진리를 배반하는 가치관을 가르치고 있지는 않은가?

5. 외적인 경건과 정결한 양심

- ☑ 우리는 경건의 형식을 중시하되 그보다 내면의 양심을 더 중요하게 여기는 교회인가?

- ☑ 신앙생활과 생활신앙의 조화, 즉 입술의 고백과 삶의 열매 간에 일관성 있는 삶을 요구하는가?

- ☑ 교회의 활동이나 수적인 성장보다 성도의 존재가 더욱 깊이 성숙하는 것을 더 소중하게 여기고 있는가?

오직 너는 바른 교훈에 합당한 것을 말하여

늙은 남자로는 절제하며 경건하며 신중하며 믿음과 사랑과 인내함에 온전하게 하고

늙은 여자로는 이와 같이 행실이 거룩하며 모함하지 말며

많은 술의 종이 되지 아니하며 선한 것을 가르치는 자들이 되고

그들로 젊은 여자들을 교훈하되 그 남편과 자녀를 사랑하며

신중하며 순전하며 집안일을 하며 선하며 자기 남편에게 복종하게 하라

이는 하나님의 말씀이 비방을 받지 않게 하려 함이라

너는 이와 같이 젊은 남자들을 신중하도록 권면하되

범사에 네 자신이 선한 일의 본을 보이며

교훈에 부패하지 아니함과 단정함과 책망할 것이 없는 바른 말을 하게 하라

이는 대적하는 자로 하여금 부끄러워 우리를 악하다 할 것이 없게 하려 함이라

종들은 자기 상전들에게 범사에 순종하여 기쁘게 하고

거슬러 말하지 말며 훔치지 말고 오히려 모든 참된 신실성을 나타내게 하라

이는 범사에 우리 구주 하나님의 교훈을 빛나게 하려 함이라.

———

디도서 2장 1-10절

4. 바른 교훈에 합당한 것을 말하라

- 세상과 구별된 성도의 존재 방식 -

교회는 가족

저에게 교회는 '가족'입니다. 실제로 육신의 가족들보다 더 많이, 자주 보고 있고, 이변이 없는 한 앞으로도 이들의 안부를 궁금하게 여기면서 남은 삶을 살게 될 것 같습니다. 예수님도 자신을 찾아온 어머니와 형제들을 밖에 세워 둔 채 자신을 둘러앉은 자들을 보시며 "누구든지 하나님의 뜻대로 행하는 자가 내 형제요 자매요 어머니이니라"(막 3:35)라고 하셨습니다. 목회자로서 저의 역할은 성도들이 서로를 가족으로 수용하며 함께 살고 함께 놀도록 조정하는 일이라고 생각합니다. 여전히 육신의 가족이 아닌 그 가족 사랑하는 법을 배워 가고 있습니다. 목회는 하늘 아버지의 말씀을 잘 알아듣고 그분을 그 위엄과 영광에 어울리도록 대접하는 것,

또 가족들과 소통하면서 그 아버지의 뜻을 귀하게 여겨 아버지가 바라시는 가정이 되도록 애쓰는 일이라고 믿습니다.

이때 제가 생각하는 가족은 할아버지 할머니부터 손자 손녀, 경우에 따라서는 장가 안 간 삼촌이나 이모가 있는 대가족입니다. 친밀한 가족은 서로를 무작정 받아 주고, 참아 주고, 기다려 주고, 지지해 줍니다. 가족 안에서 한 생명은 생명답게 자라 갑니다. 어른들은 필요한 삶의 기술을 연마하도록 전수해 주고, 어려울 때 지혜를 빌려 주기도 합니다. 교회를 가족이라고 생각하기 때문에, 저에게 교회는 같은 신앙 고백을 공유하는 사람들의 모임만은 아닙니다. 같은 목적과 사명을 품고 전투적으로 살아가는 풍경도 아닙니다. 어린아이부터 어른에 이르기까지 다양한 계층의 사람들이 고루 존재하는 곳입니다. 직장도 다르고, 은사도 다르고, 소득이나 배움도 다르고, 외모도 다르고, 고향도 다르고, 성격도 다른 사람들이 모여 사는 곳입니다. 서로의 욕망과 기대, 신앙의 수준이나 공동체를 향한 헌신의 정도가 달라서 어긋나는 일도 적잖지만, 다르기에 풍성해질 수 있습니다. 공동체에서 차이를 확인하는 경험을 하면서 나 자신이 형성해 온 세계를 확인하게 되고, 동시에 내가 참여하고 있는 '교회'라는 세계도 확인하게 됩니다. 한 사람의 신앙이 자란다는 것은 공동체 안에서 타인의 세계에 참여하면서 함께 한 몸을 이루어 그리스도의 형상을 이루는 관계 맺기 방식의 성숙을 의미할 것입니다. 서로가 서로에게 거룩한 책임감을 느끼면서 세워 주고, 채워 주고, 온전하게 해 주는 관계로 성숙하는 일입니다. 교회 내 가족 간의 연대를 통해서 우리는 영적 집중력이 생기고 세상을 상대할 힘과 안목을 얻습니다.

본문에서 바울은 디도에게 그레데 공동체 안에 있는 다양한 성도들에게 권면하도록 명령합니다. 그는 청중을 여섯 부류로 구분합니다. 늙은 남자(2:2), 늙은 여자(2:3), 젊은 여자(2:4-5), 젊은 남자(2:6), 디도(2:7-8) 그리고 종(2:9-10)의 구분이 그렇습니다. 성별과 나이와 계층으로 구분한 것입니다. 그리스도인이라면 그 나이에는 어떻게 살고, 그 자리에서는 어떻게 살아야 하는지 가르치게 해야 합니다. 그 나이 때 가질 수 있는 약점을 염두에 두면서 무엇을 조심해야 할지 알게 해야 합니다. 그래야 공동체가 한 몸으로 세워질 수 있기 때문입니다. 그래야 그 공동체가 임마누엘의 성전이 될 수 있기 때문입니다. 그래야 그들이 마지막 날까지 자신을 잘 지켜 영원한 구원과 영생에 참여할 수 있기 때문입니다. 공동체가 건강하지 않고도 성도가 온전할 수 있는 길은 없기 때문입니다.

거짓 지도자들과 대조

이 시점에서 하나님이 바울을 사도로 세우신 목적이 무엇이었는지를 다시 한 번 되새겨 봅시다. 그것을 앞에서 이미 밝혔습니다(딛 1:1-2 참조). 첫째는, 선택받은 백성의 믿음이 자라게 하기 위해서입니다. 둘째는, 경건한 사람이 되게 하는 진리의 지식을 아는 데에 자라게 하기 위해서입니다. 셋째는, 이들이 영생의 소망 안에서 살도록 하기 위해서입니다. 그런데 지금 그레데교회에 침투한 거짓 교사들, 즉 유대인들은 어떤 자들입니까? 첫째는, 예수 그리스도에 대한 믿음을 버린 사람들입니다. 하나님을 입으로만 시인하고 행위로는 버린 자들입니다. 둘째는, 자기의 이익을 위해서 가정을 파괴하는, 마음과 양심이 더러운 사람들입니다. 경건에 속한 진리의 지식을 버리고 '유대인의 허탄한 이야기를 좇으며 진리를 배반'하고 있습니다. 셋째는, 이들은 하나님을 알지 못하는 그레데인들과 결코 다르지 않은 사람입니다. 바울은 스스로는 이방인 출신의 그리스도인들보다 더욱 철저하게 하나님을 믿는다고 자신하는 유대주의자들을 비판하기 위해 그레데 선지자의 말을 인용하고 있는 것입니다.

그들은 영생의 소망은 없고 이 땅에서 자기 배만 채우려는 사람들이었습니다. 바울이 사도로 부름 받아 그레데교회 안에서 이루려는 일과 거짓 교사들이 그레데에서 영향을 미치고 있는 일은 정반대였던 것입니다. 그러니 바울이 디도에게 편지를 써서 이 공동체가 이런 잘못된 가르침의 영향을 받지 않도록 권면하는 것은 당연합니다. 즉, 바울은 디도서 1장 1-5절에서 자신이 드린 인사말처럼 사역하고 있었습니다. 앞으로 그 사역을 디도를 통해서 하려는 것입니다. 그래서 바울은 2장을 '그러나 너는'(But as for you, NASB 성경)으로 시작합니다. 디도는 거짓 교사들과는 달라야 했습니다. 디도가 앞으로 세울 교회의 장로들은 물론이고, 본문에 나오는 성도들의 삶 역시 거짓 지도자들과 달라야 했습니다. 그래서 바울은 거짓 교사들과 대조적인 의미를 가진 어휘를 구사하고 있습니다.

바울은 1절에서 본문의 핵심 내용을 말합니다. 2-10절까지는 복음에 합당한 삶이 무엇인지를, 11-14절까지는 그 합당한 삶을 살아야 하는 근거, 즉 바른 교훈에 대해서 짤막하게 말해 주고 있습니다. 1-10절을 지배하는 바울의 명령은 두 가지입니다. 하나는 '말하라'(1절)이고, 다른 하나는 '권하라'(6절)입니다. '말하라'의 내용은 1-5절에 나오고, '권하라'의 내용은 6-10절에 나옵니다. 이 두 단락 모두 나이에 상관없이 우리가 교훈에 합당하게 살아야 하는 이유로 선교적인 목적(5, 8절)을 제시하고 있습니다.

핵심 내용(1절)

바울이 가장 하고 싶은 말은 이것입니다.

"오직 너는 바른 교훈에 합당한 것을 말하여"(딛 2:1).

여기서 바울은 두 가지를 요구합니다. 첫째는, 바른 교훈입니다. 여기에 정관사가 붙은 것을 볼 때 어느 정도 교리적으로 확립된 복음을 염두에 두고 있는 것 같습니다. '바르다'(휘기아이노, ὑγιαίνω)라는 말은 복음서에서 '불구의 몸이 치유를 받아 온전해졌을 때' 사용되었습니다. 혈루증을 앓던 여인, 베데스다 우물가의 만성병 환자, 예루살렘 성 밖의 나면서부터 앉은뱅이였던 자가 나았을 때 이 단어를 쓰고 있습니다(막 5:34; 요 5:9; 행 4:10 참조). 그렇다면 바른 교훈은 병든 가르침과 대조되는 건강한 가르침, 온전한 가르침을 의미할 것입니다. 건강한 신학은 건강한 몸처럼 모든 교리가 서로 유기적으로 통합되어 하나의 강건한 체계를 이루고 있습니다. 그렇습니다. 바른 교훈은 하나님의 계시가 충만하게 반영된 가르침입니다.

디도서 2장 15절은 "너는 이것을 말하고 권면하며"라고 말씀합니다.

당연히 '이것'은 본문 1절에서 말한 '바른 교훈'일 것입니다. 그런데 이 표현은 디도서 1장 9절의 표현과 흡사합니다. 거기서도 감독은 '바른 교훈'으로 권면하고 또 책망하라고 명령합니다. 그 바른 교훈은 바로 앞에 나오는 하나님의 '미쁜 말씀의 가르침'입니다. 그러니까 바른 교훈은 '하나님에게로부터 온 교훈'을 의미합니다. 바울은 갈라디아서 5장 8절에서 거짓 교사들의 가르침을 지적하면서, "그 권면은 너희를 부르신 이에게서 난 것이 아니니라"라고 말하고 있습니다. 사람들의 생각과 가치관을 좇아서 전한 것이 아니라 하나님이 주신 복음을 따라서 구체적인 삶을 권면할 때, 그것을 '바른 교훈'이라고 말하는 것입니다. 그 바른 교훈을 따라 말할 때, 비록 디도처럼 젊은 사람이라도 업신여김을 받지 않을 수 있다는 것입니다(딛 2:15 참조).

바울은 지금 바른 신학의 중요성을 역설하고 있습니다. 하나님의 말씀을 잘 전할 뿐 아니라, 그 풍성한 말씀이 전체적으로 내적인 논리를 갖추어야 하며, 일관성과 통일성을 가져야 한다는 것입니다. 이단이 성경을 엉터리로 풂에도 불구하고 왜 그렇게 많은 영향력을 끼치고 있는지를 보면, 그들이 갖고 있는 정교한 논리 체계 때문입니다. 성경에 비추어 하나하나 따져 보면 전혀 근거가 없는 조각들인데도, 전체로는 단단한 체계를 만들어서 접근하기 때문에 세세한 것을 모르는 사람들은 반박하지 못하고 설득당하고 마는 것입니다. 그래서 성경에 기초한 건강한 신학 체계를 형성하는 것이 중요할 것입니다. 바른 행동은 바른 신학에서 나옵니다. 아무리 성경을 많이 읽어도 신학이 바르지 않으면 성경을 곡해할 수 있습니다. 바른 신학은 성경을 바르게 해석할 수 있는 안경 역할을 합

디도여, 교회를 부탁하오

니다. 아무리 많이 보고 오래 보아도 안경의 색깔과 모양에 영향을 받게 됩니다.

바울은 그레데 성도들의 삶과 믿음이 일치하기를 원했습니다. 거짓 교사들의 특징이 무엇이었기 때문입니까? "그들이 하나님을 시인하나 행위로는 부인하니 가증한 자요 복종하지 아니하는 자요 모든 선한 일을 버리는 자니라"(딛 1:16). 그들의 삶은 믿음과 분리되어 있었습니다. 그러면서도 아무런 내적 갈등을 일으키지 않았습니다. 어떻게 그럴 수 있었을까요? 신학이 없었기 때문입니다. 그러면 안 된다고 호통을 칠 만한 교사가 그들의 마음 안에 없었기 때문입니다. 영적인 통제 장치가 고장 나 있었습니다. 아니 반대로, 교회에서는 하나님을 찬양하고 세상에서는 우상을 찬양하는 삶을 살아도 신앙 양심이 고통을 느끼지 못할 만큼 거짓된 신학, 잘못된 신학, 위선적인 신학이 자리 잡고 있었습니다.

지금 우리 가운데도 그런 신학이 성행하고 있지 않습니까? 그들은 말합니다. "한 번 믿는다고 고백만 하면 구원을 받는다. 그 구원은 무슨 일이 있어도 절대 변함이 없다. 다만 성경대로 살면 그만큼 상급을 많이 받을 것이다. 영적이고 의미 있는 일은 교회 안에서 벌어지는 일뿐이다. 영혼을 구원하는 일뿐이다. 어차피 멸망하고 썩어 없어질 악한 세상에서 성도들은 기껏해야 악에 물들지 않으면 성공한 삶을 사는 것이 된다. 거기서 성공하는 것이 하나님에게 영광이 된다. 죄를 안 지을 순 없지만, 앞으로 지을 죄까지 그리스도 안에서 다 용서받았으니 구원의 확신을 가져야 한다." 이런 잘못된 신학을 가지고 있으면 얼마든지 죄를 짓고도 두려워하지 않을 수 있습니다. 죄를 짓는 것이 당연하고, 우리가 할 가장 중요한 일은 회개하는 일이 되어 버립니다. 그러니 성도들의 삶에서 '윤리'가 사라지는 것입니다. 세상 사람보다 더 불량하게 살면서도 고개를 뻣뻣하게 쳐들고 다니고, 남의 눈에서 피눈물 흘려 가며 번 돈으로 헌금하고, 하나님의 은혜에 감사한다고 값싼 눈물을 흘리는 사람이 되는 것입니다. 입술로는 고백하지만 행위로는 하나님을 부인하는 거짓의 사람들, 지금 우리 시대의 교회의 모습이 아닙니까?

바울은 그래서 '바른 교훈'이 필요하다고 말하는 것입니다. 그것은 바른 신학, 바른 복음입니다. 하나님 나라의 가르침입니다. 하나님 나라의 백성을 만드는 복음의 영광스러움, 복음의 온전함 그리고 그 하나님의 백성의 거룩한 삶, 온전한 삶에 대해서 잘 말하라고 요구하고 있는 것입니다. 그것이 영광스런 하나님을 믿는 사람들에게 어울리는 모습입니다. 그 영광을 머금은 교회가 고작 이 정도라면 우리는 그 은혜와 사랑을 자랑할 수가 없습니다.

둘째는, '합당한 것들'(하 프레페이, ἃ πρέπει)입니다. 이것은 바른 교훈이 요구하는 삶, 실천적인 행동들을 가리킵니다. 바른 교훈에 어울리는 그리스도인의 윤리적인 의무, 행동 양식 및 실제적인 삶의 지침들을 잘 가르쳐 주라는 것입니다. 머리만 커지게 하지 말라는 뜻입니다. 말씀을 배웠으면, 그 말씀으로 성경적인 세계관을 잘 형성해서 그 세계관을 통해 이 시대를 해석하고, 또 가정과 자신을 살피게 하라는 것입니다. 그래서 하나님의 백성으로서 하나님이 사랑하시는 이 세상에서 어떻게 사는 것이 부르심에 합당한 삶이고, 내가 받은 은혜에 합당한 삶이고, 지금도 실현해 나가시는 하나님 나라의 역사에 참여하는 삶인지를 성도들과 함께 고민해 나가라는 뜻입니다.

바른 교훈 없이 윤리만 강조하면 성도들은 도덕군자 또는 율법주의자가 됩니다. 그런 의인은 사랑은 없으면서 얼마나 옳고 그른 것만 강조하는지 모릅니다. 요한계시록에서 에베소교회가 '처음 사랑을 잃어버렸던 것'은 바로 복음의 본질을 망각한 채 교리만 지키려고 했기 때문입니다. 두 극단을 피해야 합니다. 말씀을 무시한 채 윤리적인 삶만을 강조해서도 안 되고, 말씀만 많이 공부하면서 기도나 삶의 실천에 소홀해서도 안 됩니다. 바울은 우리에게 '바른 교훈에 합당한 것을 말하라'고 가르쳐 줍니다.

바울의 편지를 눈여겨보십시오. 늘 편지의 앞부분에는 복음에 관한 내용을, 그리고 뒷부분에는 그 복음에 합당한 아주 실제적인 삶, 즉 바른 교훈을 전하고 있습니다. 하나님 나라의 복음을 알지 못한 채 전하는 그 어떤 가르침도 결국 전하는 사람의 가치관일 뿐 '바른 교훈'은 아닙니다. 듣기에 편리한 종교적인 담론에 그칠 뿐입니다. 그래서 바울은 바른 교훈을 말하면서 이 두 가지, 즉 원리와 적용을 모두 언급하고 있습니다 (딛 2:2-14 참조). 그는 디도서 2장 2-10절에서 바른 교훈을 전합니다. 아주 구체적이고 실제적인 적용입니다. 2장 11-14절에서는 그 근거를 제시합니다. 구원의 내용, 큰 원리를 말하는 것입니다. 다시 말해서, 왜 공동체 안에 늙은 남자와 늙은 여자, 젊은 남자와 젊은 여자 그리고 종들이 이러저러한 모습으로 살아야 하는지, 그 이유를 설명하고 있습니다. 그것이 바울이 소개하는 '하나님 나라의 복음'입니다. 그 구원의 복음이 우리가 이러저러한 모습으로 살아야 하는 이유가 됩니다.

바른 교훈에 합당한 삶(2-10절)

바른 교훈에 합당한 삶이란 듣는 사람에 따라서 다르게 적용할 수 있습니다. 그 사람의 신앙 수준, 삶의 처지, 나이 및 신분에 따라서 그 바른 교훈을 적용하는 방식이 다르기 때문입니다. 시대에 따라서도 적용은 다를 수 있습니다. 그래서 바울은 이제 교회 안에 있는 여섯 부류의 사람들에게 그 바른 교훈에 합당한 삶이 무엇인지를 소개하고 있습니다. 다양한 사람들이 모인 교회는 마치 오케스트라와 같습니다. 목회자는 지휘자의 역할로 볼 수 있을 것입니다. 다양한 소리들을 조화롭게 해서 멋진 교향악을 이끌어 내는 지휘자 말입니다. 때로는 어떤 소리를 키우기도 하고, 때로는 잠잠케 만들기도 합니다. 완급을 조절하는 것도 지휘자의 중요한 역할입니다. 무엇보다도 옆 사람이 어떻게 연주하고 있는지를 잘 듣게 하는 일이 중요합니다. 자기 소리만 도드라지게 하려는 태도는 하모니를 만드는 데 도움이 되지 않는다는 것을 잘 가르쳐 주는 것도 잊지 않아야 합니다. 우리도 이제 각자 어떻게 자기 악기를 연주해야 하는지를 잘 들어야 합니다. 그래서 아름다운 하모니로 하나님의 영광을 드러내고 복음의 능력을 증명해 보이는 성도와 교회가 되어야 합니다.

늙은 남자에게(2절)

바울은 먼저 교회의 가장 연장자부터 거론하고 있습니다. 나이 많은 남자와 여자에게 바른 교훈에 합당한 것이 무슨 의미인지를 설명합니다. 그런데 잘 살펴보면 거의 장로의 기준에 버금간다는 것을 알 수 있습니다.

성경은 성도라고 해서 장로보다 영적인 수준이 더 낮아도 된다고 말하지 않습니다. 장로는 교인들을 지도할 수 있는 리더십을 갖추었기 때문에 장로가 된 것일 뿐, 신앙의 수준에 따라 선출하지는 않기 때문입니다.

자격으로 보면 얼마든지 교회 지도자로 손색이 없을 만큼 나이 든 남자들은 '위엄'과 '성숙함'과 '지혜'를 갖춰야 했습니다. 장로가 아니더라도, 그래서 앞서서 인도하지 않더라도, 나이 든 남자들은 늘 젊은이들에게 지혜와 연륜으로 본을 보일 수 있어야 했습니다. 초기 기독교 역사가 크리소스토무스(Johannes chrisostomus)는 "나이 든 사람에게는 젊은이에게는 없는 약점이 있다"고 했습니다. 그는 그것을 굼뜬 행동, 소심증, 망각증, 무신경 그리고 성급함이라고 했습니다. 나이가 들면 사람이 좀 느슨해지면서 여유가 생길 것 같은데, 도리어 고집 있고 탐욕적인 사람이 될 수 있다는 뜻입니다.

나이 든 사람들이 젊은이들에게 위엄과 권위를 갖추려면 어떤 삶을 살아야 합니까? 바울은 두 가지로 구분해서 설명합니다. 첫째는, 세상 사람들에게도 역시 보편적으로 요구되는 일반적인 생활 습관입니다. 하지만 그것을 기독교적으로 재해석하고 있습니다. 둘째는, 그리스도인으로서 그들이 가져야 할 마음의 상태를 말합니다.

일반적인 성품

우선, 일반적으로 나이가 든 사람들에게 요구되는 덕망 있는 생활 습관으로는 '절제', '경건', '신중함'을 들고 있습니다.

절제(네팔리오스, νηφάλεος)

당시에는 남자들만의 모임이 따로 있고, 여자들은 주로 가정에서 생활했습니다. 그 남자들만의 모임에서 연장자들은 더 많은 음식을 받을 수 있고, 포도주도 늘 먼저 맘껏 마실 수 있었습니다. 그런데 그런 상황에서 바울은 '절제'를 맨 먼저 갖춰야 할 성품으로 꼽습니다. 여기서 '절제'는 1차적으로 술을 자제하라는 의미입니다. 당시 그레데에는 술 취한 채 드리는 디오니소스(Dionysus) 예배가 성행했기 때문에, 그리스도인들은 세상의 이런 풍조에 휩쓸리지 않아야 한다고 말하고 있는 것입니다. 더 나아가 삶의 모든 영역에서 욕구를 억제하며, 온전한 정신으로 사는 것을 의미합니다. '노욕'이 얼마나 무서운지 잘 압니다. 우리는 인생의 끝에서 김용택 시인이 말한 것과 같은 초연함을 인생 선배들에게서 기대합니다.

인자는 나도
애가 타게 무엇을 기다리지 않을 때도 되었다
봄이 되어 꽃이 핀다고
금방 기뻐 웃을 일도 아니고
가을이 되어 잎이 진다고
산에서 눈길을 쉬이 거둘 일도 아니다
_ 김용택, 〈그 강에 가고 싶다〉

하지만 현실은 그렇지 않습니다. 세월이 흐를수록 인간의 아성만 높아집니다. 자기가 누린 영화를 아들에게까지 물려주면서 오직 이 땅의 삶이 전부인 듯 사는 사람들이 참 많아 보입니다. 바울은 나이가 들수록 가벼워지라는 겁니다. 욕망을 비우고 제 힘으로 할 수 있다는 생각도 비우라는 것입니다. 늙은 성도들은 '바른 교훈에 합당한 것들'로 자신의 욕망을 해석해야 합니다. 그렇게 하도록 그 욕망보다 더 궁극적인 것을 보여 주고, 더 시급한 것을 보여 주고, 그 욕망이 갖는 허망함을 보여 주어야 합니다.

경건(셈노스, σεμνός)

'경건하며'는 디도서 1장 1절에서 '경건에 속한'이라고 할 때의 '경건'이나 같은 책 2장 12절의 '경건함으로'와는 다른 단어입니다. 존경을 받아 위엄과 엄숙함을 유지하라는 뜻입니다. 이는 도덕적인 고결함과 품위를 갖춘 사람을 가리킵니다. 그들은 진지하며 분별력이 있는 사람입니다.

원하는 것과 하고 싶은 말은 꼭 해야 하는 이들, 연장자로서의 예의는 생각하지 않고 누려야 할 예의만을 요구하는 이들, 여유로운 지혜는 찾아볼 수 없고 조급함과 성급함을 감추지 못하는 이들, 염치와 체면을 내버린 채 단말마적인 만족만을 추구하는 이들 속에서 하나님을 향한 경외와 하나님 나라를 향한 소망, 하나님의 인정을 향한 인내를 기대할 수는 없습니다. 그러고도 그들을 경건한 신앙인이라고 부를 수는 없습니다. 교회가 배려를 빙자해 노인들의 철없는 투정에 침묵해서는 안 되는 이유가 여기에 있습니다. '경건'이 없이 '영생'을 말할 수는 없기 때문입니다.

신중함(소프론, σώφρων)

이는 디도서 1장 8절에 나온 장로의 자격과 동일합니다. 역시 자제력을 의미합니다. 삼가며, 억제하며, 절제하며, 용의주도하며, 생각이 깊은 인격을 말합니다. 여자들에게 적용할 때는 성적인 순결을 의미하는 단어입니다. 특이한 것은, 이 '신중함'을 늙은 여자, 젊은 여자, 젊은 남자에게도 요구하고 있다는 점입니다(딛 2:2, 4-6 참조). 당연히 '바른 교훈에 합당한 것'에서 나온 절제력이고 깊은 사고일 것입니다.

기독교적인 성품

뒤이어 나오는 세 가지, 곧 믿음과 사랑과 인내는 그리스도인들만의 독특한 성품입니다. 바울은 말합니다. "믿음과 사랑과 인내함에 온전하게 하고"(딛 2:2).

'온전하게 하고'(휘기아이노, ὑγιαίνω)는 '건강해지고'라는 뜻입니다. 이는 디도서 1장 13절의 '믿음을 온전하게 하고'와 같은 단어이고, 바로 앞 절에 나온 '바른 교훈'에서 '바른'과 어원이 같은 단어입니다. 비록 육신의 몸은 날로 쇠하고 정신도 희미해지지만, 영혼은 날로 새로워지고 점점 건강해지라고 늙은 성도들에게 권면하라는 것입니다. "우리의 겉 사람은 낡아지나 우리의 속사람은 날로 새로워지도다"(고후 4:16)라고 고백했던 바울처럼, 늙은 남자들이 세상과 자기 육신을 위한 일에는 점점 멀어지거나 미련해지지만, 하나님을 믿고, 지체를 사랑하며, 어떤 어려움이 있더라도 그것을 인내하고 이겨 낼 만큼 이 세상에 대해서는 여유로움을, 어른의 마음을 가지라는 것입니다. 디도서에는 고난이나 박해에 대한 언급이 없기 때문에 여기 '인내'를 '견딤'이 아니라 '소망'과 관련짓는다면, 바울은 지금 나이 든 교회의 어른들에게 믿음과 사랑과 소망의 인격을 요구하는 것입니다. 데살로니가 성도들이 '믿음의 역사, 사랑의 수고, 소망의 인내' 때문에 칭찬받았던 것처럼, 바울은 그런 열매를 생의 끝에서 보도록 요구하는 것입니다.

신앙의 어른들은 자기 열매에 대해서 책임을 질 줄 알아야 합니다. 자기 얼굴에 '나는 예수쟁이다'라고 씌어 있어야 합니다. 그들의 언어와 삶에 '내 소망은 천국이다'라는 고백이 묻어 있어야 합니다. 악착같이 더 벌려고 하지 말고, 좀 손해 보더라도 양보하고 용서할 줄 알아야 합니다. 물론 수명에 비해서 은퇴 시기가 이르고, 젊은이들이 안정되게 일해서 부모를 봉양하기 어려운 시기이기에 생의 말년까지 생계를 걱정해야 하는 처지에 있는 성도들이 적지 않습니다. 안타까운 현실이지만, 저는 그것이 돈의 힘을 빌려 맘대로 쓰고 놀 수 있는 노년보다 결코 영적으로 불리하지 않다고 생각합니다.

어떻게 인생을 마무리하는 것이 그리스도인다울까를 교회 어른들을 보면서 더 많이 고민하게 됩니다. 어떻게 하면 하나님이 주신 사명을 인생 끝까지 충성스럽게 감당하다가 주님 앞에 설 수 있을지를 생각해야 합니다. 주님이 채워 주시고, 지켜 주시고, 허락해 주셔야 모든 것이 가능한 인생임을 아는 것이 노년의 특권입니다. 젊은이들은 머리로 알 수 있는 진리지만, 인생의 단 맛, 쓴 맛, 매운 맛 다 보고 이제 제 몸 하나 제대로 건사하지 못해 그 몸마저 거추장스럽게 여겨질 때가 된 사람만이 이해할 수 있는 시간이 가르쳐 준 진리가 있는 것입니다. 그걸 얻지 못하면 가장 중요하고 소중한 선물을 놓친 게 될 것입니다. 이렇게 우리의 몸과 마음과 소유가 가난해질 때, 그때가 바로 하나님을 다시 찾을 수 있는 가장 적기입니다. 그때 우리는 이 세상에 올 때처럼 어린아이가 될 수 있습니다. 어린아이가 천국에 가장 가깝다 하신 말씀이 얼마나 맞는 말씀인지, 다시 어린아이가 되어서야 알게 될 것입니다.

교회에는 어른들만 할 수 있는 일이 있습니다. 생산력을 가지고 사람의 가치를 평가하는 자본주의 시대에 노인들은 노동력이 떨어진다는 이유로 쉽게 폐물 취급을 받습니다. 하지만 교회는 절대 그래서는 안 됩니다. 젊은 사람들에게 일할 수 있는 기회를 주는 것도 좋지만, 교회가 어른들을 소외시키고 무조건 보호의 대상으로만 삼아서는 안 됩니다. 동시에 어른들은 자신들이 앞서서 직분을 고사하고, 젊은이들에게 기회를 주며, 좋은 유산과 경험을 전수해 주어야 합니다. 노파심에 가득차서 자신들이 관여해야 한다고 생각해서는 안 됩니다. 젊은이들이 시행착오를 거치며 지도자가 될 수 있는 기회를 주어야 합니다. 이렇게 어른들은 젊은이들을 먼저 챙기고, 젊은이들은 어른들에게 지혜와 경륜을 물려받으려고 고개를 조아릴 때, 공동체는 아름답게 성장하며, 소중한 믿음의 유산들을 전수하고 또 전수받을 수 있을 것입니다. 바울은 디도로 하여금 이 남자 어른들이 생의 마지막까지 이 세상에서와 주 예수 그리스도 안에서 신앙의 고삐를 놓지 않도록 도우라고 권하고 있는 것입니다.

늙은 여자에게(3-4a절)

이제 3-4a절은 늙은 여자들에 대해서 권면하고 있습니다. 그들에게 바른

디도여, 교회를 부탁하오

교훈에 합당한 삶이란 어떤 모습일까요? 그들이 갖추어야 할 품성은 무엇이고, 그 나이에 세상을 본받지 않는 삶의 모습은 무엇일까요?

본문 3절은 '이와 같이'(호사우토스, ὡσαύτως)라는 말로 시작됩니다. 늙은 남자와 늙은 여자 간에는 공유해야 할 성품들이 있다는 것입니다. 남녀 간의 차이는 있을 수 있지만, 나이가 들었기 때문에 가질 수 있는 한계가 같고, 또 나이 든 사람에게 기대하는 성품 또한 공유하고 있다는 뜻이 아니겠습니까? 나이 든 여자들 역시 절제하고, 경건하고, 신중해야 합니다. 그들도 믿음과 사랑과 인내(소망)의 열매를 맺되, 시간이 흐르면서 더욱 온전해져야 합니다. 하지만 '여자'이기 때문에 특별히 더 요구되는 자질이 있습니다.

행실이 거룩하라

'행실'(카타스테마, κατάστημα)이란 단어와 '거룩'(히에로프레페스, ἱεροπρεπής)은 신약성경에서 여기에만 사용되고 있습니다. 여기에 나온 '거룩'은 디도서 1장 8절의 거룩(호시오스, ὁσίως)과는 다른 단어입니다. 여기서는 오히려 '공손'이나 '존경할 만한'(worthy of reverent)이라는 단어로 번역해야 더 적절할 것 같습니다. 혹은 '여사제 같은'이란 뜻으로도 번역할 수 있습니다. '늙은 여자들은 평소에 신전의 여사제 같은 몸가짐을 가지고 살아야 한다'고 해석하기도 합니다. 물론 여사제는 이방 신의 사제지만, 그리스도인 늙은 여인들도 늘 하나님의 임재를 삶 속에서 담아내며 살아가야 한다고 말하고 있는 것 같습니다.

개인적으로 이런 어른들을 주변에서 여럿 알고 있습니다. 독신으로 평생을 주님을 위해 살아온 여인들입니다. 그분들의 집은 정갈한 수녀원 같습니다. 그분들의 삶은 수녀, 즉 여사제 같습니다. 그분들의 발걸음은 맑고 담백하고 정갈합니다. 여백이 많은 그분들의 세간살이는 잘 정돈되어 있습니다. 더듬거리듯 어눌하게 말하지만 저는 그분들을 통해 하나님 곁에 아주 가까이 가 있고 하늘나라에 이미 살고 있는 듯한 여인들의 모습을 봅니다. 그분들은 하나님의 임재 아래 사는 사람들입니다. 성령에 충만해서 사는 사람들입니다. 그렇게 나이 든 여인들이 성령으로 충만해서 살지 않으면 어떻게 됩니까? 바울이 다음으로 말한 것에서 알 수 있습니다.

모함하지 말라(메 디아볼루스, $\mu\grave{\eta}\ \delta\iota\alpha\beta\acuteo\lambda o\upsilon\varsigma$)

바울은 디모데전서 3장 11절에서도 말합니다. "여자들도 이와 같이 정숙하고 모함하지 아니하며." 늙은 여인들에게 바울은 뒤에서 다른 사람에 대한 근거 없는 비난이나 헛소문을 퍼뜨리는 일을 경계하고 있습니다. 늙은 여인들이 성령에 충만하지 않으면 하나님에 대해서 말하는 시간보다 다른 사람들에 대해서 말하는 시간이 많아집니다. 남을 헐뜯고 비난하는 데 쏟는 열정은 어디에서 나오는지 모를 만큼 강렬하고 지치지 않으며, 사랑만큼이나 강합니다. 사탄이 공동체를 파괴하는 데 사용하는 가장 큰 무기가 바로 '혀'입니다. 사람들과의 관계를 어그러뜨려서 교회를 망하게 하는 가장 강력한 도구이기 때문입니다.

야고보서 3장은 이 혀의 사용에 대해 많은 것을 말해 줍니다. 1-2절은 우리가 저마다 선생이 되려고 하지 말아야 하는 이유에 대해, 선생은 말에서 실수할 가능성이 많고, 그 말의 영향력도 크기 때문이라고 말합니다. 그러면서 그 말이 갖고 있는 부정적인 영향력에 대해 3절부터 비유로 설명하고 있습니다.

"혀는 곧 불이요 불의의 세계라 혀는 우리 지체 중에서 온몸을 더럽히고 삶의 수레바퀴를 불사르나니 그 사르는 것이 지옥 불에서 나느니라"(약 3:6).

그는 혀의 사용이 심지어 구원과 관련이 있음을 보여 줍니다. 혀의 말로 살아난 사람이 있는가 하면, 혀는 자신은 물론 타인의 인생 전체를 망가뜨릴 수도 있는 강력한 몸의 지체라는 것입니다. 성실하게 온몸으로 살아온 인생이 한 사람이 만들어 낸 거짓 이야기 때문에 부정하고 불의하고 음탕한 인생으로 전락할 수 있습니다. 그래서 말도 안 되는 악플 때문에 연예인들이 자살하는 것입니다. '사실이 아니면 그만이지'라고 말하는 것은 '말'의 위력을 몰라서 하는 소리입니다. 말은 그냥 말이 아니라 '사건'입니다. 물리적인 힘보다 훨씬 더 강력한 사건을 만들어 내는 것이 '말'입니다. 그렇게 혀로, 말로 남을 해하는 그 사람도 역시 구원을 받을 수 없을 것입니다.

나이 든 여자들이 성령에 의해 그 마음이 지배를 받지 않으면, 평생에 걸친 경험들을 가지고 타인의 삶을 함부로 짐작하고 거짓 이야기를 만들어 낼 것입니다. 그것은 자신의 존재감을 나타내려는 수작입니다. 인생 끝까지 무시당하지 않고 대접받겠다는 생각입니다. 얼마나 위험한지 모릅니다. 이제 늙어서 기운 없고 할 일도 없는 여자들이 앉아서 수다 떨며 공연히 없는 이야기도 만들어 내고, 조그마한 이야기도 아주 크게 만들며, 가벼운 이야기도 아주 심각한 이야기로 만들어서 재미를 삼는 일이 교회 공동체에서 일어나서는 안 될 것입니다.

물론, 이것이 비단 나이 든 어른들만의 문제는 아닙니다. 경건의 훈련에는 관심이 없고, 삼삼오오 모여 앉아 남 흉보는 것으로 소일거리 삼는 사람들이 많은 교회는 결코 제대로 설 수 없습니다. 모이면 자식 자랑하고, 곗돈 타서 할 일 이야기하고, 연예인 이야기하고, 얼핏 들은 소문이나 이야기나 하는 것이 자연스럽다면, 더 이상 그곳은 성령이 임재하시는 주님의 몸된 교회라고 볼 수 없습니다.

많은 술의 종이 되지 말라(메데 오이노 폴로 디둘로메나스, *μηδὲ οἴνῳ πολλῷ δεδουλωμένας*)
이는 술에 중독되지 말라는 뜻입니다(딤전 3:3, 8; 딛 1:7 참조). 바울은 수다와 술을 연관 짓고 있습니다. 술이 들어가면 말이 많아집니다. 자기 통제가 안 되면 하지 않아야 될 말까지 실수하게 되는 것은 쉽게 예측할 수 있는 상황인 것 같습니다.

이렇게 조심해야 할 것을 이야기하고 난 다음에 바울은, 교회 안에서 늙은 여자들이 해야 할 일을 가르치고 있습니다. 나이 든 여인들은 술 먹고 뒤에서 남을 험담하거나 흉보는 일을 하는 대신에, 그들의 입을 어디에 쓰라고 합니까?

가르치고 교훈하라

바울은 선한 것을 가르치는 자들이 되라고 권면합니다. 술의 종, 세상의 종, 욕심의 종이 되어서는 결코 '선한 것'을 가르칠 수가 없습니다. 늙은 남자들에게 권면했듯이, '믿음과 사랑과 인내함에 온전하게 되었을 때' 선한 것을 가르칠 수 있습니다. 이렇게 지혜와 연륜이 묻어 있는 여자 성도들이 많아질 때 교회는 자연스럽게 상담할 수 있는 분들이 생길 것입니다. 교회에서 어머니 노릇 할 수 있는 분들이 많아지는 것입니다. 사랑과 지혜가 충만한 기도의 어머니들이 많은 교회를 상상해 보십시오. 세상에서 지쳐 어머니 품을 그리워하는 영혼들에게 교회는 참 따스한 가정이 되어 줄 수 있을 것입니다. 사역자들이 이런 역할을 대신해서는 안 됩니다. 많은 포도주에 중독되기보다는, 즉 세상을 향한 욕심, 좀 더 예뻐지려는 욕심, 남한테 자랑할 만한 자식으로 키우려는 욕심, 그럴 듯한 며느리나 사위를 얻으려는 욕심, 더 큰 집, 더 큰 차, 더 좋은 옷을 취하려는 욕심 등 이런 것에서 자유로워져서 거룩한 여사제처럼 영혼만은 '홀쭉'해지는 성도들이 많아지기를 기대합니다. 이런 분들이 사역자(minister)가 되어 젊은이들을 양육해야 합니다.

바울은 또한 그 입으로, 그들의 말로 '젊은 여자들을 교훈하라'고 권면합니다. 젊은 여자들의 훈련을 남자 장로들이 아닌 늙은 여자들에게 부탁하고 있는 것이 특이합니다. 음란하기 이를 데 없는 그레데의 상황에서 나온 독특한 명령인 것 같습니다. 물론 이것이 남자 장로들이 전혀 젊은 여자를 가르칠 수 없다는 뜻은 아닙니다. 오늘 우리의 교회 안에 가정생활의 지혜, 결혼의 지혜, 자녀 양육의 지혜를 나누어 줄 수 있는 나이 든 여자 성도들이 많아지길 바랍니다.

젊은 여자에게 (4b-5절)

이어서, 바울은 늙은 여자 성도들이 젊은 여자들을 향해 일곱 가지 자질을 권면하게 합니다. 남편과 자녀를 사랑하고, 신중하고, 순전하며, 집안일을 잘하며, 착하며, 남편에게 복종하는 것입니다. 가정에 충실한 역할을 강조하는 것은 로마 시대를 염두에 두면 지나치지 않습니다.

일곱 가지 자질

남편과 자녀를 사랑하라

헬라어로는 남편과 자녀를 사랑할 것을 각각 요구하고 있습니다. 이 사랑은 감정만이 아닙니다. 정말 남편과 자식들을 사랑할 수 있기 위해서는 얼마나 많은 희생과 섬김이 필요한지, 그것은 본능이 아니라 훈련을 통해서만 가능하다는 것을 알 것입니다. 그래서 먼저 겪어 본 분들의 가르침이 필요합니다. 늙은 여자 성도들은 남편에게 그런 사랑을 받았으면서도 아들에게 사랑받는 며느리를 시샘하거나, 혹은 아들을 사랑하는 며느리를 보고 아들을 훔친 것처럼 여겨 시샘할 것이 아니라, 그 정도 사랑이라도 있어야 앞으로 험한 세상을 의지하고 살 수 있음을 알고 잘 격려해 주어야 합니다.

미처 몰랐던 단점이 산더미처럼 쌓여 가는 남편을 이해하고 처음 사랑을 더욱 새롭게 하는 일이 얼마나 어렵습니까? 또 자식을 어떻게 키워야 잘 키우는 것인지 미리 아는 사람이 어디 있겠습니까? 물론 나이 들었다고 다 알 수 있는 것도 아닙니다. 그나마 신앙 안에서 더 살아 본 사람이 세상의 처세술이 아닌 하나님의 지혜로 자녀를 사랑하고 양육하는 것이

디도여, 교회를 부탁하오

얼마나 중요한지를 잘 가르쳐 줄 수 있지 않겠습니까? 그런 안목과 지혜가 있는 여자 성도들로 나이 들어 가야 합니다.

교회는 교회 안의 활동을 위해서 교인들을 모으는 곳이 아닙니다. 교인들이 가정으로 돌아가서 진정으로 남편과 아내와 부모와 자식을 잘 사랑할 줄 아는 사람이 되도록 양육하는 곳입니다. 또 직장으로 돌아가서 거기서 세상 사람들을 잘 섬기고, 그곳을 주님의 거룩한 성전으로 만들 수 있는 용기와 지혜를 갖춘 사람이 되도록 만드는 곳입니다. 그래서 건강한 엄마, 아빠, 자식 및 직장인들이 있는 교회가 건강한 교회가 되는 것입니다. 교인들 안에서 집사, 장로, 권사, 심지어 목사나 선교사의 정체성보다 엄마, 아빠, 아들, 이웃의 정체성이 더 뚜렷한 것이 바람직합니다. 그럴 때 일상과 주일 간의 간극이 없이 모든 시간과 장소를 거룩한 하나님의 시간과 공간이 되게 하고, 모든 관계를 거룩한 관계가 되게 할 수 있을 것입니다.

신중하고 순전하라

신중함(소프로노스, σωφρόνως)은 앞에서도 계속 나왔던 '스스로 절제하는 마음'입니다. 특별히 이 단어가 여자에게 적용될 때는 '성적인 부정을 버린다'라는 의미가 있습니다. 순전함(하그노스, ἁγνός)도 제의적인 정결이나 '성적인 순결'을 의미합니다. 하나님 나라에 관심이 없으면 젊은 여인들이 관심을 돌릴 데가 지천에 널려 있습니다. 세상적으로는 간통이 더 이상 위법한 일이 되지 않고 성인들의 성적 결정권에 따라 선택할 수 있는 삶의 방식 가운데 하나가 되어 버렸습니다. 그레데 섬뿐만 아니라 우리 시대에도 교회 안팎에서 벌어지는 성적인 부정이 공동체를 위기에 빠뜨리고 있습니다.

집안일을 하며 선하라

이 둘을 서로 연결되어 있는 것으로 본다면, 젊은 여자들이 집안일에 충실한 것이 '선한' 일이라는 뜻이 될 것입니다. 여성이 결혼의 소명을 받아들여 남편과 자녀를 갖게 되었다면, 그들을 소홀히 해서는 안 된다는 의미입니다. 요즘은 맞벌이가 거의 보편화되었고, 가정 안에서의 여성의 역할도 많이 변하고 있는 것이 사실입니다. 가부장적 질서 속에서 억압받던 모습은 고쳐져야겠지만, 아이를 낳고 기르며 가정을 돌보는 역할을 여인들이 소홀히 해도 괜찮은 것은 아닙니다. 물론 그것을 여성들만의 일로 간주하는 생각은 이제 달라져야 합니다. 할 수 있거든 아이의 양육을 위해 육아 휴직을 하고 가사를 분담해서 함께해 나가는 문화가 형성될 때 아이를 낳고 기를 수 있을 것입니다. 또 여성이 사회에서 감당하는 역할은 이제 남성들과 구분할 필요가 없을 정도가 되었습니다. 하지만 세상에서 요구하고 세상이 부추기는 만큼 여성이 그런 일들을 다 해내기에는 여전히 육아 현실이 녹록하지 않습니다. 맞벌이의 폐해는 자녀들에게서 가장 먼저 나타나고 있지 않습니까? 아이들을 남의 손에 맡기고 우리가 얻은 것이 얼마나 되는지 한번 냉철하게 따져 봐야 하지 않을까 생각합니다.

정말 거부할 수 없는 진리는 이것입니다. 부모가 아이를 낳고 기르는 일은 사회에서 자기의 능력을 발휘하고 돈을 버는 일보다 중요하다는 것입니다. 아이들이 부모의 젖을 먹고 부모의 보살핌 속에서 자라야 하는 것이 상식인데, 이제 그것을 고수하는 사람이 오히려 이상한 사람이 되어 버렸습니다. 저는 한 아이를 부모의 사랑 안에서 온전한 주님의 자녀로 키우는 것보다 더 중요하고 급한 일은 없다고 생각합니다. 저는 교회 역시 어떤 식으로든 이 문제에 관심을 갖고 도와야 한다고 생각합니다.

자기 남편에게 복종하라

마지막으로 바울은 젊은 여자들이 남편을 사랑할 뿐만 아니라 그에게 복종할 것을 가르치라고 했습니다. 남편이 아내의 머리가 된다는 사실을 잘 가르치라는 것입니다. 이것은 억지로 의무감에서 하는 복종이 아닙니다. 중간태(휘포타쏘메나스, *ὑποτασσομένας*)가 쓰인 것을 볼 때 이것은 '자발적인 복종'을 의미합니다. 젊은 여자들에게 왜 남편에게 복종해야 하는지 잘 가르쳐 줄 의무가 디도에게 있다는 것입니다.

성경적으로 살고 인격적으로 탁월한 남편에게야 굳이 가르치지 않아도 순종하게 될 것입니다. 하지만 믿지 않는 남편에게는 어떻게 해야 합니까? 그래서 늙은 여자들의 권면이 필요한 것입니다. 신앙의 눈이 아니고는 지혜롭게 복종할 수가 없기 때문입니다. 사랑할 때야 복종이 되지만, 사랑하는 마음이 없고 정이 떨어지면 복종할 수 없습니다. 더군다나 교회 생활 막는 남편의 말에도 복종해야 하느냐는 문제까지 가면 보통 복잡한 것이 아닙니다. 물론 절대 타협할 수 없는 일은 있을 것입니다. 성경은 죄를 짓게 하는 남편에게 복종하지 않는 것을 문제로 보지는 않습니다. 이는 아내가 남편에게 인정받을 만큼 평소에 그를 존중하고 존경

155

해야 한다는 뜻입니다. 기본적으로는 옳고 그름을 따지기 전에 하나님이 마련하신 질서를 존중해서 순종하고자 하는 마음을 가지라는 것이 성경의 가르침입니다.

복종은 결코 여성의 열등함을 전제하지 않습니다. 남성의 머리 됨이 권위나 독재를 의미하는 것도 아닙니다. 그것은 책임과 사랑의 돌봄을 의미합니다. 에베소서 5장 22-24절을 보십시오. 아내들에게 남편들을 대할 때 '주께 하듯 하라' 합니다. 그 순종은 교회가 그리스도에게 하는 것과 같은 순종이라고 합니다. 따라서 남편에게 순종하라는 요구는 굴욕적인 요구가 아니라 그리스도의 성품으로 나를 창조해 가시는 하나님의 방법입니다. 복종은 인격적으로 더 성숙한 사람이 할 수 있는 일입니다. 아내가 남편에게 복종할 수 있다면, 그는 남편보다 성숙한 사람입니다. 남편이 그런 아내에게 뒤지지 않으려면 어떻게 해야 합니까? 주님의 말씀대로, 그리스도가 교회를 위해 자신을 희생해서 사랑하셨듯이 아내를 위해서 목숨을 바칠 만큼 사랑해야 합니다. 무엇이 더 어렵습니까? 복종이 어렵습니까, 죽을 만큼 사랑하는 것이 어렵습니까?

권면의 근거

이어서 바울은 히나(ἵνα) 절을 통해서 왜 젊은 여자들이 이렇게 가정에 충실하게 사는 모습을 보여 주어야 하는지 그 이유를 밝힙니다.

"이는 하나님의 말씀이 비방을 받지 않게 하려 함이라"(딛 2:5).

여자들이 가정에 충실한 것은 당시 그레데의 여인들에게 요구되던 모습이었던 것 같습니다. 하나님의 말씀을 따라 사는 그리스도인들은 더욱

디도여, 교회를 부탁하오

더 모범적으로 가정을 꾸려야 그들이 따르고 전하는 하나님의 말씀이 비방을 받지 않을 것이란 뜻입니다. '비방을 받다'(프라스페메오, βλασφημέω)는 '나쁜 평판을 듣고, 욕을 듣고, 망신을 당하는 것'을 가리킵니다. 그런데 그렇게 되는 대상이 하나님이나 예수님이 아니라 '하나님의 말씀'이라고 말합니다. 이것은 '예수 그리스도의 복음'을 가리킬 것입니다. 앞에서 이런 권면의 근거가 '바른 교훈에 합당한 것'이기 때문입니다. 다시 말해서, 그리스도의 복음 및 하나님의 말씀을 전하면서 우리가 그 말씀에 따라서 살지 못한다면 그들이 하나님에게로부터 혹은 그리스도에게로부터 돌아선다는 말을 '하나님의 말씀이 비방을 당한다'고 표현한 것입니다. 우리도 안 믿는 말씀을 누군가에게 믿게 하거나, 우리 자신의 삶과 인격에서, 혹은 우리의 공동체 안에서 증거를 찾지 못하는 말씀의 증인이 되는 일은 불가능합니다. 젊은 여자들은 하나님의 말씀이 가정에 대해서 말하고 있는 바를 '가정'을 통해서 드러내 보이도록 요구받는 것입니다. 두말할 것도 없이 이는 모든 가족 구성원들에게 요구되는 명령입니다.

젊은 남자에게(6절)

본문 6절은 젊은 남자들에게 권합니다. '젊은 남자'를 직역하면 '더 젊은 남자'입니다. 앞에 나온 '늙은 남자'와 비교하는 것입니다. '권면하되'라고 번역했지만 원문은 '권면하라'라는 명령형이며, 이는 6-10절의 모든 내용을 통제하고 있는 명령입니다.

여기도 '이와 같이'(호사우토스, ὡσαύτως)라고 시작한 것을 볼 때 젊은 여성들에게 요구되었던 항목들이 젊은 남자에게도 해당된다는 것을 알 수 있습니다. 이들도 가정에 충실하고, 아내와 자녀들을 사랑해야 한다는 것입니다. 우리에게는 이물 없이 들리겠지만, 남성 중심의 가부장적인 사회에서는 파격적인 요구입니다. 성경은 질서상 남성에게 우선권을 주지만 근본적으로는 남성과 여성이 동등하다고 말하고 있는, 당시로서는 매우 혁명적인 책입니다.

하지만 젊은 남자들에게 특징적으로 요구하는 것이 있습니다. 신중하라(소프로네오, σωφρονέω)는 명령입니다. 이는 젊은 여성들에게도 요구했던 덕목입니다. 지각과 절제, 즉 자기 억제를 요구하는 명령입니다. 젊은 사람이 자신을 다스리기가 얼마나 어려운지 우리는 압니다. 하고 싶은 것도, 할 수 있는 것도 많다고 생각하는 시기입니다. 바울은 지금 이들의 혈기와 야심과 탐욕을 바른 교훈으로 잘 다스리도록 가르치라고 말하고 있는 것입니다. 음란한 그레데 문화를 고려할 때 성적인 순결을 강조하는 말일 수 있습니다.

바울은 젊은 남자들에게 '신중함'을 가르치는 방법으로 두 가지를 제시합니다. 첫째는, 권면(파라칼레오, παρακαλέω)입니다. 잘 가르치고 격려하는 것이 필요합니다. 그때만큼이나 지금 교회 안에도 남자 성도들에 대한 교육이 중요합니다. 남성들이 남성성을 잃어 가는 시대는 늘 망했습니다. 꽃미남이 환호를 받기에 남성 화장품이 전 세계에서 가장 많이 소비되는 나라가 대한민국입니다. 초식남이 되어 가고 있다는 증거입니다. 남성성이 마초적 성격을 의미할 리 없습니다. 하지만 남성이 여성과 다르지 않아도 좋다면, 서로 달리 창조하신 의미가 없어질 것입니다. 둘째는, 본을 보이는 것입니다. 바울은 디도에게 직접 본을 보이라고 말합니다. 그것이 본문 7-8절입니다. 디도가 젊은 남자에 해당되었기 때문일 것입니다. 15절에서 '업신여김을 받지 말라'고 한 것을 볼 때 심지어 나이가 어렸을 수도 있습니다.

지도자 디도에게(7-8절)

앞서 언급했듯이, 본문 7-8절은 지도자 디도에게 요구하는 자질입니다. 개역개정 성경은 "범사에 네 자신이 선한 일의 본을 보이며"(딛 2:7a)라는 구절을 디도에게 요구하는 자질로 번역했지만, 이어지는 "교훈에 부패하지 아니함과 단정함과 책망할 것이 없는 바른 말을 하게 하라"(딛 2:7b-8a)는 구절은 젊은 남자에게 하는 권면으로 번역하고 있습니다. 하지만 이두 절 전체를 디도에게 주는 교훈으로 보는 것이 좋습니다.

본을 보이라(7-8a절)

지도자 디도는 자신이 가르치는 바가 옳다는 것을 몸소 보여 주어야 했습니다.

"범사에 네 자신이 선한 일의 본을 보이며 교훈에 부패하지 아니함과 단정함과 책망할 것이 없는 바른 말을 하게 하라"(딛 2:7-8a).

디도는 먼저 '범사에' '선한 일'로 본을 보여야 했습니다. '선한 일'(칼론 에르곤, καλῶν ἔργων)은 디도서 안에서도 성도들의 마땅한 삶을 가리키는 전형적인 문구로 자주 등장합니다(딛 1:8, 2:3, 14, 3:1, 8, 14 참조). 그것은 심지어 하나님이 우리를 구원하신 목적을 설명할 때도 쓰입니다. 그러니 당연히 지도자 디도에게 먼저 그 열매가 맺혀야 합니다. 지도자에게 높은 수준을 요구하는 것은 무리가 아닙니다. 지도자에게 자격과 조건을 묻는 것을 '엘리트화'라고 비난하거나, 지도자의 영성을 인격의 열매와 별개로 기도와 설교 혹은 초자연적인 치유 같은 것과만 관련시키는 흐름 때문에 선한 일의 본이 없는 자들이 자신의 열정과 교회의 허술한 관리를 틈타 너무 양산되었으며, 그 결과 교회는 성도들의 삶에서 더 이상 선한 일의 열매를 담대히 요구할 수 없게 되었습니다.

본을 보이는(파레코, παρέχω) 것보다 더 좋은 교육은 없습니다. 특히 아직은 모방을 통해 무엇인가를 배우는 단계인 젊은 사람들을 교육할 때는 '본을 보이는 것' 이상으로 좋은 방법이 없습니다. 이네들은 이론을 말하면, 또 '빤한 소리', '지극히 윤리 교과서 같은 소리'라고 생각하고 잘 듣지 않습니다. 하지만 그렇게 사는 사람이나 모습을 만나면 대단히 강력한 결단을 하게 됩니다.

청년들이 교회를 떠나는 이유가 무엇입니까? 어른들의 위선적인 신앙생활에 질렸기 때문입니다. 고등학교 때까지야 어쩔 수 없이 다녔지만, 스스로 판단할 자유가 주어졌을 때는 과감하게 교회를 버립니다. 어른들처럼 껍데기뿐인 신앙생활, 이중적인 삶을 살 바에는 차라리 안 믿는 것이 낫다고 생각하는 것입니다. 전도를 해 보면, 기독교를 비판하는 사람들은 대부분 기독교 집안에서 자라난 이들입니다. 그들을 전도하기란 참 어렵습니다. 교회의 어두운 그늘을 너무 잘 알고 있기 때문입니다. 그들에게 본이 될 만한 사람이 없기 때문에 가르침이 먹혀 들어가지 않는 것입니다. 이는 가정이나 사회, 교회에서도 마찬가지입니다.

예수님이 이 땅에 친히 인간의 몸을 입고 오신 여러 가지 목적이 있는

디도어, 교회를 부탁하오

데, 그 가운데 하나가 바로 우리의 '본'이 되시기 위해서입니다. 사도 바울도 빌립보 성도들에게 그리스도를 본받은 자신을 본받으라고 요구합니다. "형제들아 너희는 함께 나를 본받으라 그리고 너희가 우리를 본받은 것처럼 그와 같이 행하는 자들을 눈여겨보라"(빌 3:17). 바울은 디모데에게도 마찬가지로 본을 보이는 지도력의 중요성을 이렇게 말합니다. "누구든지 네 연소함을 업신여기지 못하게 하고 오직 말과 행실과 사랑과 믿음과 정절에 있어서 믿는 자에게 본이 되어"(딤전 4:12). 그리고 이어서 디도에게도 자기의 이익을 위해 부패한 교훈을 전한다든지 경건하지 못한 생활 때문에 책망 받는 지도자가 되지 말고, 이 모든 일을 멀리해서 그레데 젊은이들의 본이 되라고 요구하고 있습니다.

"범사에 네 자신이 선한 일의 본을 보이며 교훈에 부패하지 아니함과 단정함과 책망할 것이 없는 바른 말을 하게 하라 이는 대적하는 자로 하여금 부끄러워 우리를 악하다 할 것이 없게 하려 함이라"(딛 2:7-8).

디도는 본을 보일 뿐만 아니라 가르침을 통해서도 젊은 남자들을 지도해야 합니다. 여기 '부패하지 않음'(아프쏘리아, αφθορία)은 '순전함(integrity), 깨끗함, 청렴함, 고결함' 등을 의미하는 단어입니다. 이것은 가르침의 내용을 뜻할 수도 있고, 사역의 동기를 가리킬 수도 있습니다.

그는 또한 단정해야 했습니다. '단정함'(셈노테스, σεμνότης)은 '진지함, 근엄한, 위엄(diginity)'을 의미하는 단어입니다. 동족어 '셈노스'(σεμνός)가 집사들과 그들의 아내들('정중하고'[딤전 3:8], '정숙하고'[딤전 3:11])과 늙은 남자들('경건하며'[딛 2:2])에게 필요한 자질을 나타낼 때 쓰였습니다. 리처드 백스터(Richard Baxter)는 말합니다. "무엇을 하든지 사람들로 하여금 당신이 진지하다는 것을 느끼게 하라. 단지 그들과 가볍게 농담하는 태도로는 그들의 마음을 깨뜨릴 수 없다." 마틴 로이드 존스(Martyn Lloyd Jones)도 이 '단정함'이란 단어의 중요성을 이렇게 말합니다. "솔직하게 고백하건대 나는 익살스러운 전도자를 이해할 수 없다. 돌아가서 하나님이 가장 강력한 방법으로 사용하셨던 사람들의 삶에 대해 읽어 보라. 당신은 한결같이 그들이 엄숙한 사람이었음을, 자신 안에 주님에 대한 경외심을 품고 있었던 사람이었음을 발견하게 될 것이다." 쇼를 하는 사람이 되어 버린 이 시대의 부흥사들, 웃기는 연예인들을 강단에 세우는 사람들을 경계하는 말씀입니다.

마지막으로 그는 책망할 것이 없는 바른 말을 해야 했습니다. 이 '말'(로고스, λόγος)은 가르침의 내용과 관련이 있습니다. 이것을 두 가지가 수식하고 있습니다. 그 말은 '바른' 말이어야 하고, '책망할 것이 없는' 말이어야 합니다. '바른 말'은 본문 1절에 나온 '바른 교훈'과 같은 의미일 것이고, 바로 앞에 나온 '부패하지 않는 교훈'을 가리킬 것입니다. 그것은 동시에 '책망할 것이 없는'(아크타그노스토스, ἀκατάγνωστος) 말이어야 합니다. 이 역시 그 내용과 함께 전달하는 방식을 포함하는 표현일 것입니다. 그가 한 말은 누구도 흠잡을 수 없도록 바르게, 논리 있게, 위엄을 갖추어 말하라는 뜻일 것입니다.

이렇게 바울은 지금 디도에게 동기의 순수함, 내용의 건전함, 전달 방식의 진지함을 모두 요구하고 있습니다. 이 세 가지는 늘 있어야 합니다. 말로 아는 것을 전하는 일은 어렵지 않습니다. 하지만 삶을 투명하게 사는 일은 쉽지 않습니다. 그러나 그렇게 살지 않으면 자신도 죽고, 성도들

디도여, 교회를 부탁하오

도 죽고, 말씀도 죽는다는 것을 알기 때문에, 말씀의 종들은 갖은 애를 써야 합니다. 그런 줄 알고서 이 사역을 맡아야 하며, 그런 줄로 가르친 후에 그렇게 할 만한 자질이 있는 자만을 말씀 사역자로 세워야 합니다.

본과 바른 말로 가르쳐야 하는 이유(8b절)

바울은 그렇게 본을 보이며 살아야 하는 이유를 이렇게 말합니다.

"이는 대적하는 자로 하여금 부끄러워 우리를 악하다 할 것이 없게 하려 함이라"(딛 2:8b).

본문 6절에 이어 다시 선교적인 목적을 제시하고 있습니다. 내부적인 설득력보다는 밖을 향한 정당성을 갖추기 위해 지도자가 본을 보이며, 책망할 것이 없는 바른 말로 가르쳐야 한다는 것입니다. 위의 말씀은 다음과 같이 번역하는 것이 더 낫습니다. '이는 대적하는 자들이 우리에 관해서 잘못되었다고 말할 것이 없어서 (그들이) 부끄러움을 당하게 하려 함이라.' 대적자들이 유효하게 비판할 거리를 찾지 못할 만큼 디도가 전하는 말씀은 성경에 기초해야 합니다. 논리적이어야 합니다. 전하는 사람에게 열매가 나타나야 합니다. 세상이 동의할 만한 상식과 그것을 뛰어넘는 초상식을 갖추어야 합니다. 강단에서 그런 말씀이 선포되고 전하는 일꾼과 받는 성도들이 그 말씀으로 살아간다면, 분명 교회를 어지럽게 하는 대적자들이 우리의 비방거리를 찾지 못한 채 스스로 부끄러워 물러갈 것입니다.

대적자들의 교훈은 '부패한 교훈'입니다. 반면에 바른 교훈은 하나님으로부터 온 교훈, 즉 미쁜 말씀의 원리를 따르는 교훈입니다. '부패한 교훈'은 자기 배를 채우기 위해 거짓으로 지어 낸 교훈이며, 따라서 그것을 전하는 자들의 마음과 양심은 더럽혀졌습니다. 그래서 남의 가정이야 어찌되었든 자기의 이익만 챙기면 된다고 생각했던 사람들입니다. 입으로는 하나님을 이야기했지만, 행위로는 하나님의 이름을 욕되게 한 가증한 사람들이라고 바울은 지적하고 있습니다. 그런 사람들을 부끄럽게 하는 것은 '말씀에 순종하는 선한 삶'을 살아 내는 것뿐입니다. 어두움을 사를 수 있는 것은 오직 '빛'뿐이기 때문입니다. 교회를 한껏 비난하고 조롱하는 이 시대를 설득하는 길은 우리가 직접 바른 교훈을 살아 내는 것입니다. 가식성(pretense)이 아니라 가시성(visibility)! 이것이 절대 진리가 없다고 주장하는 이 포스트모던 시대에 아마 가장 적실한 복음 전도 방법이 아닐까 싶습니다.

종들에게(9-10절)

마지막으로 바울은 공동체, 혹은 가정 안에 있는 종(노예, 둘로스, δοῦλος)의 신분을 가진 사람들에게 권면할 말을 디도에게 전하고 있습니다.

"종들은 자기 상전들에게 범사에 순종하여 기쁘게 하고 거슬러 말하지 말며 훔치지 말고 오히려 모든 참된 신실성을 나타내게 하라 이는 범사에 우리 구주 하나님의 교훈을 빛나게 하려 함이라"(딛 2:9-10).

지금 바울은 이 종들을 그리스도 공동체 안에 있는 형제들로 받아들이고 있습니다. 비록 세상에서는 높고 낮음과 귀천이 있지만, 공동체 안에서는 한 형제요, 자매로 여기며 그들을 권면하고 있는 것입니다. 세상은 지금이나 그때나 변한 것이 없습니다. 제도상으로는 노예 제도가 없어졌지만, 사실 자본주의는 그때만큼이나 인간을 비인간화시켰고, 아직도 수많은 노동의 현장에서는 노예보다 못한 취급을 받으면서 생존을 위해 몸부림치는 사람들이 있습니다. 칼바람을 맞으면서 철탑 위에서 농성을 벌이는 노동자들이 있습니다. 특히 아시아의 빈국에서 온 외국인 노동자나 중국 교포들은 인간 이하의 짐승 취급을 받기도 합니다. 자본주의가 존재하는 한 세상은 앞으로도 또 다른 형태의 억압과 착취의 구조를 반복할 것입니다. 진정한 자유와 평등은 그리스도의 사랑을 통해서만 가능합니다. 기계적인 평등이 아니라 자기 부인의 사랑을 통한 평등, 눈높이 사랑, 환대를 통한 일치만이 진정한 평화와 평등이기 때문입니다. 바울은 사회가 비록 악하더라도, 세상은 하나님을 모르더라도, 우리는 그리스도인답게 살라고 권면하고 있습니다.

범사에 순종하여 기쁘게 하라

아내가 믿지 않는 남편에게 순종하듯, 종들은 상전에게 순종해야 합니다. 바울은 어떻게 순종해야 하는지를 자세하게 표현합니다. "종들은 자기 상전들에게 범사에 순종하여 기쁘게 하고"(딛 2:9). 이 범사의 순종은 믿지 않는 남편을 향한 아내의 순종만큼이나 인내와 지혜가 필요한 순종입니다. '순종하다'를 중간태로 사용함으로써 자발적인 순종을 해야 한다고 말해 줍니다. '범사에' 순종하라 했다고 해서 부당한 대우나 불의한 명령에 대해서까지 침묵하고 순종해서 악한 주인을 기쁘게 하라는 요구는 아닐 것입니다. 그리스도인 종들의 진정한 상전은 하늘의 하나님이시기 때문입니다. 그분을 위해서 때로 거슬러 말하는 불복종과 저항은 불가피할 것입니다.

거슬러 말하지 말며 훔치지 말라

긍정적으로는 '순종'을 명령했다면, 부정적으로는 '거슬러 말하지 말며 훔치지 말라'고 합니다. '거슬러 말하다'(안티레고, *ἀντιλέγω*)는 논쟁하거나, 불평하거나, 말대꾸하거나, 반대 주장을 하는 것을 나타내는 단어입니다. 여기에는 당연히 해야 할 일에 대해 아주 적극적으로 반대함을 뜻하는 뉘앙스가 있습니다. 실제로 바울은 로마서에서 이 단어를 지독하게 반역하고 불순종하는 이스라엘 백성을 가리키는 말로 사용했습니다 (롬 10:21 참조).

본문 10절에서 바울은 두 번째 부정적인 권면을 합니다. "훔치지 말고"(메 노스피조메누, *μὴ νοσφιζομένου*). 이는 '손버릇이 나쁜 좀도둑'을 의미하는 단어입니다. 주인의 것을 착복하거나 횡령해서 신실함과 정직함을 잃어버리는 것을 말합니다. 그리스도인들의 비리가 직업과 계층을 막론하고 일반화되어 있는 오늘의 현실에서 여전히 우리가 새겨들어야 할 권면입니다. 신학적으로 대단히 보수적이고 교회 중심적인 종교 생활을 잘하는 이들이 사적인 이익에는 민감하고, 정의감은 빈약하며, 지나치게 권위적인 양상을 보이는 것 때문에 교회에 대한 사회적인 이미지가 악화되어 왔습니다. 교회가 정의롭거나 공의롭지 못하고, 특정 계층의 이해를 반영하는 권력을 지지하며, 목회자 세금 납세를 반대하고, 대형 교회를 지향하며 무리하게 큰 건물을 짓고 엄청난 부와 권력을 자식에게 세습하는 모습을 보임으로써 이제 교회는 자기들끼리만 배를 불리는 무리로 인식

디도여, 교회를 부탁하오

되도록 만들고 있습니다. 세상의 직장에 그리스도인이 끼어 있다는 사실만으로 절대 불의를 도모할 수 없는 구조가 형성되어야 할 것입니다. 그래서 불편하지만 그가 보이는 성실과 순종과 유용함과 온유함 때문에 결코 내칠 수 없는 존재가 되어야 할 것입니다. 인간 주인의 것을 훔치지 않아야 할 뿐만 아니라, 하나님의 것을 훔치지 않기 위해서 우리 그리스도인들은 깨어 있어야 합니다.

모든 참된 신실성을 나타내라

마지막으로 바울은 어떻게 권면합니까? "모든 참된 신실성을 나타내게 하라"(딛 2:10). '신실성'(피스틴, πίστιν)을 '모든'(파산, πᾶσαν)과 '참된'(아가쎈, ἀγαθήν)이라는 말로 수식하고 있습니다. 자기 일에 충실해서 주인에게 이익을 끼치고, 모든 일에 선하게 행동해서 자신의 믿음을 증명해 보이라는 것입니다. '참된 신실성'이라고 했기 때문에, 당연히 부당한 요구나 정당하지 않은 명령에는 충성하지 않아야 합니다. 어두움에 동조하면서까지 주인의 종이 되는 것은, 하나님이 그 직장으로 보내신 우리의 주인이시고 우리는 그분의 종이라는 신분을 망각한 행위가 됩니다. 베드로전서 2장에서 베드로는 이렇게 말합니다.

"사환들아 범사에 두려워함으로 주인들에게 순종하되 선하고 관용하는 자들에게만 아니라 또한 까다로운 자들에게도 그리하라 부당하게 고난을 받아도 하나님을 생각함으로 슬픔을 참으면 이는 아름다우나 죄가 있어 매를 맞고 참으면 무슨 칭찬이 있으리요"(벧전 2:18-20).

왜 그리스도인 종들은 주인들에게 그렇게 살아야 합니까? 바울은 세 번째로 '히나' 구절을 사용해서 그 목적을 나타내고 있습니다.

"범사에 우리 구주 하나님의 교훈을 빛나게 하려 함이라"(딛 2:10).

'빛나게 하다'(코스메오, κοσμέω)는 '보석의 아름다움을 보이기 위해 그것을 배열하는 것'을 나타내는 동사입니다. 그리스도인의 삶은 마치 보석을 배열해 놓은 틀과 같다는 것입니다. 바울은 무엇을 빛나게 한다고 말합니까? 앞에서 말한 '바른 교훈'(1절), '부패하지 않는 교훈'(7절)을 여기서는 어떻게 표현했습니까? '우리 구주 하나님의 교훈'(텐 디다스칼리안 텐 투 소테로스 헤몬 쎄우, τὴν διδασκαλίαν τὴν τοῦ σωτῆρος ἡμῶν θεου)이라고 부릅니다. 세상의 교훈은 '자기중심적인 인본주의적 논리'입니다. 하지만 하나님의 교훈은 자기희생적인 섬김과 사랑의 논리입니다. 하나님의 구원하시는 은혜와 영원한 생명에 대한 약속을 모르는 사람들은 감히 흉내 낼 수도 없는 윤리입니다. '구주' 하나님이 주시는 교훈이니 그것은 구원받은 백성에게 합당한 삶을 요청하는 교훈일 것입니다. '구주' 하나님이 주시는 교훈이니 성령의 은혜로 사는 사람이 아니면 살 수 없는 윤리임에 분명합니다. 그래서 그 어떤 세상 교훈보다도 빛나는 교훈이 구주 하나님의 교훈입니다.

교회가 손가락질을 받고 그리스도인들이 모욕을 당하고, 그래서 하나님의 이름이 짓밟히고 있습니다. 이는 교회가, 아니 우리가 하나님의 교훈을 빛나게 할 만큼 살지 못했기 때문입니다. 바울은 어느 때에 하나님의 교훈이 빛나야 한다고 합니까? '범사에'(엔 파신, ἐν πᾶσιν)입니다. 우리 삶의 구석구석마다 하나님의 교훈이 어둠을 드러내고 빛을 비추도록 해야 합니다. 사소한 한마디 말에서, 아무도 없지만 공중도덕을 지키는 모습에서 하나님이 보여야 합니다. 소비를 하고 직장을 선택할 때에도 우리의 모든 삶에 하나님이 드러나시도록 결정해야 합니다. 우리가 사는 모습을 교회가 아닌 다른 곳에서 보더라도 둘은 크게 다르지 않아야 합니다. 우리의 삶은 과연 보석과 같은 주님의 아름다운 교훈을 빛나게 합니까, 아니면 그 빛을 가리고 있습니까? 수고하고 애써서 살아야 빛나는 것이 보석과 같은 하나님의 말씀입니다.

* * *

바른 교훈에 합당한 삶, 그것은 하나님의 말씀이 비방을 받지 않게 하고, 대적하는 자로 부끄러워 우리를 악하다 할 것이 없게 하고, 우리 구주 하나님의 교훈을 빛나게 하는 길입니다. 그것만이 하나님 나라 백성의 삶이고, 하나님의 은혜를 아는 자의 삶이며, 하나님이 우리를 구원해서 자기 백성으로 삼으신 이유입니다. 하나님은 오늘 우리의 교회를 통해 이런 교회를 보기 원하십니다. 서로 다른 사람들이 그리스도의 사랑으로 한 가족이 되어 서로를 거룩하고 온전하게 창조해 가는 공동체, 서로의 가정을 세워 주고, 그래서 그리스도의 형상을 이뤄 내는 공동체, 교회는 바로 이런 공동체가 되어야 합니다.

1. 신학과 실천을 아우르는 가르침에 대해서

☑ 탄탄한 신학적 체계를 갖추도록 성도들을 가르치고 있는가?

☑ 시대의 세계관을 간파해서 성도들이 삶에서 던지는 질문들에 대답할 수 있도록 도와주는가?

☑ 성도들이 지적인 만족에 그치지 않고 구체적인 가치관과 삶의 변화를 이끌어 낼 실천적인 교훈들을 가르치는가?

2. 가족으로서의 교회를 위해서

☑ 우리는 같은 신학적인 고백을 공유하는 모임인 동시에 모든 시대를 아우르는 가족으로서의 교회를 지향하고 있는가?

☑ 우리는 가족 이기주의를 뛰어넘어 교회 구성원들이 한 가족으로 연대되기 위해 어떤 구조와 전략을 갖고 있는가?

☑ 가족으로서의 교회를 지향하는 동시에 성도들이 교회 활동보다도 가족의 일원으로서, 직장의 일원으로서 세상에서 잘 살아가도록 도움으로써 둘 사이의 균형을 잘 유지하고 있는가?

3. 세대 이해를 위한 노력

☑ 모든 세대와 다양한 형편을 모두 아우르는 복음의 본질적인 측면을 잘 전할 뿐만 아니라, 각 세대와 성별과 다양한 사회적 역할에 걸맞게 성도들이 세상에서 복음을 따라 살 수 있도록 가르치기 위한 교육 전략을 갖추고 있는가?

ex) 성경적인 직업관, 가정관, 이성관 등

☑ 변화된 시대가 만들어 낸 새로운 역할 모델 혹은 관계 모델에 대해 교회가 민감하게 인지하고 세대 간 원활한 소통을 위해 어떤 노력을 기울이고 있는가?

ex) 며느리나 시어머니의 역할, 남자와 여자의 역할, 직장 상사와 부하의 역할, 청년과 청소년에 대한 이해 등

4. 말씀 사역자의 자질

☑ 공동체가 말씀 사역자를 세우는 기준은 무엇인가?

1) 튼실한 신학을 갖춘 '바른' 교훈을 전하고 있는가?
2) 각 세대의 특징과 어려움, 영적 도전과 그 대응 방안에 대해 깊은 관심을 기울이는가?
3) 자신이 직접 본을 보이고 있는가?
4) 말씀의 권위에 어울리는 전달 방식을 갖추고 있는가?

5. 세상에 영향을 미치는 공동체

☑ 우리 교회의 존재 방식을 통해 교회가 전하는 '하나님의 말씀' 혹은 '구주 하나님의 교훈'이 비방을 받지 않게 하고 있는가?

☑ 우리 교회와 교인들의 삶을 아는 세상이 우리를 보면서 '악하다'고 비방할 것이 없어 스스로 부끄럽게 여길 만한가?

☑ 우리 교회의 존재 방식이 가장 효과적인 '선교' 방식이 되고 있는가?

모든 사람에게 구원을 주시는 하나님의 은혜가 나타나 우리를 양육하시되

경건하지 않은 것과 이 세상 정욕을 다 버리고

신중함과 의로움과 경건함으로 이 세상에 살고 복스러운 소망과

우리의 크신 하나님 구주 예수 그리스도의 영광이 나타나심을 기다리게 하셨으니

그가 우리를 대신하여 자신을 주심은 모든 불법에서 우리를 속량하시고

우리를 깨끗하게 하사 선한 일을 열심히 하는 자기 백성이 되게 하려 하심이라

너는 이것을 말하고 권면하며 모든 권위로 책망하여

누구에게서든지 업신여김을 받지 말라.

———

디도서 2장 11-15절

5. 은혜의 학교

- 복음이 살아 있는 교회 -

사람을 가장 사람 되게 하는 것은 무엇일까요? 그리고 생명을 생명 되게 하는 것은 무엇일까요? 저는 두 가지 답 모두 '사랑'이라고 생각합니다. 사랑이 사람을 사람답게 합니다. 그리고 사랑이 있는 곳에서만 생명이 나옵니다. 사랑의 만남이 있는 곳에 생명의 만듦이 있습니다. 그렇다면 사람을 양육하는 가장 좋은 방법이 '사랑'인 것은 당연합니다. 웃고 울고 화를 내고 어르는 모든 일이 다 사랑의 동기에서 나올 때, 그 사람은 사랑의 사람으로 자라게 될 것입니다. 사랑을 오해하거나 몰라주는 일도 있을 것입니다. 또 사랑 아닌 것을 사랑이라고 착각하는 일도 있을 것입니다. 하지만 대개 사랑의 진심은 말하지 않아도 통하는 것 같습니다. 내 안에 사랑이 충분하지 못하기 때문에 사랑하는 일은 늘 자연스럽지 못하며, 많은 경우 불편하고 수고스럽더라도 애쓰며 해야 하는 것이 사랑입니다. 그런데 우리네 사랑은 팔이 안으로 굽는 사랑입니다. 또 얼마간은 돌려받을 것을 계산하는 사랑입니다. 이미 받은 것이 있어서 돌려주는 사랑입니다.

인간은 하나님의 사랑으로 이 세상에 출현했습니다. 모든 창조의 행위는 사랑입니다. 사랑해서 창조하셨고, 창조했기에 사랑하십니다. 사람의 사랑은 하나님의 사랑을 닮았습니다. 아니, 그 사랑을 닮아서 사랑할 줄 아는 사람으로 창조하신 것이 하나님 나라 역사의 목표입니다. 그 사랑은 자기를 버리고, 비우고, 내어 주는 사랑입니다. 그러고서야 자신을 진정으로 얻는 사랑입니다. 버림이 있고서야 얻음이 있는 사랑입니다. 자격 없는 자를 사랑해서 자격 있는 자로 만드시는 사랑입니다. 하나님 나라는, 교회는 바로 그렇게 사랑받을 자격이 없는 자에서 사랑받을 자격이 있는 자로 변화된 사람들의 공동체입니다. 그 공동체 안의 사랑과 연합을 통해서 세상을 향해 사랑의 창조주를 드러내는 공동체입니다. 그 사랑으로 시련을 이기고, 그 사랑으로 소망을 붙잡는 공동체가 교회입니다.

바울은 그 사랑이 각 연령별로 어떻게 나타나야 하는지를 소개했습니다(딛 2:1-10 참조). 늙은 남자들은 위엄을 갖추고 성숙해야 합니다. 늙은 여자들은 거룩하고, 젊은 여자들은 좋은 아내와 어머니가 되어야 합니다. 또한 젊은 남자들은 자기 자신을 잘 다스려야 합니다. 그리고 지도자 디도는 좋은 교사가 되고 친히 모범을 보여야 합니다.

본문에서 바울은 우리가 왜 이런 교회가 되어야 하는지, 성도들은 왜 꼭 그런 사람이 되어야 하는지를 말해 줍니다. 그것이 선택이 아니라 꼭 그렇게 되어야 할 모습일 수밖에 없는 이유를 말해 주고 있습니다.

디도여, 교회를 부탁하오

은혜의 나타남(11절)

본문은 '왜냐하면'(가르, γὰρ)이라는 표현으로 시작합니다.

"(왜냐하면) 모든 사람에게 구원을 주시는 하나님의 은혜가 나타나"(딛 2:11).

드디어 나타난 은혜

은혜가 나타났습니다. 어떤 은혜입니까? '모든 사람에게 구원을 주시는 하나님의 은혜'입니다. 모울(Moule)은 '하나님의 은혜가 구원하는 능력으로 나타났다'라고 번역하고 있습니다. '나타났다'는 것은 어떤 일을 가리킬까요? 예수 그리스도 안에서 나타난 구속의 은혜를 말합니다. 물론 하나님은 늘 은혜의 하나님이셨습니다. 그런데 창세전부터 우리에게 주어진 하나님의 구원의 은혜가 때가 차매 이제 우리 구주 예수 그리스도의 나타나심을 통해 보이게 되었다는 뜻입니다. 원문에는 '나타나다'라는 단어를 11절 맨 앞에 두어 특히 강조하고 있습니다. 원래 이 '나타나다'라는 표현(에피파이노, ἐπιφαίνω)은 헬라 세계에서 신(神)이나 반신반인(半神半人), 또는 왕이 나타나는 상황에서 쓰는 동사입니다. 바울은 이 단어를 쓰면서 헬라 세계의 황제 숭배 사상을 염두에 두었을 것입니다. 참된 은혜를 주시는 이는 예수 그리스도일 뿐, 로마 제국의 황제들이 아니라는 것입니다.

구원을 주시는 은혜

이 은혜는 '구원을 주시는(소테리오스, σωτήριος) 은혜'입니다. 하나님을 떠나 스스로 잘 살아 보겠다고 했다가 욕망의 노예가 되어 짐승에게 절하는 자가 되고, 자기 잇속만을 챙기려다 사랑하라고 보내 준 가족, 사랑받아 온 가족과 이웃을 아프게 하는 사람이 되고, 무엇보다도 자신을 지으신 창조주를 몰라보고, 스스로 인생을 일구어 보려고 안간힘을 쓰며 사는 애처로운 인간들을 구하려고 하나님이 친히 인간의 몸을 입고 오셨습니다. 그럴 만한 자격이 인간에게 있었던 것도 아닌데, 그들이 먼저 잘못을 인정하고 하나님에게로 돌아온 것도 아닌데, 하나님이 친히 찾아오셨습니다. 하나님은 그들에게 창조하실 때보다도 더 큰 사랑을 보여 주셨습니다. 그 사랑 앞에서 절대적으로 자신의 무기력을 인정하고 그 사랑을 수납한 자들에게 구원을 베풀어 주셨습니다. 그 압도하는 용서와 긍휼의 사랑을, 신실하지 못한 자를 향한 그 신실하심을 '은혜'(카리스, χάρις)라고 부릅니다. 자격 없는 자에게 그럴 의무가 없음에도 불구하고 베푸는 호의, 언약적 사랑, 그것이 은혜인 것입니다.

모든 사람에게 나타난 은혜

그런데 이 은혜가 누구에게 나타났습니까? '모든 사람에게' 나타났습니다. 보편주의가 아니라 유대인과 이방인, 종과 자유인, 남자와 여자를 차별하지 않고 모든 사람에게 유효한 은혜라는 뜻입니다. 이 은혜가 오기까지 사람들은 다 똑같았습니다. 이 은혜가 없이 스스로 잘 살았던 인간은 없었습니다. 더 잘난 사람도 없고, 못난 사람도 없었습니다.

하나님은 모든 사람에게 오셨습니다. 종들에게도, 문둥병자에게도, 성격이 못된 사람에게도, 흉악한 죄를 저지른 자들에게도 주님은 오셨습니다. 이 은혜가 바로 하나님의 독특한 사랑 방식입니다. 자격 없는 자에게 베푸신 사랑, 이것이 하나님의 사랑법인 은혜입니다. 하나님의 모든 역사의 시작은 바로 이 용서의 은혜였습니다. 지난 일을 기억하지 않으시는 은혜입니다. 다시 시작할 수 있도록 기회를 주시고, 다시 시작할 수 있는 힘을 주시고, 주 안에 머물 수 있도록 성령을 보내 주시면서 그 사랑을 이어 가게 하시는 은혜입니다.

교회는 은혜의 공동체입니다. 죄인들의 사랑은 은혜의 사랑입니다. 맨날 잘하겠다고 해 놓고는 잘못하고, 용서하겠다고 해 놓고는 용서 못하고, 상처 주지 않겠다고 해 놓고는 상처 주는 인간들이 모인 곳이 교회입니다. 한 번만 용서해 주시면 잘하겠다고 해 놓고는 번번이 다시 잘못을 반복하는 인간들의 모임입니다. 그러니 은혜가 아니면 같이 모여 살 수가 없습니다. 가족이기 때문에 은혜를 베풀어야 하지만, 은혜를 나누기 때문에 가족으로 남을 수도 있습니다. 은혜 없는 가족은 이미 가족이 아닙니다. 부부도 아니고, 부자지간도 아닙니다. 같이 있을 뿐 남남입니다. 하나님의 구원하시는 은혜를 알아야 우리는 사랑할 수 있습니다. 이 은혜로 인해 우리는 각 나이에 맞게, 각 처지에 맞게 세상을 섬기되, 그들의 편에 서지 않으면서도 잘 살아갈 수 있는 것입니다.

은혜의 양육함(12-13절)

12절에서는 이 은혜가 '의인화'되고 있습니다. 은혜를 마치 학교의 선생님처럼 묘사합니다. "(은혜가) 우리를 양육하시되." 1880년 영국의 헤이 에이킨 주교는 *The School of Grace*(은혜의 학교)라는 책을 썼습니다. 이 책의 부제는 '디도서 2:11-14에 대한 강해적 생각'입니다. 이것은 본문 11-12a절에 근거하고 있습니다.

"모든 사람에게 구원을 주시는 하나님의 은혜가 나타나 우리를 양육하시되."

여기서 '양육하다'(파이듀오, παιδεύω)는 '징계하다', '가르치다', '훈련하다' 등의 뜻이 있는 단어입니다. 우리가 징계의 고통을 당할 때도 은혜고, 바른 것을 깨달을 수 있도록 도움을 받는 것도 은혜입니다. 은혜는 구원하는 도구일 뿐 아니라 훈련의 도구이기도 합니다. 구원은 단 한 번에 끝나는 사건이 아닙니다. 탄생에서부터 양육, 성숙한 그리스도의 성품이 되어 성령의 열매를 맺는 모든 여정을 다 포함해서, 그것은 처음부터 끝까지 하나님의 '은혜의 여정'임을 보여 줍니다. 하나님의 구원하시는 은혜가 우리 속에서 계속해서 역사하는 것입니다.

바울 사도는 로마서 5장에서 은혜, 즉 그리스도의 신실하심을 통해 얻는 의를 설명하고, 6장에서는 그 은혜가 우리로 죄 아래 있지 않고 거룩한 삶을 살게 하며 영생을 얻게 한다는 점을 잘 보여 주고 있습니다.

"죄가 너희를 주장하지 못하리니 이는 너희가 법 아래에 있지 아니하고 은혜 아래에 있음이라 그런즉 어찌하리요 우리가 법 아래에 있지 아니하고 은혜 아래에 있으니 죄를 지으리요 그럴 수 없느니라 … 하나님께 감사하리로다 너희가 본래 죄의 종이더니 너희에게 전하여 준 바 교훈의 본을 마음으로 순종하여 죄로부터 해방되어 의에게 종이 되었느니라 … 너희가 그때에 무슨 열매를 얻었느냐 이제는 너희가 그 일을 부끄러워하나니 이는 그 마지막이 사망임이라 그러나 이제는 너희가 죄로부터 해방되고 하나님께 종이 되어 거룩함에 이르는 열매를 맺었으니 그 마지막은 영생이라 죄의 삯은 사망이요 하나님의 은사는 그리스도 예수 우리 주 안에 있는 영생이니라"(롬 6:14-15, 17-18, 21-23).

바울은 또한 불의하고 음란한 삶으로 바울의 마음을 아프게 한 고린도 성도들에게 바울 자신과 일행이 고린도 성도들을 향해 거룩함과 진실함으로 행하되 육체의 지혜로 하지 아니하고 하나님의 은혜로 행했다고 말하고 있습니다(고후 1:12 참조). 여기서 그는 하나님의 은혜와 대조하는 개념으로 '육체의 지혜'를 제시하고 있습니다. 은혜가 결코 인간의 노력이나 역할을 배제하는 개념은 아니지만, 그것이 인간이 자랑할 수 없을 만큼 거의 절대적으로 그 원천에 있어서 하나님의 주도권을 강조하는 표현인 것은 분명합니다.

구원의 시제

구원에는 시제가 있습니다. 과거가 있고 현재가 있고 미래가 있습니다. 구원받는 은혜는 과거 한 번의 진한 회개의 감동이 있는 곳에만 역사하는 것이 아니라, 오늘 예수 그리스도 안에서 내일 그분의 나타나심을 기다리며 사는 성도의 인생 전체를 걸쳐서 역사한다는 것을 보여 줍니다. 그런 점에서 우리가 예수님을 영접했을 때, 우리는 '은혜의 학교'에 입학한 것이라고 말해도 좋을 것입니다.

그 은혜가 가르치는 것은 무엇입니까? 은혜가 어떻게 우리를 양육합니까?

　"경건하지 않은 것과 이 세상 정욕을 다 버리고 신중함과 의로움과 경건함으로 이 세상에 살고 복스러운 소망과 우리의 크신 하나님 구주 예수 그리스도의 영광이 나타나심을 기다리게 하셨으니"(딛 2:12b-13).

　여기에도 성도의 과거와 현재와 미래가 다 들어 있습니다. 하나는 버리는 것이고, 다른 하나는 사는 것이고, 또 다른 하나는 기다리는 것입니다. 과거와는 단절하고, 현재에는 주 안에서 살고, 장차는 기다립니다.

과거 - 버리다

첫째, 은혜 선생님은 우리에게 버리도록 가르쳐 줍니다. 무엇을 버립니까? 경건하지 않은 것과 이 세상 정욕을 다 버리게 합니다. 여기 '다 버리다'(아르네오마이, ἀρνέομαι)라는 것은 '버리다'의 강조적인 번역입니다(원문에는 '다'라는 말이 없다). 원래는 부인하고, 거부하고, 포기하고, '아니다'라고 말한다는 뜻입니다. 예수님이 제자들에게 "아무든지 나를 따라오려거든 자기를 부인하고(아르네사스쏘, ἀρνησάσθω) 날마다 제 십자가를 지고 나를 따를 것이니라"(눅 9:23)라고 하실 때 이 단어가 쓰였습니다. 그리스도의 나라와 상관없는 모든 것, 이 세상과 땅에 속한 모든 것을 다 상대화하라는 요구입니다. 하나님 나라 가치관으로 재평가하라는 뜻입니다. 바울의 말대로 '배설물'로 여기라는 뜻입니다. 그것이 바로 디도서에서 말한 '경건하지 않은 것과 이 세상 정욕'을 다 부인하는 것과 같습니다.

　'경건하지 않은 것'(아세베이아, ἀσέβεια)은 다른 곳에서 불의로 진리를 막는 사람들이 행하는 일이요, 하나님의 진노와 정죄를 피할 수 없는 것으

　　　　　　　　　　　　　　　　디도여, 교회를 부탁하오

로(롬 1:18 참조) 말하고 있을 만큼 하나님의 말씀이나 뜻을 거스르는 삶의 태도입니다. '이 세상 정욕'에서 '정욕'(에피쮜미아, ἐπιθυμία)은 원래 중립적인 단어로서 '욕망'(desire)입니다. 그런데 여기서는 '이 세상의'(타스 코스미카스, τὰς κοσμικὰς)라는 말로 수식하고 있어 부정적인 의미로 쓰이고 있습니다. 욕망이나 욕구 자체는 나쁜 것이 아니라 본능입니다. 편하고 싶고, 맛있는 거 먹으면서 큰 집에서 좋은 옷 입고 존경을 받으면서 살고 싶은 것은 인간의 자연스런 욕망입니다. 더 나아가, 우리가 누구인지는 우리가 무엇을 아는가보다 우리가 무엇을 욕망하는가를 보면 더 잘 알 수 있을 것입니다. "그대가 욕망하는 바가 바로 그대다!"(we are what we desire)라는 말이 그것을 잘 표현하고 있습니다.

하지만 그 욕망을 만족시키는 것을 삶의 목표로 삼을 때 그것은 '정욕'이 됩니다. 타인은 아랑곳하지 않은 채 '이 세상'이 부추기는 엽기적이고 탐욕적인 욕망에 춤추는 자들이 될 때, 우리는 짐승 같은 존재로 전락합니다. '하나님 나라와 그 의'를 구하지 않는 욕망은 하나님이 주시는 '이 모든 것'을 의지하지 않고, 내가 바라는 이 모든 것을 위해서 우리의 돈과 시간을 쏟게 합니다. 돈에 찌들고 마약에 중독되고 술에 쩐 사람들을 보면서 그들을 아름다운 하나님의 형상이라고 부르기는 어려울 것입니다. 그들은 세상 정욕에 스스로 망가진 인간의 몰골일 뿐입니다. 인간은 하나님을 욕망하고, 사람을 욕망하고, 자연을 욕망합니다. 우리가 사랑할 때 그 욕망은 아름답고 풍요로워집니다. 우리가 진리 아래 있을 때 그 욕망은 자유롭습니다.

하나님의 은혜가 우리에게 다가왔을 때, 그것이 이론이나 지식의 형태가 아니라 예수 그리스도라는 '인격'의 형태로, 그분의 새 창조의 사건으로 다가왔을 때 우리가 가장 먼저 깨달은 것이 무엇입니까? 내 삶의 방식과 삶의 목적이 주님에게 합당하지 못하고 심지어 역겨운 것이었다는 사실입니다. 내 욕망은 사실 나와 이웃을 그리고 하나님을 아프게 하는 탐욕이었다는 사실입니다. 그래서 은혜 받은 사람의 첫째 반응은 '버림'입니다. '떠남'입니다. '자기 부인'입니다. '비움'입니다. 이것이 영적인 가난함이 의미하는 바일 것입니다.

하나님 나라 관점에서 보면 이는 세상 나라를 향해 라합처럼 배신하는 것입니다. 세상의 가치관과 결별하는 일입니다. 그것은 탕자가 탕진한 후 돼지 쥐엄 열매를 먹던 삶을 청산하고 떠나기로 한 결정이며(눅 15:20 참조), 아브라함이 고향과 친척과 아버지의 집을 떠나기로 한 결정과 같습니다 (창 12:1 참조). 오순절에 사도 베드로의 설교를 들은 사람들이 "우리가 어찌 할꼬" 탄식하자 베드로가 회개를 촉구한 후 "이 패역한 세대에서 구원을 받으라"고 한 것을 기억할 것입니다(행 2:37-40 참조). 은혜는 우리가 '경건하지 않은 것과 이 세상 정욕'으로 대변되는 이 패역한 세대로부터 떠나게 해 주는 것입니다.

현재 - 살다

둘째, 은혜는 버리는 데서 끝나지 않습니다. 은혜는 그렇게 세상의 가치관을 떠난 사람이, 과거를 버린 사람이 새로운 오늘을 살도록(제소멘, ζήσωμεν) 양육해 줍니다. 버림과 삶은 동전의 양면과 같습니다. 아브라함에게 '떠남'과 '감'이 한 짝이었던 것처럼 말입니다. 은혜는 우리가 이전

디도서, 교회를 부탁하오

과는 달리 어떤 마음으로 살게 해 줍니까? '신중함과 의로움과 경건함'으로 살게 합니다(딛 2:12 참조). 우리에게 은혜가 있어야 이렇게 살 수 있습니다. 그른 것을 분별하고 지적할 수 있는 안목이 있다고 내가 그렇게 살아지는 것은 아닙니다. 복음에 합당한 하나님의 자녀로 살기 위해서는 '은혜'가 있어야 합니다. 이 신중함과 의로움과 경건함은 앞서 각 연령대별로 권면했던 내용을 요약한 표현으로도 볼 수 있습니다(딛 2:1-10 참조). 남녀노소 누구라도 그리스도인이면 신중하고 의롭고 경건하게 살아야 한다는 것입니다. '신중함'(소프로노스, σωφρόνως)은 침착하고 냉정하고 분별 있고 자제하는 삶입니다(딛 2:5-6 참조). '의로움'(디카이오스, δίκαιος)은 올곧고 바르고 옳은 것입니다. '경건함'(유세베스, εὐσεβής)은 믿음이 깊고 독실한 것입니다(딛 1:1 참조). 신중함이 자기 자신에 대한 것이라면, 의로움은 이웃을 향한 것이고, 경건함은 하나님을 향한 태도라고 말할 수 있습니다.

세상에 있되 세상을 버린 그리스도인

그런데 바울은 참 흥미롭게도 은혜는 우리가 '이 세상의 정욕을 다 버리게' 훈육하지만, 동시에 '신중함과 의로움과 경건함으로' 이 세상에 살도록 도와주기도 한다는 점을 지적합니다. 물론 앞의 '이 세상'(타스 코스미카스, τὰς κοσμικὰς)과 뒤에 나온 '이 세상'(엔 토 뉜 아이오니, ἐν τῷ νῦν αἰῶνι)은 다른 헬라어 단어입니다. 뒤엣것은 하나님 나라가 완성되는 시점인 '올 시대'와 대조적인 개념으로 쓰입니다. 하지만 둘 모두 이미 시작되었지만 완성되지 않은 하나님 나라의 실존을 보여 주는 단어입니다. 앞엣것은 하나님 나라에 대항하는 세상을, 뒤엣것은 중립적인 이 시기를 가리킵니다. 그리스도인은 이 세상에, 이 시대의 사람으로 살지만, 하나님을 반역하는 이 세상의 세계관을 추구하지 않는 존재로 살도록 '은혜'가 도와준다고 말하는 것입니다. 이것을 앞서 언급한 그레데 사람들과의 선명한 대조를 통해서 분명하게 보여 주고 있습니다. 그레데 사람들은 위에서 바울이 말한 '경건하지 않은 것과 이 세상의 정욕'을 추구하는 자들입니다. 디도서 1장 12절은 그레데인들을 "거짓말쟁이며 악한 짐승이며 배만 위하는 게으름뱅이"라고 묘사했습니다. 하지만 그리스도인들은 '신중해서' 배만 위하는 게으름뱅이로 살지 않았습니다. '의로워서' 악한 짐승으로 살지 않았습니다. '경건해서' 거짓말쟁이로 살지 않았습니다. 하나님의 은혜 덕분입니다. 은혜를 받은 우리의 각성의 힘으로 우리가 산 것이 아니라, 하나님의 은혜의 힘으로 우리가 그렇게 살아진 것입니다.

은혜는 그리스도인들을 이 세상과는 조금도 닮은 것이 없는 사람으로 훈육합니다. 이 세상과 전혀 다른 것을 욕망하고, 전혀 다른 인생관과 삶의 방식으로 살게 합니다. 전혀 다른 '사는 맛'을 갖도록 영적인 체질을 바꾸어 줍니다. 이전에 흥미롭고 열정의 동기가 되었던 것들에는 관심이 시들해지고, 이전에 몰라보았던 것들에 담긴 진정한 가치를 알아보게 해 주는 것이 은혜입니다. 이제부터는 보는 것이 다르고, 듣는 것이 다르고, 말하는 것이 다르고, 걷는 걸음이 다르고, 손에 쥐는 것이 다른 인생으로 살 수 있는 것, 이는 오직 은혜를 통해서만 가능합니다. 그래서 아무도 그런 인생 끝에 내가 잘했다고 교만할 수 없습니다. 이것이 성도에게 교만이 가장 큰 악이 되는 이유입니다. 성도로서 나보다 남을 더 낮게 여겨야하는 이유가 그것입니다. 더 많이 성취하고 더 열심히 주를 섬기고 있다면, 더 많은 은혜를 받았다는 증거입니다. 반대는, 나는 더 많은 은혜가 필요할 만큼 더 나쁜 사람이었다는 뜻입니다. 저는 개인적으로 이 말씀 사역을 하지 않았으면 그리스도인이 될 가능성이 없기 때문에 이 은혜를 주셨다고 믿습니다. 그나마 설교를 해야 말씀을 사랑하는 사람이 될 만큼 모자란 사람이기 때문에 주신 은혜라고 믿습니다.

은혜는 우리의 옛 생활을 포기하고 새로운 삶, 즉 경건하지 않은 것에서 경건함으로, 자기중심성에서 자기 절제로, 세상의 사악한 방법에서 서로를 공평하게 대하는 삶으로 돌아서서 살라고 우리를 훈련해 주고 있습니다. 그렇습니다. 구원은 '인격'이 바뀌고 '삶'이 바뀌는 문제입니다. 단지 신분만 바뀌는 것이 아닙니다. 삶은 엉망이어도 이 신분을 얻었으니 구원에 아무 문제가 없다는 것은 착각입니다. 하나님의 은혜는 그렇게 값싼 은혜(cheap grace)가 아닙니다. 하나님의 은혜는 그렇게 능력 없는 은혜(impotent grace)가 아닙니다. 만약 초등학교에서 정상인 아이를 6년 동안 읽고 쓰는 것도 못하는 아이로 만들었다면, 그 선생님은 해고를 당할 것입니다. 은혜는 무능한 교사가 아닙니다. 물론 우리가 공부를 안 하고 순종하지 않은 책임을 은혜 선생님에게 돌려서는 안 됩니다. 은혜는 우리를 아무것도 할 것이 없는 존재로 만들지 않습니다. 은혜는 우리에게 가장 인격적인 방식으로 다가옵니다. 그래서 은혜는 무조건 봐주기만 하는 것을 의미하지 않습니다. 이 은혜의 훈육에는 책망이나 경고가 포함되어 있습니다. 심판을 내리는 근거도 하나님의 은혜입니다. 그 은혜를 거절한 것에 대해서는 변명의 여지가 없습니다.

우리의 삶에 이 은혜의 원리가 작동되어야 합니다. 교회의 모든 운영에도 이 은혜의 원리가 작동되어야 합니다. 많이 기다리고 참으면서 기회를 주어야 합니다. 비효율적으로 보일지라도 한 영혼이 천하보다 귀하다는 주님의 가치 기준을 따라야 합니다.

은혜를 말하면서 그 사람이 과거와 단절하지 않고 새로운 삶을 살지 않는다면 어떻게 된 것일까요? 은혜를 망각한 것입니다. 은혜는 개념적인 이해의 대상이 아니라 날마다 수용하고 경험되고 창조하도록 허용하는 대상입니다. 따라서 이 은혜의 개념이 해마다 새로워지지 않으면 안 됩니다. 망각은 단지 잊어버리는 것뿐 아니라 새로워지지 않는 것을 뜻하기도 합니다. 새로워지지 않고 길들여지면, 이 은혜가 우리의 훈육관 노릇을 하도록 그 권위에 복종하지 않고 이제 간섭하지 못하도록 해고하게 됩니다. 그러면 은혜로 살지 않고 내 소유와 열정을 가지고 살게 됩니다. 은혜로 살지 않고 내 욕망에 기대어 살게 됩니다. 내 열심을 갖고 살면 내가 스스로 의로워지고, 내 욕망을 따라 살면 불의해지게 됩니다. 은혜가 떠나면 교만한 의인이 되고, 은혜가 떠나면 오만한 악인이 되는 것입니다. 그러니 은혜의 학교에는 졸업이 없습니다. 완성된 천국이 천국일 수 있는 것은, 거기서는 압도적인 은혜를 경험하기 때문입니다.

미래 - 기다리다

이 은혜가 가르쳐 주는 마지막 하나는 '기다림'입니다.

"복스러운 소망과 우리의 크신 하나님 구주 예수 그리스도의 영광이 나타나심을 기다리게 하셨으니"(딛 2:13).

여기 '기다리게 하셨으니'(프로스데코메노이, προσδεχόμενοι)는 원래 분사구문입니다. 가운데 '살다'를 중심으로 앞에 나온 '다 버리다'와 뒤에 나온 '기다리다'가 분사구문으로 감싸고 있는 구조입니다. 그러니까 오늘의 신앙을 뒷받침하는 것은 하나님의 은혜로 인한 과거와 결별하는 결단이요, 참으로 성도의 욕망이 된 '영광'의 소망을 향한 기다림이라는 것을 보여 줍니다.

은혜는 우리가 무엇을 기다리도록 양육해 줍니까? 본문은 두 가지, 곧 '복스러운 소망'과 '예수 그리스도의 영광이 나타나는 것'이라고 말합니다. 그런데 여기 나오는 대상은 둘인데 정관사는 하나입니다. 이것은 둘이 아니라 한 단어로 취급하라는 뜻입니다. 그렇다면 여기 나오는 접속사 '카이'(그리고)는 설명을 나타내는 접속사입니다. 그러니까 후자('예수 그리스도의 영광이 나타나심')는 복스러운 소망의 내용을 설명해 주는 것입니다. 은혜는 우리가 이 세상에 소망을 두지 않고, 예수 그리스도가 다시 오셔서 우리 앞에 영광으로 나타나실 날을 소망하게 해 준다는 것입니다. 바울은 그 소망을 참으로 '복스러운 소망'(텐 마카리안 엘피다, τὴν μακαρίαν ἐλπίδα)이라고 부릅니다. 축복이 가득한 소망, 진정한 행복을 맛볼 수 있는 소망이라는 뜻입니다. 우리가 바라는 것은 막연한 기대가 아니기 때문입니다. 현실이 하도 힘들어 그런 현실에서 도피하기 위해 만들어 낸 가짜 소망이 아닙니다. 희망사항에 불과한 것이 아닙니다. 하나님이 그 소망을 약속하셨고 예수님이 그 소망 자체가 되시기에 우리는 소망할 수 있는 것입니다. 따라서 소망은 약속이 실현되기를 바란다는 의미입니다. 어제 시작된 우리의 구원이 오늘 완성을 향해 나아가는데, 언젠가 그 구원이 완성되리라고 소망하는 것은 그리스도인의 마땅한 특권입니다.

디도서 1장에서 바울은 자신이 사도 된 이유가 바로 '영생의 소망' 때문이라고 했습니다. 그 소망이 있기에 성도는 믿음으로 경건한 진리를 붙잡고 살 수 있다고 말합니다. 미래의 소망이 현재 그리스도인들을 신중하고 의롭고 경건하게 살 수 있게 하는 것입니다. 그래서 믿음으로 의롭다 함을 받는다는 것을 그토록 강조하는 로마서에서 바울은 "우리가 소망으로 구원을 얻었으매 보이는 소망이 소망이 아니니 보는 것을 누가 바라리요"(롬 8:24)라고 다시 놀라운 진술을 합니다. 소망이 없이는 믿음의 결단이 불가능하기 때문에 이렇게 말할 수 있었을 것입니다.

그리스도인, 두 번의 '나타남' 사이에서 사는 존재

"예수 그리스도의 영광이 나타나심"(딛 2:13)에서 '나타나심'(에피파네이아, ἐπιφάνεια)이란 단어의 동사형이 본문 11절에 나옵니다. 그 '은혜의 나타남'은 분명 예수 그리스도의 초림, 곧 성육신 사건을 가리키는 단어입니다. 하나님의 은혜는 성육신으로 나타났고, 하나님의 영광은 예수님의 재림으로 나타날 것입니다. 이는 예수님의 초림으로 나타난 은혜를 덧입어 그분이 다시 나타나는 재림 때까지 '경건하지 않은 것과 이 세상 정욕을 다 버리고 신중함과 의로움과 경건함'으로 사는 것이 그리스도인의 본분임을 보여 줍니다. 그리스도인이 그리스도 안에 거할 수 있다는 것은 바로 은혜가 가져온 가장 큰 변화이고, 그것은 그리스도와의 연합을 의미합니다.

그리스도는 누구십니까? 이미 부활하셔서 새 하늘과 새 땅에 참여하신 분이 아닙니까? 장차 임할 하나님 나라에 이미 참여하신 분이 오늘 우리 가운데 계시고 나는 '믿음으로' 그분과 연합되었으니, 이제 그것이 우리에게 미치는 결과는 무엇입니까? 그 나라의 능력으로 살 수 있다는 것입니다. 그 나라의 완성된 차원을 경험할 수 있다는 것입니다. 비록 우리 몸이 시공간의 제약 속에 있기에 그 경험 역시 제한적이지만, 은혜가 가져온 그 하나님 나라는 '실재'(reality)입니다. 이미(already) 시작된 그 왕국이 있기에, 우리는 이 악하고 불의하고 음란한 세상에서 '신중함과 의로움과 경건함'으로 살 수 있는 것입니다.

우리의 크신 하나님, 구주 예수 그리스도

그런데 여기서 바울은 예수 그리스도가 다시 오신다, 혹은 나타나신다고 하지 않고 다르게 표현합니다. "우리의 크신 하나님 구주 예수 그리스도의 영광이 나타나심을 기다리게 하셨으니"(딛 2:13). 예수님을 어떻게 부릅니까? '우리의 크신 하나님, 구주 예수 그리스도!'(테스 독세스 투 메갈루 쎼우 카이 소테로스 헤몬 예수 크리스투, τῆς δόξης τοῦ μεγάλου θεοῦ καὶ σωτῆρος ἡμῶν Ἰησοῦ χριστου). 예수님을 하나님이라고 부르는 경우는 성경에 흔하지 않습니다. 바울은 아주 명백하게 예수님은 단지 인간이 아니라 하나님이라고 말합니다. 그레데에 유대인이 많았다는 것을 생각하면, 이것은 그들에게 도저히 수용할 수 없는 매우 파격적인 주장으로 들렸을 것입니다. 그뿐 아닙니다. 당시 헬라 세계에서는 황제들을 비롯해서 자신의 신들을 '하나님'과 '구주'라고 불렀습니다. 이에 바울은 그들이 아니라 예수 그리스도가 바로 하나님이고, 그분이 온 세상을 구원할 '구주'라고 담대히 소개하고 있는 것입니다. 그분의 영광이 나타날 날이 올 것입니다. 그래서 스스로 자신이 하나님이고 구주임을 증명하실 것입니다. 예수님은 이 세상에 사시면서 여러 가지 표적으로, 부활과 승천으로 희미하게나마 자신의 영광을 보이셨는데, 이제 재림하시는 날 그 영광의 진면목을 보여 주실 것입니다.

은혜 학교의 세 과목인 버리기, 살기, 기다리기를 잘 배우고 있습니까? 우리는 데살로니가전서에서도 이 세 가지가 성도들에게 꼭 필요하다는 것을 확인할 수 있습니다.

"그들이 우리에 대하여 스스로 말하기를 우리가 어떻게 너희 가운데에 들어갔는지와 너희가 어떻게 우상을 버리고 하나님께로 돌아와서 살아 계시고 참되신 하나님을 섬기는지와 또 죽은 자들 가운데서 다시 살리신 그의 아들이 하늘로부터 강림하실 것을 너희가 어떻게 기다리는지를 말하니 이는 장래의 노하심에서 우리를 건지시는 예수시니라"(살전 1:9-10).

성도들은 누구입니까? 우상을 버리고 돌아온 자들입니다. 헛된 우상 대신에 살아 계시고 참되신 하나님을 섬기며 사는 사람들입니다. 그리고 하나님의 아들이 하늘로부터 강림하실 날을 기다리는 자들입니다. 버리고, 섬기고, 기다리는 자, 이것이 성도의 과거와 현재와 미래입니다.

구속의 목표(14절)

그런데 왜 하나님이 우리를 그렇게 구원하셨습니까? 구원 자체가 목적은 아닐 것입니다. 그렇다면 무슨 영광을 보시려고 그렇게 긴 구원의 역사를 시작하고 진행하고 계십니까? 우리는 '내가 어떻게 하면 구원을 받을까?'라고 질문하기 전에 '하나님은 왜 나를 구원하려고 하실까?'라는 질문을 먼저 해야 합니다. 아니, 그전에 '하나님은 왜 인간을 창조하셨을까?'라는 질문을 해야 합니다. 구원은 바로 그 창조의 목표를 이루는 일이기 때문입니다. 내가 구원받는 이유는 나를 위해서가 아니라 구원하시는 하나님을 위해서이기 때문입니다. 하나님이 원하시는 목표대로 되지 않으면 하나님이 나를 구원하신 의미가 없습니다. 사실상 그것은 구원이 아닙니다. 내가 구원받았음을 확신한다고 구원이 되는 것은 아닙니다. 그러니 그 목적을 잘 아는 것이 매우 중요합니다.

그래서 바울은 구원의 방법과 구원의 목표를 이렇게 소개합니다.

"그가 우리를 대신하여 자신을 주심은 모든 불법에서 우리를 속량하시고 우리를 깨끗하게 하사 선한 일을 열심히 하는 자기 백성이 되게 하려 하심이라"(딛 2:14).

바울은 유대인들을 염두에 둔 것인지, 여기서 온통 구약의 이미지들을 가져다가 설명하고 있습니다. 예수님이 '우리를 대신해서 자신을 주셨다는 것'은 유월절 사건을 떠올리게 합니다. '우리를 속량하신 것'(뤼트로, λυτρόω, 값 주고 노예를 사신 것)은 바로의 노예였던 이스라엘을 애굽의 속박에서 벗어나게 하신 것을 생각나게 하고, '자기 백성이 되게 하신 것'은 언약을 체결해서 여호와의 소유가 되게 하신 것을 떠올리게 합니다. 예수님은 우리의 유월절이고 출애굽이며, 우리는 그분의 둘도 없이 소중한 보석 같은 새 언약의 백성입니다. 이는 또한 에스겔 37장 23절을 떠올리게 합니다. "내가 그들을 그 범죄한 모든 처소에서 구원하여 정결하게 한즉 그들은 내 백성이 되고 나는 그들의 하나님이 되리라."

자발적인 자기 내어 줌

예수님은 스스로 우리를 대신해서 자신을 죽음에 내어 주셨습니다. 다른 곳에서는 하나님이 아들을 내어 주셨다고 하는데, 여기서는 예수님이 스스로 결정하신 것을 강조합니다("자신을 주심은"[딛 2:14], 에도켄 헤아우톤, ἔδωκεν ἑαυτὸν). 둘 다 맞습니다. 하나님의 뜻이었고, 아들의 자발적인 동의였습니다. 아버지의 뜻이 아들의 뜻이었습니다. 십자가의 핵심 사상 가운데 하나가 '순종'인 이유가 이것입니다. 십자가에서 우리가 받아야 할 것은 크신 하나님의 은혜와 사랑이지만, 우리가 배워야 할 것은 바로 그 죽음에 이르기까지 보여 주신 예수님의 한결같은 순종입니다. 따라서 우리에게 십자가는 믿고 받아야 할 은혜인 동시에 배우고 따라야 할 모범도 됩니다.

그동안 우리는 십자가의 은혜만 강조했지 십자가의 사랑은 강조하지 않았습니다. 그 결과 십자가의 윤리 혹은 십자가의 세계관이 사라졌습니다. 은혜 받았으면 신중하고 의롭고 경건하게 살아야 하는데, 성도들의 삶에 그런 열매가 나오지 않는 여러 이유 가운데 하나가 그것입니다. 예수님은 죄인 된 우리를 위해서 '자신을 내어 주셨습니다'. 그러니 우리도 우리 자신을 내어 주어야 합니다. 우리 자신을 산 제물로 하나님에게 내어 드려야 합니다. 이제는 죄의 종으로 우리 뜻대로 살 것이 아니라, 의의 종으로 주님 뜻대로 살아야 합니다. 그분의 십자가의 은혜가 오늘 우리가 거룩하고 의롭고 흠 없게 살 수 있게 하는 원동력인 이유가 여기에 있는 것입니다. 또한 우리 자신을 이웃에게 내어 주어야 합니다. 자격 있는 사람만을 정해서가 아니라, 자격 없는 우리에게 자신을 내어 주신 예수님처럼 해야 합니다. 하나님은 예수님을 통해서 우리에게 공급하셨습니다(giving). 그리고 우리를 용서하셨습니다(forgiving). 그러니 우리도 하나님에게는 예배로 감사드리고(thanksgiving), 다시 이웃에게는 공급하고(giving) 용서하는(forgiving) 선순환이 일어나야 합니다. 그곳이 바로 하나님 나라입니다.

내어 줌의 두 가지 결과: 속량과 깨끗하게 하심

그렇게 자신을 내어 주시는 십자가로 우리에게 어떤 변화가 생겼습니까? 바울은 두 가지를 말합니다.

첫째는, 모든 불법에서 속량되었습니다. 속량은 값을 치르고 되찾아오는 것을 말합니다. 불법을 저지를 때 우리는 사망에게 사로잡혀 있었습니다. 사탄의 소유였습니다. 그런데 예수님이 자신의 죽음으로 우리를 살리신 것입니다. 죽음으로 죽음을 이기신 것입니다.

둘째는, 깨끗하게 되었습니다. 그리스도의 백성은 그리스도의 피로 죄를 용서받은 자들입니다. 따라서 이제 부정했던 과거의 삶과 단절하고 거룩하고 순결한 하나님의 백성으로 살아야 합니다. 과거의 삶이 어떠했든지 상관없습니다.

내어 줌의 목표

그런데 예수님은 왜 자신을 죽음에 내어 주셨습니까? 목표가 무엇입니까? 왜 우리를 속량하고 깨끗하게 하셨습니까? 그렇게 된 사람만이 어떤 삶을 살 수 있기 때문입니까?

"선한 일을 열심히 하는 자기 백성이 되게 하려 하심이라"(딛 2:14).

'선한 일을 열심히 하는 자기 백성'을 만드는 것, 이것이 창조의 목적이고, 구속의 목표입니다. 하나님의 백성은 누구입니까? 선한 일을 열심히 하는 백성입니다. '자기 백성'(라오스 페리우시오스, λαός περιούσιος)이라는 표현을 직역하면 '특별한 백성'으로, 구약에서는 이스라엘 백성에게 사용되던 표현입니다. 이를 통해 바울은 교회와 성도는 새 언약 관계에 있는 새 이스라엘이라고 정의하고 싶어 하는 것입니다.

열심히 하는

선한 일을 하는 사람은 그냥 이따금 그렇게 사는 자들이 아니라, 아주 열심히 선한 일을 하는 자들입니다. 이 열심은 '광신적인 열심'(fanaticism)이 아닙니다. 그것은 열정(passion)이고 열광적인 것(enthusiasm)입니다. 광신적인 것은 휘발성이 있지만, 열정적인 것은 접착성이 있습니다. 광신적인 것은 일시적이지만, 열정적인 것은 지속적입니다. 광신적인 것은 나만 좋지만, 열정적인 것은 공동체 전체를 유익하게 합니다. 그래서 광신적인 것은 나를 망치지만, 열정적인 것은 나는 물론이고 남도 살립니다.

열심과 열정의 에너지가 어디서 나옵니까? 은혜에서 나옵니다. 하나님의 사랑에서 나옵니다. 예수님의 심장으로 살고 사랑해야 지치지 않는 열정으로 살 수 있습니다. 돈이 없어도, 명예를 안 줘도, 자리를 안 줘도 상처 받지 않고 살 수 있는 에너지가 바로 '열심'입니다. 여기 '자기 백성'이라는 표현은 매우 특별한 백성이라는 뜻입니다. 성도들은 하나님의 특별한 백성입니다.

디도여, 교회를 부탁하오

선한 일

그러니 어떻게 삽니까? 선한 일을 하면서 삽니다. 당연히 도덕적이고 윤리적으로 착하게 산다는 뜻은 아닙니다. 에베소서 1장을 보십시오. 바울은 성부, 성자, 성령 하나님이 창세전부터 계획하신 하나님 나라의 계획을 어떻게 실행하셨는지를 소개합니다(엡 1:3-14 참조). 그런데 중간 중간 그 목적을 이렇게 표현합니다.

"우리에게 거저 주시는 바 그의 은혜의 영광을 찬송하게 하려는 것이라"(엡 1:6).

"이는 우리가 그리스도 안에서 전부터 바라던 그의 영광의 찬송이 되게 하려 하심이라 … 이는 우리 기업의 보증이 되사 그 얻으신 것을 속량하시고 그의 영광을 찬송하게 하려 하심이라"(엡 1:12, 14).

우리가 하나님을 찬송하는 사람이 되게 하는 것, 그것이 창조와 구속의 목적이라고 합니다. 그것을 에베소서 2장에서는 이렇게 다시 요약해서 표현합니다.

"너희는 그 은혜에 의하여 믿음으로 말미암아 구원을 받았으니 이것은 너희에게서 난 것이 아니요 하나님의 선물이라 행위에서 난 것이 아니니 이는 누구든지 자랑하지 못하게 함이라 우리는 그가 만드신 바라 그리스도 예수 안에서 선한 일을 위하여 지으심을 받은 자니 이 일은 하나님이 전에 예비하사 우리로 그 가운데서 행하게 하려 하심이니라"(엡 2:8-10).

하나님이 우리를 만드신 이유, 우리를 은혜로 구원하신 이유가 무엇입니까? '선한 일을 위해서'입니다. 그럼 하나님은 우리가 어떻게 살 때 우리의 찬송을 받으신다는 뜻입니까? 그렇습니다. 우리가 선한 일을 할 때입니다. 선한 일 자체가 하나님에게는 기쁨이고 찬송이 되는 것입니다. 그럼 이 선한 일이란 무엇일까요? 에베소서 1장 10절을 보십시오.

"하늘에 있는 것이나 땅에 있는 것이 다 그리스도 안에서 통일되게 하려 하심이라."

그것은 하늘의 뜻이 이 땅에서도 이뤄지는 것을 말합니다. 그래서 하늘의 뜻과 땅의 뜻이 하나가 되는 것입니다. 무엇이 선한 일입니까? 하나님의 뜻을 실현하는 것입니다. 하나님의 의를 이루는 일입니다. 하나님 나라를 이 땅에서 실현하면서 사는 것입니다. 그것이 착한 일입니다. 그것이 선한 일입니다. 그렇게 하기 위해서 교회는 어떠해야 합니까? 에베소서가 바로 그것을 보여 주는 책입니다. 그리고 바울은 디도서 2장 1-10절에서 우선 성도들이 자기 연령대에서 어떻게 사는 것이 바로 이 '선한 일을 열심히 하는 백성'이 되는 삶인지를 보여 줍니다. 바울은 에베소에 있는 디모데를 향해서 에베소 성도들에게 성경을 가르쳐야 하는 이유를 이렇게 말합니다.

"모든 성경은 하나님의 감동으로 된 것으로 교훈과 책망과 바르게 함과 의로 교육하기에 유익하니 이는 하나님의 사람으로 온전하게 하며 모든 선한 일을 행할 능력을 갖추게 하려 함이라"(딤후 3:16-17).

예수님이 우리를 구원하실 뿐 아니라 날마다 성령과 성경을 통해서 우리를 양육하시는 목적은 무엇입니까? 선한 일을 행할 수 있는 사람으로 만드시기 위해서입니다. 하나님의 뜻을 실현할 수 있는 사람으로 만드시는 것이 목적입니다. 하나님의 말씀이 지속적으로 그 은혜를 잊지 않게 해 줍니다.

디도어, 고회를 부탁하오

말하고 권면하고 책망하라 (15절)

그래서 바울은 이렇게 디도에게 권면합니다.

"너는 이것을 말하고 권면하며 모든 권위로 책망하여 누구에게서든지 업신여김을 받지 말라"(딛 2:15).

모든 권위로

'말하라, 권면하라, 책망하라, 업신여김을 받지 말라!' 네 개의 명령이 연달아 등장합니다. 그런데 앞의 세 명령 뒤에 '모든 권위로'라는 표현이 나옵니다. 이것이 '책망하라'라는 세 번째 동사에 걸리는지, 아니면 앞의 세 동사에 다 걸리는지가 관건입니다. 세 명령에 다 걸린다고 해도 하등 이상할 것이 없습니다. '모든 권위로'(메타 파세스 에피타게스, μετὰ πάσης ἐπιταγῆς) 말하고 권면하고 책망하라는 것입니다.

여기서 '권위'(에피타게, ἐπιταγή)는 왕이나 신적 권위를 나타내는 표현입니다. 그렇다면 이것은 당연히 인간적인 권위를 가리키지는 않을 것입니다. 이는 사도로서 바울이 디도에게 위임한 권위이며, 또한 분명히 성경의 권위, 성령의 권위일 것입니다. 디도가 말씀에 근거해서 말하고 권면하고 책망할 때에야 비로소 은혜는 역사하고, 성도들은 경건하지 않은 것과 이 세상 정욕을 버릴 것입니다. 마찬가지로 하나님의 말씀으로 권면할 때 성도들은 신중함과 의로움과 경건함으로 살 것입니다. 선한 일을 열정적으로 하는 성도들이 될 것입니다.

이것을

'이것들(원문에서는 복수로 표기됨)을 말하라'고 할 때, '이것들'(타우타, $Ta\hat{v}\tau a$)은 앞에 한 말을 가리킬 수도 있고 뒤에 할 말을 가리킬 수도 있습니다. 디도서 2장이 '말하라'(1절, 라레이, $\lambda \acute{a}\lambda \epsilon\iota$)로 시작하고 '말하라'(15절, 라레이, $\lambda \acute{a}\lambda \epsilon\iota$)로 끝나기 때문에, 여기서 '이것들'은 이미 앞에서 한 말을 요약하고 있는 것으로 볼 수 있습니다. 바울은 디도에게 자신이 한 말을 절대 잊지 말고 담대히 말하라는 점을 강조하고 있는 것입니다. '이것들'은 이어질 권면과 책망의 내용을 가리킬 수도 있습니다. 상황에 따라서 말하기도 하고, 권면하기도 하고, 대적자들을 상대할 때는 책망하기도 해야 하는데, 그것은 하나님이 주신 권위로 그리고 성경의 권위로 해야 하고, 또 바울이 일러 준 것에 근거해서 해야 할 것입니다.

디도서 2장 7절에서 바울이 요구한 대로, 만일 디도가 '범사에 선한 일의 본을 보이며 교훈에 부패하지 아니함과 단정함과 책망할 것이 없는 바른 말을 하면' 성도들은 더욱 그의 권위를 인정할 것입니다. 그렇게 가르침과 삶이 일치되는 것을 보여 줄 때, 디도는 비록 젊은 나이지만 아무에게도 업신여김을 받지 않을 것입니다(딤전 4:12 참조). 교회가 어려움에 처하는 것은 말씀이 말씀으로 들리지 않을 때입니다. 그것은 말씀 자체를 틀리게 전해서가 아니라 말씀을 전하는 자의 권위가 손상되었기 때문일 경우가 많습니다. 메시지와 메신저는 분리될 수 없기 때문입니다.

디도여, 교회를 부탁하오

사랑하는 은혜학교 학생 여러분, 은혜 선생님이 말씀을 따라 말하고 권면하고 책망하고 계십니다. 세우신 일꾼들을 통해서 말씀하고 계십니다. 그리스도의 십자가의 은혜로 속량 받고 깨끗함을 받은 사람만이 이 학교에 들어올 수 있습니다. 은혜로만 들어오는 학교가 은혜학교입니다. 옛 사람의 습관을 그대로 가지고는 들어올 수 없습니다. 내 정욕의 학교와 은혜학교를 동시에 다닐 수도 없습니다. 이곳은 순전히 은혜로만 진행되는 학교입니다. 하지만 이 학교를 이 땅 가운데서 잘 마치려면 믿음이 필요합니다. 신중함과 의로움과 경건함으로 반응하는 믿음이 필요합니다. 이 은혜에 화답하는 믿음입니다. 그래서 더 이상 불법을 따르지 않고 하나님이 기뻐하시는 선한 일을 열정적으로 하는 학생이 되어야 합니다.

우리의 교회가 은혜학교가 되길 바랍니다. 은혜의 원리로 진행되길 바랍니다. 말씀이 늘 우리가 받은 은혜를 생각나게 해서 지체들에게도 은혜를 베풀고 이웃을 향해서도 은혜를 베푸는 사랑의 공동체가 되기를 바랍니다.

교회다움을 위한 체크 리스트

1. 복음에 기초한 교회

☑ 말씀을 전하는 자와 성도들이 성경이 말하는 풍성한 '복음'에 대해 충분히 이해하고, 그 복음 위에 교회를 세워 가고 있는가?

☑ 교회의 비전과 성도들에게 요구되는 자질은 '복음'이 요구하는 바와 부합하는가?

2. 은혜로 양육되는 교회

☑ 하나님의 은혜와 사랑을 충분히 알고 경험하게 해서 그 은혜가 성도들을 가르치고 격려하며, 때로는 훈계하고 경고해서 성도들이 은혜로 양육되고 있는가?

☑ 교회가 옳고 그름을 잘 분별하기 위한 노력만큼이나 죄인들을 향한 하나님의 은혜를 잘 되새기며, 그 은혜를 서로에게 적용하는 훈훈한 공동체인가?

3. 복음으로 살아가는 교회

1) 은혜가 버리게 하는 이 세상에 속한 것

☑ 교회는 은혜를 통해 성도가 이 세상의 정욕을 피하고 경건하지 않은 것을 부정할 만큼 세상의 실상을 보게 해 주고 있는가?

☑ 은혜의 복음을 통해 성도들이 떠나고 버린 세상과 앞으로 올 소망과 영광을 비교할 수 있는 능력을 갖게 하는가?

2) 은혜가 보여 주는 '현재'의 축복

☑ 은혜를 통해 우리가 이 시대에 이 세상의 정욕에 속하지 않고 이미 임한 하나님 나라를 경험하면서 그 나라의 가치를 따라 살도록 해 주고 있는가?

☑ 은혜의 복음으로 인해 성도들이 암담한 현실에 절망하지 않고 오늘 여기에서 하나님 나라가 전개되는 모습을 상상할 수 있도록 해 주고 있는가?

3) 은혜가 갖게 하는 '미래'의 영광

☑ 복음을 통해 성도들은 은혜를 주시기 위해 이 땅에 '나타나신' 예수님이 영광을 주시기 위해 다시 나타나실 날을 소망하게 하는가?

4. 구원의 목표를 이루는 교회

☑ 예수님이 우리를 속량해서 구원하신 목적이 우리 교회가 존재하는 목적인가?

☑ 성도들이 떠나야 하는 불법과 추구해야 하는 깨끗함에 대해 잘 가르치는가?

☑ 성도들과 교회가 '선한 일'에 열정을 갖고 살 수 있도록 격려하는 교회인가?

5. 권위 있는 지도자가 있는 교회

☑ 권위적인 지도자는 없고 성경의 권위, 인격의 권위로 사역하는 지도자가 있는 교회인가?

☑ 아무도 성경에 충실한 지도자를 자신의 이해관계에 따라 업신여기도록 허용하지 않는 건강한 교회인가?

너는 그들로 하여금 통치자들과 권세 잡은 자들에게 복종하며 순종하며

모든 선한 일 행하기를 준비하게 하며 아무도 비방하지 말며

다투지 말며 관용하며 범사에 온유함을 모든 사람에게 나타낼 것을 기억하게 하라

우리도 전에는 어리석은 자요 순종하지 아니한 자요 속은 자요

여러 가지 정욕과 행락에 종노릇한 자요 악독과 투기를 일삼은 자요

가증스러운 자요 피차 미워한 자였으나

우리 구주 하나님의 자비와 사람 사랑하심이 나타날 때에

우리를 구원하시되 우리가 행한바 의로운 행위로 말미암지 아니하고

오직 그의 긍휼하심을 따라 중생의 씻음과 성령의 새롭게 하심으로 하셨나니

우리 구주 예수 그리스도로 말미암아 우리에게 그 성령을 풍성히 부어 주사

우리로 그의 은혜를 힘입어 의롭다 하심을 얻어

영생의 소망을 따라 상속자가 되게 하려 하심이라.

─────

디도서 3장 1-7절

6. 너희가 구원을 받았으니

- 세상을 향한 그리스도인의 윤리 -

세상이 하나님을 알 수 있는 것은 하나님을 믿는 그리스도인들과 하나님의 말씀을 통해서입니다. 그런데 '믿음'이 없는 그들에게 하나님의 말씀은 다른 종교의 경전과 다를 바 없습니다. 그 성경의 말이 옳은지 그른지, 과연 진리인지 아닌지는 성경을 믿고 성경대로 사는 우리를 통해서 가장 잘 알 수 있습니다. 우리가 바로 또 다른 본문(text)인 것입니다. 우리 각자는 성경의 알파벳들이고, 교회는 알파벳들이 모여서 그 교회만의 문자와 책과 이야기를 만드는 곳입니다. 그 이야기의 주인공은 바로 하나님이십니다. 하나님 나라입니다. 교회와 성도는 바로 그 하나님의 말씀을 하나님으로 여겨서 그 하나님이 다스리시는 나라를 선명하게 실현하도록 세상으로부터 구별되어 부름 받은 자들입니다.

바울은 디도에게 장로들을 세우라고 합니다. 그러고는 이어서 장로들이 사역해야 하는 그레데가 어떤 곳인지를 알려 줍니다. 그렇게 거짓말쟁이고, 악한 짐승이고, 배만 위하는 게으름뱅이가 가득한 그레데 사회에서 장로는 그 사회의 가치관을 정면으로 배신하는 사람이 되어야 합니다. 세상의 시선으로 보더라도 책망할 것이 없는 사람이 되어야 했습니다. 교회 안의 성도들의 삶 역시 마찬가지입니다. 나이가 많든 적든, 남자든 여자든, 종이든 주인이든, 지도자든 교인이든, 그들은 우선 자신들이 '그리스도인'이라는 정체성을 잊지 않아야 합니다. 그리스도인답게 살아가야 합니다. 이 세상 정욕을 다 버리고 신중함과 의로움과 경건함으로 살아가야 합니다. 자기 지식과 힘과 재물이 아닌 하나님의 은혜를 의지할 때만 그렇게 살아갈 수 있습니다. 왜 그렇게 살아야 합니까? 왜 그렇게 은혜를 부어 주시는 것입니까? 그렇게 세상 그 무엇보다 하나님 나라를 소망하는 사람이 되어, 이 세상에 하나님 나라를 만들고 다스릴 백성을 낳는 것이 구속의 목표이기 때문입니다.

"우리를 깨끗하게 하사 선한 일을 열심히 하는 자기 백성이 되게 하려 하심이라"(딛 2:14).

놀랍게도 디도서 어디에도 하나님이 우리를 부르고 구속하신 것이 한 사람이라도 더 전도해서 교인 수를 늘리게 하기 위해서라고 말하는 구절이 없습니다. 구원은 단순히 '입술로 예수를 고백하는 사람'이 되는 문제가 아니기 때문입니다. 그것이 구원이었다면, 유일신에 대한 확고한 신앙 고백이 있었던 그레데의 유대인들이야말로 하나님의 백성으로 손색이 없었을 것입니다. 심지어 유대인 출신의 그리스도인들로서 유대인의 허탄한 이야기를 받아들여 진리와 섞은 자들을 쉽게 용납할 수 있었을 것입니다. 하지만 그들은 "하나님을 시인하나 행위로는 부인하니 가증한 자요 복종하지 아니하는 자요 모든 선한 일을 버리는 자"(딛 1:16)라는 책 망을 들었습니다. 그리스도를 믿는다고 말하는 것만으로는 충분하지 않 습니다. 어떤 그리스도를 믿는가, 어떻게 믿는가를 바울은 따져 물었습 니다. 누가 그리스도인이기 때문입니까? 행위로 자기 신앙을 인정하는 자, 진리에 복종해서 그것을 인격에 새기고 삶에 옮기는 자, 그리고 모든 선한 일, 즉 하나님의 뜻을 행하는 자가 그리스도인이기 때문입니다.

구원이란, 기준선을 넘으면 얻을 수 있는 어떤 것이 아닙니다. 그것은 새로운 관계 속으로 들어가는 것입니다. 새로운 다스림이나 통치 아래로 들어가는 것입니다. 주인을 바꾸고, 삶의 근원을 바꾸는 일입니다. 따라 서 충성을 고백하고 충성하지 않는 것은 거짓 관계일 뿐, 그것은 처음부 터 구원이 아닙니다.

본문은 그처럼 부르심에 합당하게 선한 일을 열심히 하는 하나님의 특 별한 백성이 세상에서 어떤 모습으로 살아야 하는지를 말씀합니다. 즉 하늘의 뜻이 이 땅에서도 이뤄지도록 하는 일을 인생의 궁극적인 소명으 로 여기며 사는 사람이 세상 사람들 앞에서, 또 특별히 우리에게 왕 노릇 하려고 하는 세상의 권력 앞에서 어떻게 살아야 하는지를 설명하고 있는 것입니다. 그것이 본문 1-2절입니다. 그리고 3-7절까지는 왜 우리가 그 런 식으로 살아야 하는지 그 근거를 제시합니다. 그러니까, 디도서 2장 1-10절이 공동체 안에서 성도들이 보여야 할 긍정적인 삶의 태도를 말 하고 11-14절이 그 근거를 말했다면, 이번에는 성도들이 세상과의 관계 에서 버리고 멀리해야 할 부정적인 태도를 말하고, 뒤이어 그 신학적인 근거를 제시하는 것입니다.

2:1-10	공동체 안에서 바른 관계를 권면하다	A
2:11-14	신학적인 근거를 제시하다	B
3:1-2	세상과의 관계에서 바른 태도를 권면하다	A'
3:3-7	신학적인 근거를 제시하다	B'

이 세상의 상식에 기대어 권면하지 않고, 세상을 향한 그리스도인의 태도가 우리가 받은 구원, 우리의 바뀐 신분, 우리만 갖고 있는 소망의 입장에서 볼 때 어떠해야 하는지를 말한 것입니다. 첨예한 정치적 이슈가 대두되고 거기에 대해서 다양한 의견들이 존재할 수 있지만, 기본적으로 그리스도인들은 그런 판단의 배후에 혹은 기저에 다음의 질문이 있어야 합니다. '어떤 목적을 위해서 우리가 구속을 받았는가?' '우리는 무엇을 위해서 이 세상에 살도록 보냄을 받고 새로운 기회를 얻었는가?' 이런 질문을 던져야 우리가 특정 이데올로기나 특정 집단의 이익을 위해서 무분별하게 이용당하거나 도에 넘는 기대를 품지 않을 수 있습니다. '왜 나는 이런 정책이나 인물에 대해서 찬성이나 반대를 하는가?' '왜 나는 복종해야 하고, 혹은 불복종을 선택해야 하는가?' 그러고도 우리는 다른 선택을 할 수 있지만, 적어도 자신의 결정에 대해서 신학적인 정당성을 묻지 않으면 그리스도인다운 선택이라고 말할 수 없습니다.

세상과 권력에 대한 그리스도인의 태도(1-2절)

바울은 본문 1절에서 정치권력에 대해 우리가 어떤 입장을 취해야 하는
지를 말하고, 2절에서는 세상 일반에 대해 합당한 그리스도인의 태도를
말하고 있습니다. 1-2절은 한 문장인데, 본동사는 2절 끝에 나오는(원문
에는 1절의 맨 처음에 나오는 단어다) '기억하게 하라'(휘포밈네스케, Ὑπομίμνησκε)입니
다. 그러고는 일곱 가지 기억해야할 것을 소개하고 있습니다(다섯 개의 부정
사[부정사 '에이나이'에 두 형용사 '다투지 말며'와 '관용하며'가 걸림] + 한 개의 분사).

 '기억하게 하라'고 한 것을 보면, 바울이 독자들에게 처음 한 말은 아닌
게 분명합니다. 그들이 듣고도 잊은 것입니다. 이스라엘 역사에서도 망
각(忘却)이 멸망(滅亡)의 원인이었습니다. 부당한 정치권력을 통해 사탄이
악을 행하는데도 그가 주는 달콤한 약속에 빠져 자신이 사탄에게 당한
역사를 잊어버리고, 하나님이 그들을 구원하신 역사도 잊어버린 것입니
다. 설교자와 교사의 역할이, 교회 공동체에서 장로의 역할이 중요한 이
유가 이것입니다. 그들은 '옛 진리를 새롭게 하고, 진부하게 보이는 진리
를 신선하게 하도록' 세워진 자들입니다. 또한 낯익은 진리를 낯설게 보
이게 하고, 책 속의 진리를 삶 속의 진리로 만들며, 호흡 없는 정보가 아
니라 살아서 역사하는 생명력 있는 인격으로 변화시키도록 공동체에 의
해 세움 받은 존재들입니다. 기록은 기억을 위해 존재하기 때문입니다.

권력에 대해서(1절)
먼저 권력에 대해서 그리스도인들은 어떤 태도를 보여야 합니까?

"너는 그들로 하여금 통치자들과 권세 잡은 자들에게 복종하며 순종하며 모든 선한 일 행하기를 준비하게 하며"(딛 3:1).

세 가지를 기억하도록 도우라고 합니다. 복종하도록 기억하고, 순종하도록 기억하고, 선한 일 행하기를 준비하도록 기억하라는 것입니다. 여기 구원받은 자의 '복종'(휘포탓소, ὑποτάσσω)과 '순종'(페이다르케오, πειθαρχέω)과 '선한 일 행하기를 준비함'은 디도서 1장 10-16절의 거짓 교사들의 첫 항목인 '불순종'(10절, 안위포타크토이, ἀνυπότακτοι)과 마지막 두 항목인 '불복종'(아페이데스, ἀπειθής)과 '선한 일을 버림'(16절)과 대조됩니다.

복종하고 순종하라

복종하는 것과 순종하는 것이 서로 다른 것 같지는 않습니다. 하지만 두 번 거듭 반복하는 것을 보면, 특히 그레데 그리스도인들에게는 통치자들과 권세 잡은 자들에게 복종하는 것이 그리스도인들을 세상 사람들과 구분하는 중요한 특징이 되고 있음을 알 수 있습니다. 실제로 바울은 그레데 사람들의 특징을 '불순종하고 복종하지 않는' 것으로 묘사합니다 (딛 1:10, 16 참조). 역사적으로도 그레데에는 '폭동, 살인, 격전' 등이 끊이지 않았으며, 주전 67년 로마가 그레데를 정복한 후 식민지에서 벗어나기 위한 저항이 바울 시대까지 지속되었던 곳입니다.[9]

여기 복종의 대상으로 언급하는 '통치자들과 권세 잡은 자들'은 같은 대상을 가리킬 것입니다. 아마도 그리스도인들 중에 그리스도를 왕으로

---

9 플라비우스는 "그레데의 사람들보다 더 믿을 수 없는 개인 행위와 부당한 대중 정책을 발견하는 것은 거의 불가능하다"라고 말하고 있다(185; Hist.6.47.5; 참조. Ellicott, 190).

디도여, 교회를 부탁하오

고백하는 자들은 황제가 다스리는 나라에 순종하지 않아도 된다고 생각하는 이들이 있었을지 모릅니다. 그런데 바울은 복종하고 순종하라고 말합니다. 이는 아내는 남편에게 복종하고, 종들은 자기 상전들에게 범사에 순종해서 기쁘게 하라고 권면했던 것(딛 2:5, 9 참조)과 비슷한 맥락입니다. 하지만 바울은 여기서 그 이유를 설명하지 않습니다. 아마 이미 말했기 때문일 수도 있고, 본문 3절 이하에 그 이유를 밝히기 때문일 수도 있습니다.

하지만 바울은 로마서 13장에서 그 이유를 이렇게 설명하고 있습니다.

"각 사람은 위에 있는 권세들에게 복종하라 권세는 하나님으로부터 나지 않음이 없나니 모든 권세는 다 하나님께서 정하신 바라 그러므로 권세를 거스르는 자는 하나님의 명을 거스름이니 거스르는 자들은 심판을 자취하리라 다스리는 자들은 선한 일에 대하여 두려움이 되지 않고 악한 일에 대하여 되나니 네가 권세를 두려워하지 아니하려느냐 선을 행하라 그리하면 그에게 칭찬을 받으리라"(롬 13:1-3).

왜 국가 권력에 순복해야 한다고 합니까? 국가 권력에 대한 복종은 하나님에 대한 복종의 다른 표현이기 때문입니다. 그런 점에서 충성스럽게 복종해야 하지만, 동시에 그것은 절대적인 복종이 될 수 없습니다. 국가의 명령과 하나님의 뜻이 배치되면 당연히 더 위에 있는 권력에 순종하기 위해 그런 불의한 정권이나 권력의 요구에는 단호히, 그러나 지혜롭게 거부해야 합니다.

베드로의 설명도 보십시오.

"인간의 모든 제도를 주를 위하여 순종하되 혹은 위에 있는 왕이나 혹은 그가 악행하는 자를 징벌하고 선행하는 자를 포상하기 위하여 보낸 총독에게 하라"(벧전 2:13-14).

베드로는 국가의 역할을 악을 징벌하고 선을 장려하는 일로 보고 있습니다. 물론 하나님 앞에서 악한 것이 국가에게도 악이 되는 것은 아닙니다만 일반적으로 그렇습니다. 하지만 국가가 하나님이 위임하신 본연의 기능을 상실하고 한 특정 집단의 이익을 대변하거나 사적인 이익을 취하기 위해 사람들의 권익을 무시한다면, 그리스도인은 그 권력에 순복할 이유가 없습니다. 우리는 가이사와 주님을 동시에 섬길 수 없기 때문입니다. 예루살렘에서 베드로가 실제로 그렇게 했습니다.

"이르되 우리가 이 이름으로 사람을 가르치지 말라고 엄금하였으되 너희가 너희 가르침을 예루살렘에 가득하게 하니 이 사람의 피를 우리에게로 돌리고자 함이로다 베드로와 사도들이 대답하여 이르되 사람보다 하나님께 순종하는 것이 마땅하니라"(행 5:28-29).

하지만 국가가 본연의 역할에 충실하면, 그리스도인들은 심지어 국가를 위해서 기도해야 한다고 말합니다.

"그러므로 내가 첫째로 권하노니 모든 사람을 위하여 간구와 기도와 도고와 감사를 하되 임금들과 높은 지위에 있는 모든 사람을 위하여 하라 이는 우리가 모든 경건과 단정함으로 고요하고 평안한 생활을 하려 함이라 이것이 우리 구주 하나님 앞에 선하고 받으실 만한 것이니"(딤전 2:1-3).

과연 현재의 공권력은 하나님의 정의와 공의를 잘 대행하고 있습니까? 그렇다면 지지해야 하고, 그렇지 않다면 우리는 무너지도록 기도해야 합니다.

디도여, 교회를 부탁하오

권위에 복종하는 것의 중요성

바울은 아내가 남편에게, 자식이 부모에게, 종이 상전에게, 국민이 국가 권력에게 순종하는 것이 순리라고 말합니다. 아내와 자녀와 종과 국민의 입장에서는 쉽게 수긍할 수 없는 기득권 중심의 논리로 보일 수도 있습니다. 우리 시대에는 복종과 순종은 늘 나쁜 것이고 자기 자신을 주장하는 일은 좋은 것이라는 생각이 지배적이기 때문입니다. 그런데 복종이나 순종이 정말 치욕스럽고, 그래서 늘 저항할 일입니까? 늘 자존심 상할 일입니까? 그것은 엄연히 사실이 아닙니다. 존경받는 사람의 지시를 받아 일할 때는 흥이 나고 즐겁습니다. 나이의 많고 적음이나 지위의 높고 낮음이 중요하지 않습니다. 추구할 만한 가치가 있는 것을 보여 주면 그것에 설득되고 내 생각을 항복시키는 일은 참으로 유쾌합니다.

중요한 것은 내가 지시를 하느냐 지시를 받느냐가 아닙니다. '무슨' 일을 하도록 지시를 받고, '무슨' 일을 하도록 지시를 하느냐가 중요할 뿐입니다. 어떤 자리나 직급보다 더 중요한 것은 그 자리가 무엇을 위한 자리인가 하는 것입니다. 이 세상에 처음부터 끝까지 지배하고 명령만 하는 사람은 거의 드뭅니다. 누구든지 어떤 권세 아래서 복종하기도 하고, 다른 누군가에게 영향력을 끼치는 리더의 자리에 있기도 합니다. 그래서 리더십(leadership)만큼 중요한 것이 팔로우십(follow-ship)입니다. 잘 인도하는 사람으로 키우는 것만큼 중요한 것은 잘 따르는 사람으로 양육하는 일입니다. 팔로우십이 좋은 사람이 좋은 리더(leader)가 될 수 있습니다.

정치라는 말이 그렇듯이 지배나 통치 또한 원래 부정적인 의미는 아닙니다. 관리하고 돌보고 책임을 져 주는 참 좋은 일입니다. 하나님이 세상을 지으신 후 '지배하고 다스리라'고 인간에게 명하셨는데, 이 명령도 사실은 하나님이 주신 것을 잘 가꾸고 돌보라는 의미지, 우리 마음대로 이 세상을 개발하고 사용해서 황폐하게 만들라는 의미는 아닙니다.

하나님은 왜 인간을 이처럼 지배와 복종의 구조 아래서 살도록 하셨을까요? 왜 우리는 가정에서, 직장에서, 교회에서 그리고 국가와의 관계에서 복종하고 살도록 질서를 부여받았을까요? 이것이 다 '내 자아를 죽이고 복종하는 훈련'의 일환이기 때문입니다. 눈에 보이는 사람들에게 '나'를 주장하기보다는 '나'를 포기하고 이타적인 삶이나 공동체 지향적인 삶을 살도록 훈련시킴으로써 눈에 보이지 않는 하나님에게 복종하는 훈련을 하게 하신 것입니다. 실제로 지배하고 다스리고 힘이 있는 사람일수록 하나님을 찾지 않습니다. 세상에서 성공한 사람일수록 하나님을 더 찾지 않습니다. 하나님은 지금도 우리에게 예수님의 섬김과 복종으로 친히 본을 보이신 그 십자가를 요구하고 계십니다. 예수님이 십자가에 달리기 위해 먼저 자신의 생각을 버리고 하나님의 명령에 순종하셨던 것같이, 우리도 우리의 자아를 십자가에 못 박아야 할 것입니다. 그렇게 해서 주님을 경외하는 마음으로 남편도, 상전도, 국가도 섬기는 것입니다.

모든 선한 일 행하기를 준비하라

계속해서 바울은 '모든 선한 일 행하기를 준비하게 하라'고 권면합니다 (딛 3:1 참조). 목적어는 안 나오지만, 문맥상 국가가 하는 선한 사업에 동참하라는 뜻일 것입니다. 믿지 않는 사람들을 위한 일이라도 그것이 공공의 유익을 도모할 때는 언제든 동참할 준비를 해야 합니다. 우리 시대로 말하면, 차별을 철폐하고, 정의를 세우고, 불평등을 해소하고, 공의를 집행하고, 환경을 보호하고, 범세계적인 빈곤이나 전쟁 등의 문제를 해결하는 일을 정부가 시행할 때, 정파의 이익을 뛰어넘어 적극 협력해야 한다는 의미일 것입니다. 부모들은 학교 자치회에도 참여하고, 아이들이 우리 지역의 농산물로 급식을 할 수 있도록 의견을 내는 일도 해야 합니다. 아파트 자치회 회장으로 아파트 재정 비리를 바로잡은 지인이 있습니다. 정치가 썩었다고 정치에 무관심하거나 혹은 정치에 참여하는 것을 금기시하는 것은 바람직하지 않습니다. 때로는 교회를 하나 더 세우는 것보다 아이들과 지역의 주부들을 위한 쉼터나 장애인 고용 업체를 하나 더 만들고, 지역을 위한 공부방이나 재활 센터를 하나 더 개척하는 것이 하나님이 더 좋아하실 일인 경우도 있을 것입니다. 이것들이 바울이 말하는 '모든 선한 일'에 속하는 일들입니다. 하지만 '모든'이라는 표현 때문에 이것이 단지 국가 시책과 관련한 시민으로서의 행동에만 국한되지는 않는다고 말할 수 있을 것입니다.

세상 속에서 그리스도인의 태도(2절)

그렇다면 국가 권력만이 아니라 믿지 않는 세상을 향해서 그리스도인은 어떤 자세로 살아야 할까요? 당연히 우리는 세상이 살고 있는 방식과 대조적으로, 대안적으로, 필요에 따라서는 대항적으로 살아야 합니다. 바울은 이것을 어떻게 표현하고 있습니까?

"아무도 비방하지 말며 다투지 말며 관용하며 범사에 온유함을 모든 사람에게 나타낼 것을 기억하게 하라"(딛 3:2).

총 네 가지를 당부하는데 각각 부정적인 것과 긍정적인 것을 두 가지 씩 말해 주고 있습니다. 아무도 비방하지 말라, 다투지 말라, 관용하라, 범사에 온유함을 모든 사람에게 나타내라는 것이 그것입니다.

비방하지 말라

'비방하지 말라'(블라스페메오, βλασφημέω)는 이 단어는 주로 신성모독적인 발언을 하는 것에 쓰입니다. 바울은 하나님은 물론이고 '아무도'(메데나, μηδένα) 비방을 받아서는 안 된다고 말합니다. 그리스도인은 아무 근거 없이 아무에게나 비방하지 말아야 한다는 것입니다. 이는 누구에게든지 지혜 없이 '대항하는 말'을 하지 말라는 뜻입니다. 그 사람이 내게 악담을 퍼붓고 억울한 일을 당하게 하더라도 그 사람이 하는 나쁜 말로 대응하지 말라는 뜻입니다. 그 사람을 '하나님처럼' 대할 때 우리는 함부로 지체를 비방하지 않을 것입니다. 하지만 당연히 그것이 죄와 불의에 침묵하라는 뜻은 아닐 것입니다. 바울도 이미 앞에서 그레데의 대적자들을 호되게 비판한 바 있습니다(딛 1:10-16 참조). 온유하신 예수님의 분노를 기억한다면 우리가 둘 사이에 어떻게 균형을 이루며 지혜롭게 처신할지를 배워야 할 것입니다.

다투지 말라

성도는 또한 다투지 말아야 합니다. 이는 평화를 추구하라는 뜻입니다. '오직 관용하며 다투지 말아야' 한다는 이 조건은 바울이 장로들의 자질로 요구하는 것이기도 합니다(딤전 3:3 참조). 그리고 뒤에 구체적으로 '율법

디도어, 교회를 부탁하오

에 대한 다툼'을 피하라고 이야기하고 있습니다(딛 3:9 참조). 불필요한 싸움이나 투쟁에 관여하지 말라는 것입니다. 특별히 이기적인 목적에서 성도가 지나치게 논쟁적이거나 호전적인 사람이 되는 것은 문제입니다. 하지만 모든 일에 순응하는 순둥이가 되라는 뜻은 아닙니다. 그것은 정의는 외면한 채 권력자들의 심기를 거스르지 않음으로써 사적인 이익만을 취하려는 비겁하고 불의한 태도입니다. 정당한 절차를 밟고 불의에 대해서는 집요하게, 전문성을 발휘해서 싸울 줄 알아야 합니다. 그러나 "예수 믿는다는 사람들같이 지독한 사람은 없다"는 말을 듣는 방식으로 다투어서는 안 됩니다. 큰 불이익이 아니라면 그리스도를 위해서 져 주는 선택도 해야 할지 모릅니다.

하지만 나의 이익보다 타인의 안전과 권리를 위해서 싸운다면, 고단하고 힘겹지만 참으로 의로운 일이 될 것입니다. 세월호의 진상규명을 위한 전문가들의 노력, 최고 권력자의 부정부패를 엄단하기 위한 촛불 집회와 위안부 할머니들과 동조하는 수요 집회, 부당한 노동자 탄압에 맞선 다툼, 학생들을 죽음으로 몰아넣는 지나친 경쟁 위주의 입시 제도와 교육 과정을 바꾸기 위한 노력, 차별과 혐오의 문화와 맞서는 싸움, 언론의 자유를 얻기 위한 목소리 등은 때로 불편하고 거북하게 보일 수도 있지만 본질상 참으로 거룩한 투쟁입니다. 평화로운 평화는 평화가 아닙니다. 불의에 저항해서 얻은 평화만이 진정한 평화입니다. 불의한 강자에게 굴종해서 얻는 로마의 평화는 진짜가 아닙니다. 불의와의 싸움 끝에 얻은 평화가 진정한 평화입니다.

관용하라

바울은 적극적으로는 관용하고 온유하라고 합니다. '관용하다'(에피에이케스, ἐπιεικής)라는 것은 '은혜롭다', '온유하다', '친절하다'는 뜻입니다. '다투지 않다'라는 말과 동전의 양면과도 같은 관계에 있는 성품으로 보입니다.

온유하라

마지막으로 성도는 세상을 향해 온유함(프라우테스, πραΰτης)을 나타내도록 (엔데이크뉘미, ἐνδείκνυμι) 가르치라고 권면합니다. 그것도 '범사에'(파산, πᾶσαν), 그리고 '모든 사람에게'(프로스 판타스 안쓰로푸스, πρὸς πάντας ἀνθρώπους), 즉 믿는 자와 믿지 않는 자 모두에게 나타내라고 합니다. 우리가 알듯이 이 온유함(엡 4:2; 골 3:12 참조)은 성령의 열매 가운데 하나입니다(갈 5:23 참조). 이것은 자기가 중요하다는 생각에 지나치게 사로잡히지 않은 채 사람을 대하는 태도입니다. 이는 하나님이 일하시기 편한 그릇으로 준비되는 것을 의미합니다. 아무리 사소한 일이라도, 아무리 악하더라도 도저히 인간적으로는 용서가 안 되는 일을 당했다 하더라도, 하나님에게 맡기고 우리의 방법으로 처리하려고 하지 않는 태도를 말합니다. 그것은 앞서 말한 관용의 다른 얼굴입니다.

바울이 자신에게 큰 근심을 준 고린도교회에게 나아갈 때 품었고 품기 원했던 마음이 이 온유함입니다(고전 4:21; 고후 10:1; 딤후 2:25 참조). 그는 또한 '저주를 받을지어다'라는 독설로 갈라디아교회를 향해 권면을 시작했으면서도 끝날 때는 "사람이 만일 무슨 범죄한 일이 드러나거든 신령한 너

디도여, 고회를 부탁하오

희는 온유한 심령으로 그러한 자를 바로잡고"(갈 6:1)라는 권면으로 끝내고 있습니다. 더 나아가 베드로는 공동체 안의 반대자들에게 온유할 뿐만 아니라 여기 디도서처럼 성도들을 핍박하는 교회 밖을 향해서도 온유함을 유지하라고 당부하고 있습니다.

"또 너희가 열심으로 선을 행하면 누가 너희를 해하리요 그러나 의를 위하여 고난을 받으면 복 있는 자니 그들이 두려워하는 것을 두려워하지 말며 근심하지 말고 너희 마음에 그리스도를 주로 삼아 거룩하게 하고 너희 속에 있는 소망에 관한 이유를 묻는 자에게는 대답할 것을 항상 준비하되 온유와 두려움으로 하고"(벧전 3:13-15).

이렇게 비방하지 않고 다투지 않고 관대하고 온유한 그리스도인의 삶은 디도서 1장에서 묘사하는 그레데 사람들, 즉 불신 세상과 정반대의 모습입니다(딛 1:10-16 참조). 그들은 헛된 말을 하고, 속이고, 더러운 이득을 위해 마땅치 않은 것을 가르칩니다. 그들은 마음과 양심이 더러워지고, 복종하지 않고, 모든 선한 일을 버린 자들이었습니다. 무슨 뜻입니까? 그리스도인들은 윤리적이고 도덕적인 기준으로 볼 때도 세상보다 더 정직하고, 깨끗하고, 온유하고, 인내하고, 때로는 손해를 무릅쓰고, 겸손하고, 정중해야 한다는 뜻입니다. 그렇게 어려운 일을 어찌 우리가 노력한다고 되겠습니까? 바울은 "모든 사람에게 구원을 주시는 하나님의 은혜"(딛 2:11)가 나타나야 그렇게 살 수 있다고 이야기합니다.

근거(3-7절)

바울은 본문 3-7절에서 우리가 불의한 세상과 세상 권력을 향해서 그와 같은 태도를 보여야 하는 이유를 말해 줍니다. 1-2절의 신학적인 근거를 제시하는 것입니다. 그래서 원문은 '왜냐하면'(가르, γάρ)으로 시작합니다. 이것은 그렇게 살아야 하는 근거일 뿐만 아니라 그렇게 살 수 있는 근거를 제시하고 있습니다. 디도서 2장 11-14절이 2장 1-10절까지의 근거였던 것과 같습니다. 앞에서는 삶의 모습은 길게 말하고(2:1-10) 그 근거는 짧게 말했다면(2:11-14), 이번에는 반대로 삶의 모습은 짧게 말하고(3:1-2) 그 근거는 아주 길게 말하고 있습니다(3:3-7).

우리가 통치자와 권세자들에게 복종하고 그들에게 관대하고 온유해야 하는 이유를 3절에서는 우리도 과거에 그와 같은 사람이었기 때문이라고 말합니다. 그리스도의 은혜를 받기 전에는 우리도 스스로는 어쩔 수 없는 존재였다는 것입니다. 나를 괴롭히며 못살게 굴고, 나를 등쳐먹고, 내 가슴에 대못을 박는 저 못되고 야속한 사람과 별로 다르지 않았다는 것입니다. 또 4-7절에서는 우리가 은혜를 받은 사람이기 때문이라고 말합니다. 믿지 않는 자들을 향한 권면은 바로 하나님이 우리에게 베푸신 은혜의 방식이었던 것입니다. 은혜에 합당한 삶이었던 것입니다. 특별히 주님이 우리에게 성령을 풍부하게 부어 주셨으니, 우리가 그 성령을 의지하면 그렇게 살 수 있다는 것입니다. 우리가 받은 하나님의 긍휼과 사랑과 은혜를 은혜 받기 전 우리의 모습과 다를 바 없는 세상 사람들에게 베풀라는 것입니다.

구원이 필요한 상태(3절)

주님을 만나기 전에 우리는 어떤 상태였습니까? 한마디로 하나님을 모르는 그레데 사람들과 다를 바 없는 상태였습니다.

"우리도 전에는 어리석은 자요 순종하지 아니한 자요 속은 자요 여러 가지 정욕과 행락에 종노릇한 자요 악독과 투기를 일삼은 자요 가증스러운 자요 피차 미워한 자였으나"(딛 3:3).

어리석고 순종하지 않았다

우리도 전에는 어리석고 순종하지 않았습니다. '전에는'(포테, ποτε)은 그리스도를 알기 전입니다. 그래서 그리스도의 구속 혹은 속량의 은총이 우리에게 미치기 전을 가리킵니다. 여기서 바울은 '우리도'(카이 헤메이스, καὶ ἡμεῖς)를 강조하고 있습니다. 우리도 도저히 용서하기 어려운 저 불신자들과 다를 바가 없었다는 말을 하고 싶은 것입니다. 이런 식의 대조를 바울의 서신에서 종종 볼 수 있습니다(롬 6:17-18; 고전 6:9-11; 엡 2:1-10, 4:17-18; 골 3:7-8 참조). 그때 우리의 상태를 다양하게 표현하고 있습니다. 우리는 지혜 없이 어리석었습니다(아노에토스, ἀνόητος). 피조물이 창조주를 인정하지 않았으니 그것만큼 어리석은 것이 무엇이겠습니까? "어리석은 자는 그의 마음에 이르기를 하나님이 없다 하는도다"(시 14:1)라고 시편 기자는 말했습니다. 그러니 당연히 순종할 수 없는 것입니다(아페이쎄스, ἀπειθής). 지금 공동체를 어지럽게 하는 거짓 교사들과 다를 바 없었습니다(딛 1:16 참조).

속은 자요 여러 가지 정욕과 행락에 종노릇한 자였다

'속다'(프라노베노이, πλανώμενοι)는 수동태 분사이고, 종노릇하다(둘류온테스, δουλεύοντες)는 의미상 수동적인 상태를 가리킵니다. 둘 모두 스스로 자신을 통제할 수 없는 상태를 나타냅니다. 자기 욕망에 속았고, 자기 확신에 속았습니다. 사탄에게 속았습니다(딤전 1:20 참조). 하나님을 떠나 자유롭고 싶었지만, 도리어 자기 욕망에 사로잡혔습니다. 내가 왜 이것을 바라는지도 모르면서 그냥 바라면서 살았습니다. 왜 내가 이렇게 열심히 살고 있는지도 모르면서 열심히 살았습니다. 마치 햄스터가 의미 없이 제자리를 쳇바퀴 돌고 있는 것처럼 말입니다. 사탄에게 속았습니다. 유혹에 넘어갔습니다. 아니, 내가 나를 속였습니다. 지나치게 내 자아를 긍정하고 부풀려서 스스로의 성과로 나 자신의 가치를 증명하려 했고, 이를 위해서 나 스스로 포로수용소를 만들어 내가 포로도 되고 감독관도 되었습니다. 그러다 결국 탈진과 우울증에 빠졌습니다.

여기서 '정욕'(에피쒸미아, ἐπιθυμία)은 디도서 2장 12절에서처럼 중립적인 단어지만 '행락'(헤도나이스, ἡδοναῖς)이라는 부정적인 단어와 나란히 놓임으로써 탐욕(lust)의 의미로 쓰이고 있습니다. 특히 이 두 단어 모두를 수식하는 '여러 가지'(포이키라이스, ποικίλαις)는 그들이 얼마나 다양한 영역에서 철저하게 세속에 포박당한 상태였는지를 보여 주며, 이는 인간 스스로 빠져나올 수 없는 무기력한 상태였음을 보여 줍니다. 그것을 한마디로 '종노릇했다'(둘류온테슨, δουλεύοντες)라고 표현합니다. 이 역시 의미상으로는 수동형입니다. "모든 사람에게 구원을 주시는 하나님의 은혜"(딛 2:11)가 나타나야 하는 이유가 여기에 있습니다.

악독과 투기를 일삼는 자였다

타인에게 악이 임하기를 빌었고, 또 타인의 선은 갖고 싶어 탐냈습니다. 그런데 사람들이 '악한 짐승'이었다면, 바울도 그리스도를 알기 전에는 '악독' 가운데 생활했습니다. '투기'(프쏘노스, φθόνος)는 바울의 대적자들의 특징이기도 하지만(딤전 6:4 참조), 여기서는 일반적인 사람들에 대해서 말하고 있습니다.

가증스러운 자요 피차 미워한 자였다

'가증하다'(스튀게토스, στυγητός)는 신약에서 여기에서만 나오는 단어입니다. 이는 타인에게 혐오감을 주는 추악한 행실을 말합니다. 그는 하나님에게나 사람에게 역겨운 존재입니다. 그런데 하나님을 몰랐을 때 우리가 그랬습니다. 피차 사랑하기보다는 경쟁하고 전쟁하고 미워했습니다 (미스운테스 알렐루스, μισοῦντες ἀλλήλους). 서로가 운명 공동체로 엮여 있다는 것을 몰랐습니다. 그가 복이 되지 않고는 내게도 복이 없다는 것을 몰랐고, 그를 향한 미움이 곧 나를 향한 미움이 된다는 것도 몰랐습니다.

어떻습니까? 바울은 그리스도인이 갖추어야 할 모습(딛 3:1-2)과 우리의 이전 모습(딛 3:3)을 의도적으로 대조하고 있지 않습니까? 복종과 어리석음, 순종과 불순종, 선한 일을 하려고 준비하는 마음과 악에 사로잡힌 마음, 친절함과 평화와 사랑의 마음과 악독과 투기, 겸손과 온유와 악함과 미워함이 그것입니다. 바울도 에베소의 장로로 있는 디모데에게 선한 싸움을 싸우라고 했습니다. 임금들과 높은 지위에 있는 사람들을 위해

기도하라고 했습니다. 왜 그래야 한다고 했습니까? 이때 바울은 여기에 서처럼 예수님을 알기 전 자기 자신의 과거에 대해서 소개합니다.

"내가 전에는 비방자요 박해자요 폭행자였으나 도리어 긍휼을 입은 것은 내가 믿지 아니할 때에 알지 못하고 행하였음이라 우리 주의 은혜 가 그리스도 예수 안에 있는 믿음과 사랑과 함께 넘치도록 풍성하였도다 미쁘다 모든 사람이 받을 만한 이 말이여 그리스도 예수께서 죄인을 구원하시려고 세상에 임하셨다 하였도다 죄인 중에 내가 괴수니라 그러나 내가 긍휼을 입은 까닭은 예수 그리스도께서 내게 먼저 일체 오래 참으심을 보이사 후에 주를 믿어 영생 얻는 자들에게 본이 되게 하려 하심이라"(딤전 1:13-16).

바울은 자신도 죄인 중의 괴수였다고 고백합니다. 겸손한 고백도, 자기 비하도 아닌 사실이었습니다. 지금 그리스도인들을 핍박하는 저 권력자의 편에 자신이 서 있었다는 뜻입니다. 그런데 하나님이 자기 같은 사람도 용서하셨으니, 그들도 용서하실 수 있다는 생각으로 기도하라는 것입니다(딤전 2:1-2 참조). 그것이 '선한 싸움'이라고 합니다. 더는 로마 제국이 비느하스의 열정으로 제거하거나 상종하지 않아야 할 대상만은 아니라는 것을 바울도 깨달은 것입니다. 이것은 열정적인 유대인으로 있을 때는 생각도 못했던 세상 권력을 향한 관점이었습니다.

그리스도인이 되었다는 사실은 바울처럼 세상을 향한 우리의 태도에 적잖은 영향을 주어야 합니다. 저는 그것이 정치와 경제와 사회, 혹은 문화를 향한 자신의 관점에 영향을 미쳐야 한다고 생각합니다. 예수님을 믿고 나서도 국수주의적인 애국심을 추종하거나 폭력적인 국가 전복을

디도여, 교회를 부탁하오

꿈꾼다면, 그가 신앙을 가졌다는 데 동의할 수 없습니다. 정치적인 입장이나 경제 정책에 대해서 여전히 계층이나 지역의 이익만을 대변하는 정당이나 지도자를 향해 '묻지 마 지지'를 보내는 것도 심각한 일입니다. 차별과 혐오, 경쟁과 배제, 지역감정이나 엘리트주의를 정당화하는 주장이나 전쟁을 부추기는 발언 등은 신앙인들에게 상상할 수도 없는 것이 되어야 합니다. 권력자나 강자를 자기편으로 삼아 자신의 이해관계를 대변하도록 만들려고 하기보다는, 그들이 누구고 어떤 나라든지 간에 권력자나 특정 정치, 사회, 경제 집단이 하나님의 공의와 정의를 잘 수행하고 있는지를 비판적인 시각으로 바라보아야 할 것입니다.

개인적으로 '광주민주화항쟁'을 여전히 빨갱이들의 국가 전복 시도로 보며 세월호 참사와 그 유가족들에 대한 폄하 발언을 일삼는 이들, 성조기와 이스라엘 국기를 앞세우며 반정부시위를 하는 교회들, 가짜 뉴스를 제작해서 퍼뜨리는 기독교 집단들은 복음을 왜곡하고 선교를 가로막는 주범이라고 믿고 있습니다. 그들 속에서 눈에 보이는 권력자를 향해 절대적인 지지도, 절대적인 배척도 하지 않은 채 늘 깨어 있는 지성과 하나님에게 의탁하는 영성을 겸비했던 사도 바울의 영적 균형 감각을 찾아볼 수 없기 때문입니다.

구원의 원천(4-5a절)

본문 3절은 왜 그들이 구원을 받아야만 했는지 구원의 필요성을 보여 주고 있습니다. 스스로는 죄에 종노릇하던 데서 해방될 수 없는 상태였습니다. 따라서 구원은 늘 외부적인 힘으로만 가능한 사건인 것입니다. 이

제 4절부터 외부의 힘에 의해 우리의 처지가 반전됩니다.

4-7절은 헬라어로는 긴 한 문장입니다. 여기서 본동사는 하나, 곧 5절에 나오는 '그가 구원하셨다'(에소센, ἔσωσεν)입니다. 4-7절의 강조점은 하나님이 우리를 3절의 상태에서 구원하셨다는 것입니다. 이것은 한 개인 안에 일어난 역사이기 이전에 역사 속에 나타난 하나님의 구속 사건을 가리키는 표현들입니다. 게할더스 보스(Geerhardus Vos)는 그의 책 《성경신학》(크리스천다이제스트 역간)에서 이것을 '객관적이고 중심적인 구속 사건'이라고 부릅니다. 그런 사건이 있었기에 모든 시대 사람들 개개인에게 구원 얻는 길('개별적이고 주관적인 구속 사건')이 열릴 수 있었습니다.

4-5a절은 그 구원의 원천이 어디인지 정확히 말해 줍니다.

"우리 구주 하나님의 자비와 사람 사랑하심이 나타날 때에 우리를 구원하시되."

바울은 구원은 하나님이 하셨다고 말합니다. 구원하시는 하나님을 '구주'(소테르, σωτήρ)라고 부르고 있습니다. 이것이 디도서의 특징입니다. 하나님도 구주시고, 예수님도 구주십니다. 1장 3절, 2장 10절에 이어 3장 4절에서도 하나님을 '구주'라고 부르고 있습니다. 당대 로마 제국의 상식과는 달리 구주는 로마의 가이사가 아니라 하나님이십니다. 구주는 로마의 가이사가 아니라 예수님이십니다.

그런데 '구주 하나님이 우리를 구원하셨다'라고 단도직입적으로 표현하지 않고 '우리 구주 하나님의 자비와 사람 사랑하심이 나타났다'고 소개합니다. 여기 '나타나다'(에피파이노, ἐπιφαίνω)라는 동사는 이미 앞에서 쓰인 바 있습니다(딛 2:11, 13 참조). 거기서는 '모든 사람에게 구원을 주시는

디도여, 교회를 부탁하오

하나님의 은혜가 나타났'고 했고, '우리의 크신 하나님 구주 예수 그리스도의 영광이 나타날 것이다'라고 해서 예수님의 초림과 재림을 표현했습니다. 그것 역시 바울 개인의 회심 경험이 아니라, 온 인류를 향한 하나님의 '객관적이고 중심적인 구속 사건'입니다. 그것을 여기서는 '우리 구주 하나님의 자비와 사람 사랑하심이 나타났다'라고 표현한 것입니다. 그렇다면 예수님의 성육신과 그분의 사역, 특히 십자가와 부활과 승천이 바로 가망 없고 가증스런 죄인들을 향한 하나님의 자비와 사람 사랑의 표현이요, 그것이 바로 '은혜'가 의미하는 바라고 설명할 수 있을 것입니다. 그런 점에서 하나님도 구주시고, 예수님도 구주가 되시는 것입니다.

아들 예수님을 죽음에 내어 주신 사건은 하나님의 '자비'(그레스토테스, $\chi\rho\eta\sigma\tau\delta\tau\eta\varsigma$)의 사건입니다. 이는 '선'이라고 번역하는 것이 더 낫습니다(롬 2:4, 3:12, 9:23, 11:22; 엡 2:7 참조). 그것은 '사람 사랑'(필란쓰로피아, $\phi\iota\lambda\alpha\nu\theta\rho\omega\pi\iota\alpha$)의 사건입니다. 이 둘은 하나님에게만 사용할 수 있는 단어가 아닙니다. 신학적인 용어가 아니라 일반적인 용어입니다. 이는 이 하나님의 자비와 사람 사랑이 그것을 받은 성도들에게도 요구되는 자질이라는 것을 말해 주고 있습니다. 바울은 로마서 5장 8절에서 하나님의 사랑과 자비를 이렇게 표현한 바 있습니다.

"우리가 아직 죄인 되었을 때에 그리스도께서 우리를 위하여 죽으심으로 하나님께서 우리에 대한 자기의 사랑을 확증하셨느니라."

그 하나님의 자비와 사랑이 역사 속에 드디어 나타났습니다. 하나님의 긍휼과 은혜의 사건이 일어났습니다. 구원은 그렇게 하나님의 심장에서 출발했습니다. 하나님이 먼저 개입하셨고, 먼저 사랑하셨고, 먼저 주도권을 갖고 우리를 찾아오셨습니다.

포스트모던 시대에, 이성의 시대에 지친 세계인들이 신앙으로 돌아가지 않고 유사 신앙인 뉴에이지(new-age)에 기대고 있습니다. 하지만 뉴에이지는 자력 구원을 추구합니다. 그들은 "네 안을 들여다보라. 자신을 탐구하라. 모든 해답은 네 안에 있다"고 말합니다. 자기 스스로 책임을 지지 못해서 절망하고 있는 인간에게, 정답은 네 안에 있으니 네 자신을 발견하고 의지하라고 주문합니다. 절망하는 네 자신이 문제라고 다그칩니다. 사실 모든 문제가 피조물이 창조주를 떠난 데서 시작되었는데, 그것을 인정하는 것 말고는 모든 것을 다 하고 있습니다. 답은 간단합니다. 나 자신에게 돌아가는 것이 아니라 나를 지으신 하나님에게로 돌아가야 합니다. 나의 제한된 자원이 아니라 그분의 끝도 없는 자원을 의지해서 살아야 합니다. 그 안에서 우리는 진정한 자아 발견을 할 것입니다. 우리 자아가 얼마나 철저하게 관계적인 자아인지, 관계 속에서 진정으로 정의되는 자아인지를 알게 된다는 뜻입니다. 하나님과의 관계를 결여한 내 안에서 연약함, 한계, 임시성, 죄악, 무능을 발견하는 것이 진정한 자아 발견입니다.

구원의 방식 (5b-6절)

하나님의 긍휼하심을 따른 구원

그럼 하나님이 그런 가망 없는 우리를 구원하시는 방법 혹은 수단은 무엇입니까?

"우리를 구원하시되 우리가 행한바 의로운 행위로 말미암지 아니하고

디도여, 교회를 부탁하오

오직 그의 긍휼하심을 따라 중생의 씻음과 성령의 새롭게 하심으로 하셨 나니"(딛 3:5).

바울은 우리의 의로운 행위가 아니라 그분의 긍휼을 근거로 우리가 구원을 받는다고 말합니다. 원문에도 '우리가 행한바'(혼 에포이사멘 헤메이스, ὧν ἐποιήσαμεν ἡμεῖς)에서 '우리'가 강조됩니다. '우리'의 의로운 행위가 아니라, '그분'(예수 그리스도)의 긍휼하심이 구원의 근거라는 것입니다. 여기서 '의로운 행위'는 하나님이 피조물에게 요구하시는 언약적인 의무입니다. 구약에서는 하나님의 백성의 신분을 유지하는 조건이었습니다. 하지만 그것은 하나님의 긍휼하심을 입은 사람들에게 요구하시는 반응일 뿐입니다. 하나님은 손 놓고 계시고 인간이 먼저 대오각성해서 하나님을 찾기를 기대하시는 것이 아닙니다. 하나님은 자신이 먼저 사랑하시고, 긍휼을 베푸시고, 자비를 주시고, 은혜를 퍼부으신 후 인간에게 의로운 삶, 선한 행실, 거룩한 마음을 요구하십니다. 그러니 바울이 로마서에서 강조한 대로, 우리는 아무것도 자랑할 수 없습니다. 긍휼은 스스로 구원할 수 없는 무력한 자에게 주시는 호의이고, 은혜는 구원받을 자격이 없는 자에게 주시는 하나님의 호의입니다. 본문 4-6절을 요약하는 7절에서는 '그의 긍휼하심을 따라'라는 표현 대신에 '그의 은혜를 힘입어 의롭다 하심을 얻어'(디카이오쎈테스, δικαιωθέντες)라고 바꾸고 있습니다. 그분의 긍휼이 곧 그분의 은혜입니다.

중생의 씻음과 성령의 새롭게 하심의 구원

그렇게 사랑과 은혜, 자비와 긍휼을 베푸신 결과 우리 안에는 어떤 변화가 일어납니까? 구원이라는 것은 단지 장소의 이동이나 신분이 바뀌는 것만이 아닙니다. 그것은 '변화'입니다. 그것도 아주 큰 변화입니다. 예수 믿었다고 즉시 우리의 속성이 변하는 것은 아닙니다. 그럼 무엇이 변한 것입니까? 그 변화를 바울은 '중생의 씻음과 성령의 새롭게 하심'이라고 부릅니다. 고든 피(Gordon D. Fee)의 주장대로, 이것은 두 사건이 아니라 한 사건을 가리킬 것입니다. '중생'(팔링게네시아, παλιγγενεσία)은 씻음으로 표현되며, 그것은 '새롭게 하심'과 사실상 동의어로 볼 수 있습니다. 이 모든 것들은 '성령'을 통해서 이루어진다고 말하고 있는 것입니다. 우리에게 일어난 변화는 성령을 통한 중생과 성령을 통한 새롭게 됨입니다. 이것은 신분의 변화요, 그 신분에 걸맞은 사람이 되게 하실 성령님의 내주하심입니다. 그것이 우리에게 일어난 변화입니다.

그때 우리가 해야 할 일은 무엇입니까? 믿음뿐입니다. 그분이 베푸신 은혜를 받아들이는 것입니다. 그분을 영접하는 것입니다. 그것을 중생이라고 부르고, 새롭게 하심이라고 부르고 있습니다. 여기에서 '중생'(팔링게네시아, παλιγγενεσία)은 '거듭남'(아노쎈, ἄνωθεν, 요 3:3 참조)과는 다른 단어이며, 신약성경에서 마태복음과 함께 단 두 번만 나옵니다.

"예수께서 이르시되 내가 진실로 너희에게 이르노니 세상이 새롭게 되어('새로운 세상에서', 엔 테 팔링게네시아, ἐν τῇ παλιγγενεσίᾳ) 인자가 자기 영광의 보좌에 앉을 때에 나를 따르는 너희도 열두 보좌에 앉아 이스라엘 열두 지파를 심판하리라"(마 19:28).

여기서는 예수님이 재림하실 때 나타날 우주적인 중생, 새로움을 가리킵니다. 단지 고장 난 것을 고치는 정도가 아니라 철저한 갱신을 의미하는 단어입니다. '새 창조'(new creation)입니다. 그래서 이것은 바로 다음에 이어지는 '성령의 새롭게 하심'과 크게 다르지 않습니다. 중생처럼 새롭게 하심도 성령이 하시는 일입니다(아나카이노세오스 프뉴마토스 하기우, *ἀνακαινώσεως πνεύματος ἁγίου*). 이 '새롭게 하다'(아나카이노시스, *ἀνακαίνωσις*)라는 단어가 신약성경에 한 번 더 나오는데, 복음(롬 1-11장 참조)에 합당한 삶에 대해 요약해 주는 로마서 12장 2절에 나옵니다.

"너희는 이 세대를 본받지 말고 오직 마음을 새롭게 함으로(테 아나카이노세이 투 누스, *τῇ ἀνακαινώσει τοῦ νοός*) 변화를 받아 하나님의 선하시고 기뻐하시고 온전하신 뜻이 무엇인지 분별하도록 하라."

여기서 '마음을 새롭게 함으로'라고 할 때 마음은 '지성'이나 '세계관'을 의미합니다. 복음이 우리를 어떤 존재로 변화시킵니까? 우리의 마음, 우리의 지성, 우리의 가치관, 세계관이 새롭게 됩니다. 그래서 하나님의 뜻을 잘 분별할 수 있게 됩니다. 그것이 바로 성령으로 새롭게 되는 역사입니다. 중생은 바로 그런 사람으로의 변화를 의미합니다. 그러니까 성령을 통한 우리의 변화는 근본적인 본성의 변화라기보다는 '관점'의 변화, '세계관'의 변화에 가깝습니다. 그 성령의 역사에 점점 나를 맡길 때 내 욕망이 변하고 예수님의 성품이 우리 안에 자리 잡게 될 것입니다.

여기서 '중생의 씻음'은 아마도 새 언약 체결과 성령을 통한 새 마음으로의 변화를 예언한 에스겔서의 말씀을 배경으로 할 것입니다.

"맑은 물을 너희에게 뿌려서 너희로 정결하게 하되 곧 너희 모든 더러운 것에서와 모든 우상 숭배에서 너희를 정결하게 할 것이며 또 새 영을 너희 속에 두고 새 마음을 너희에게 주되 너희 육신에서 굳은 마음을 제

거하고 부드러운 마음을 줄 것이며 또 내 영을 너희 속에 두어 너희로 내 율례를 행하게 하리니 너희가 내 규례를 지켜 행할지라 내가 너희 조상들에게 준 땅에서 너희가 거주하면서 내 백성이 되고 나는 너희 하나님이 되리라"(겔 36:25-28).

선지자는 장차 유배에서 돌아온 백성과 하나님 사이에 새 언약을 체결할 날을 약속해 주고 있습니다. 그것을 '새 영을 마음에 주심으로 하나님의 규례를 지키는 백성으로 새롭게 창조하는 사건'이라고 합니다. 씻음의 사건은 '새롭게 됨'의 사건이며, 특별히 그것은 '마음'이 새로워지는 사건이라고 말하고 있는 것입니다. 그것을 앞에서는 맑은 물을 뿌려서 정결하게 하고, 우상 숭배에서 정결하게 하는 일이라고 표현합니다. 물로 정결하게 하는 이 행동에서 아마 세례 요한과 예수님 그리고 초대교회의 세례가 나왔을 것으로 보입니다. 성령을 통해 우리를 내적으로 새롭게 하시는 사역을 상징적으로 보이는 행위를 '씻음'이라고 부른 것입니다. 따라서 여기 '중생의 씻음'은 '상징적인 의미로서의 세례'를 말하지만, 이는 단지 세례의 행위만을 말하지 않고 그 세례가 실제로 전제하고 있는 '성령을 통한 새롭게 하시는 역사'를 포함하는 이중적인 표현입니다. 그런 점에서 '중생의 씻음'과 '성령의 새롭게 하심'(아나카이노세오스 프뉴마토스 하기우, ἀνακαινώσεως πνεύματος ἁγίου)은 성령을 통한 변화의 두 측면(aspect)을 반영한다고 하겠습니다.

바울은 고린도전서에서도 이와 비슷하게 우리의 구원을 표현합니다.

"주 예수 그리스도의 이름과 우리 하나님의 성령 안에서 씻음과 거룩함과 의롭다 하심을 받았느니라"(고전 6:11).

디도여, 교회를 부탁하오

예수님과 성령의 사역을 다양한 각도에서 설명하고 있습니다. 성령님은 우리가 과거의 자기중심적이고 세상적인 삶을 청산하고, 이제는 예수님을 삶의 주인으로 섬기며 살 수 있도록 돕는 사역을 하신다고 말씀합니다. 그것이 정결하게 씻는 사역이고, 거룩하게 하는 사역이고, 언약에 충실한 '의로운' 백성이 되게 하는 사역입니다. 이는 모두 성령의 사역의 결과입니다.

베드로 사도 역시 '씻음'의 사역을 이렇게 묘사합니다.

"물은 예수 그리스도께서 부활하심으로 말미암아 이제 너희를 구원하는 표니 곧 세례라 이는 육체의 더러운 것을 제하여 버림이 아니요 하나님을 향한 선한 양심의 간구니라"(벧전 3:21).

'씻음'을 여기서는 '물'과 '세례'로 표현하고 있습니다. 세례가 의미하는 진정한 뜻이 무엇이라고 합니까? '하나님을 향한 선한 양심의 간구'입니다. 이것은 한 번의 세례처럼 일회적인 사건이 아니라, 계속적인 과정이라고 말합니다. 세례는 과거의 내가 죽고 부활하신 그리스도에게 새롭게 연합되어 그분의 통치를 받고 사는 것을 의미하기 때문에 지속적인 과정인 것입니다. "나는 날마다 죽노라"(고전 15:31)라고 했던 바울처럼, 우린 날마다 영적으로 세례를 받고 있는 것입니다. 그것은 날마다 '새로워지는' 과정입니다. 그것을 다른 말로 바꿔 말하면, 우리는 날마다 믿음으로 의롭다 함을 받고 있는 것입니다. 이것도 역시 성령을 통해서 가능합니다.

'중생의 씻음'은 과거와의 완전한 결별입니다. 옛 자아에 대한 죽음입니다. 내 정욕과 욕심을 십자가에 못 박는 일입니다. 중생은 그렇게 옛 자아가 죽고 새로운 자아로 태어나는 일입니다. 성령이 그 새롭게 하시는 과정을 주도하십니다. 하나님의 자비와 사람 사랑하심, 그리고 그분의 긍휼을 따라 성령이 역사하셔서 우리의 모든 죄가 용서받고 새로운 가치관을 따라 사는 백성으로 창조되기 시작했다고 바울은 구원을 설명하고 있는 것입니다.

풍성하게 부어진 성령을 통한 구원

그런데 이 성령은 언제 어떻게 우리에게 부어졌습니까? 본문 6절에서 바울은 이렇게 부연 설명하고 있습니다.

"우리 구주 예수 그리스도로 말미암아 우리에게 그 성령을 풍성히 부어 주사"(딛 3:6).

이것은 오순절에 성령을 부어 주셨던 사건을 가리킵니다. '부어 주다'(엑케오, ἐκχέω)라는 동사가 오순절에 성령이 부어지심을 묘사하는 데 쓰이고 있다는 사실이 이것을 보여 줍니다(욜 2:28-32; 행 2:17-18, 33 참조). 4절이 예수님의 탄생과 생애와 죽음과 부활과 승천이라면(하나님의 자비와 사람 사랑하심의 표현으로써), 5-6절은 성령의 강림을 가리킵니다. 이 구속 사건이 우리 개인 안에서 중생의 씻음과 새롭게 하시는 역사를 이루어 낸 것입니다. 성령을 부어 주시되 우리에게('우리 위에', 에프 헤마스, ἐφ' ἡμᾶς) 풍성히 부어 주셨습니다. 성령을 주시는 데는 하나님도 절제력을 잃고 '풍성히'(플루시오스, πλουσίως) 주셨습니다. 이것은 결코 양적인 개념일 리가 없습니다. 성령님은 인격체이시기 때문입니다. 이는 성령의 역사가 직접적이고, 능력 있게, 지속적으로 임하는 시대가 왔다는 뜻일 것입니다. 질적인 풍성함으로 이해할 수 있습니다. 성령의 역사는 우리를 구원으로 부르시

디도여, 고회를 부탁하오

는 그 시점뿐 아니라 하나님의 백성들이 살아가는 동안, 그 구원을 이루어 가는 동안 역사하실 만큼 풍성한 부르심이라는 것을 보여 주는 표현일 것입니다.

그런데 그 성령을 '우리 구주 예수 그리스도로 말미암아'(디아 예수 크리스투 투 소테로스 헤몬, διὰ Ἰησοῦ χριστοῦ τοῦ σωτῆρος ἡμῶν) 부어 주셨다고 합니다. 4절에서는 '하나님'을 '구주'로 묘사했는데, 예수님도 구주로 묘사한 것은 그분의 신성에 대한 더할 나위 없는 주장입니다. 그럼 구주 예수 그리스도로 말미암아 성령을 부어 주셨다는 것은 무슨 뜻입니까? 성령이 또 다른 보혜사로 오신 것은 보혜사 예수님의 성육신과 구속 사건에 근거한 것이라는 뜻입니다. 그 구속 사건을 완성하기 위해서 성령이 '예수의 영'으로, '진리의 영'으로 이 땅에 오셨습니다. 그 진리의 영이신 성령이 충만할 때, 우리는 예수님과 맺은 새 언약에 합당한 백성으로 진리의 말씀을 따라 왕이신 예수님의 다스림에 순종하는 '의로운 백성'이 될 수 있는 것입니다. 우리가 하나님의 백성답게 살고 있다면 그것은 전적으로 성령의 역사의 결과입니다. 하나님의 은혜인 것입니다. 은혜의 학교에서만 가능한 일인 것입니다. 그러니 설령 우리가 의로운 삶을 살았다 하더라도 그것은 당연한 것이지, 상급을 요구할 만한 일은 아닙니다. 하지만 반대로 의로운 삶의 열매, 성령의 열매가 나타나지 않았다면, 사실 성령이 내 안에서 역사하도록 허락하지 않았다는 뜻이 됩니다.

앞에서는 '구주 하나님'의 자비와 사람 사랑하심과 긍휼의 결과로(4-5절) 성령의 새롭게 하시는 역사(5절)가 일어났다고 했는데, 여기서는 '구주 예수님으로 말미암아' 성령을 풍성히 부어 주셨다(6절)고 말하고 있습니다. 바울은 우리의 구원이 성부, 성자, 성령 하나님의 합작품이었다는 것을 말해 주고 있는 것입니다.

그럼 우리는 할 일이 없는 것입니까? 우리는 그 성령을 의지하고 붙들고 사모해야 합니다. 그 성령이 기억나게 하시고 깨우쳐 주시는 대로 말씀에 순종해야 합니다. 그것을 바울은 에베소서에서 어떻게 표현합니까? "술 취하지 말라 이는 방탕한 것이니 오직 성령으로 충만함을 받으라"(엡 5:18). 그것이 명령이라는 것은 무엇을 보여 줍니까? 우리 몫이라는 것입니다. 아무리 성령이 역사하셔도 우리가 거절하고 술과 세상을 택하면, 내 정욕이나 행락을 택하면 성령은 역사하실 수 없습니다. 의로운 행위를 할 수 없고 선한 열매를 맺을 수 없습니다. 성령을 소멸해서는 안 됩니다. 반대로 성령이 내 안에서 자유롭게 역사하시도록 열어야 합니다. 정결해야 합니다. 성령의 처소가 되도록 거룩함을 유지해야 합니다.

구원의 궁극적인 목표(7절)

풍성히 부어진 성령의 역사의 결과가 본문 7절에 나옵니다. 7절은 목적이나 결과를 나타내는 히나(ἵνα) 절인 것이 그것을 보여 줍니다. 그런데 그 구원을 단계적으로 묘사하고 있습니다.

의롭다 하심을 얻는 구원

우선 첫 단계를 7a절에서 이렇게 말합니다. "우리로 그의 은혜를 힘입어 의롭다 하심을 얻어." 앞에서 말한 성령의 씻음, 성령의 새롭게 하심, 성령의 부으심을 '그의 은혜'(테 에케이누 카리티, τῇ ἐκείνου χάριτι)라는 말로 요약하고 있습니다. 이는 앞에서 나온 "우리 구주 예수 그리스도로 말미암아"(딛 3:6)의 다른 표현입니다. 그것은 5절에서 말한 "우리가 행한 바 의로운 행위"와 대조되는 개념입니다. 다시 언급하지만, "오직 그의 긍휼하심을 따라"(딛 3:5)와는 같은 표현입니다. 이것은 그레데교회의 거짓 교사들인 유대주의자들의 주장(딛 1:14-16 참조)을 염두에 둔 표현일 것입니다. 그 결과로 주어지는 구원을 '의롭다 하심'(디카이오쎈테스, δικαιωθέντες)이라고 바울은 정리합니다. 이것은 3장 5절에 나온 '우리를 구원하시되'라는 본동사를 달리 표현한 것입니다. 구원을 언약적인 '의'의 관점으로 설명한 것입니다. 우리가 은혜로 구원받았다는 말은 '의롭다 하심을 입었다'는 말과 같은 것입니다.

여기서 우리가 오해하지 않아야 할 것이 있습니다. 첫째, 칭의는 과거의 사건이고, 성화는 현재의 사건이며, 영화는 미래의 사건이라는 생각입니다. 본문에서 칭의는 구원으로 진입하는 단회적인 사건이 아니라, 구원에 관한 다양한 표현들 중에 하나로 쓰이고 있습니다. 칭의에도 과거와 현재와 미래가 있습니다. 둘째, 이것은 우리가 의롭지 않은데 그냥 의롭다고 선언해 주시는 것이 아닙니다. 주님의 은혜, 성령의 능력, 하나님의 사랑은 우리를 전혀 변화시킬 수 없는 무기력한 은혜가 아닙니다. 그 은혜는 "하나님을 시인하나 행위로는 부인하는"(딛 1:16) 교회 내 거짓 교사들과 다를 바 없는 자들을 만들어 내는 구원이 아닙니다. 우리에게 책임을 물으실 만큼 의의 열매, 성령의 열매, 빛의 열매를 맺게 하는 능력 있는 은혜입니다. 단순한 '신분'의 변화에 그치는 구원이 아니라, 열매 맺는 지속적인 변화를 초래하는 구원입니다. 새로운 관점으로 하나님의 선하시고 기뻐하시고 온전하신 뜻을 분별하면서 사는 삶, 이 세상을 거슬러 사는 삶, 그리하여 우리 몸을 세상이 아니라 하나님이 기뻐하시는 거룩한 산 제물로 드리는 삶을 가능하게 하는 은혜이고 구원입니다. 우리의 의로운 행위로 구원을 받지 않는다는 말과 의로운 행위를 요청하지 않는다는 말은 전혀 다릅니다.

영생의 상속자가 되는 구원

이렇게 의롭게 사는 백성, 즉 새 언약에 충실한 백성을 만드시는 궁극적인 이유는 무엇입니까? 그 최종 목표는 무엇입니까? 바울이 갈라디아서에서 말한 '의의 소망'(갈 5:5), 즉 최종적인 칭의의 결과는 무엇입니까? 본문 7b절이 우리에게 말해 줍니다.

"영생의 소망을 따라 상속자가 되게 하려 하심이라."

이렇게 번역하면 '영생이라는 소망을 따라' 상속자가 된다는 뜻이 됩니다. 하지만 이것은 다음과 같이 번역하는 것이 더 낫습니다. '소망을 따라, 영생의 상속자가 되게 하려 하심이라'(크레로노모이 게노메싸 카트 엘리다 조에스 아이오니우, κληρονόμοι γενώμεθα κατ' ἐλπίδα ζωῆς αἰωνίου). 영생의 상속자, 하나님 나라의 상속자가 되게 하시는 것이 구원의 궁극적인 목표라는 것입니다. '소망을 따라', 즉 소망에 근거해서 영생을 상속받는 자가 되게 하시겠다는 것입니다.

영생은 단지 미래적인 것이 아니라 이미 이 땅에서 실현되어 누리고 있는 실재이며, 동시에 미래에 완성될 생명입니다. 과거 이스라엘이 가나안 땅을 약속으로 받았고, 그 소망을 따라 실제 그 땅으로 들어가 하나님 나라를 일구며 살았듯이, 이제 의로워진 성도들은 새 하늘과 새 땅의 약속을 소망하면서 오늘 이미 임한 하나님 나라의 상속자로, 영생의 상속자로 사는 자들이라는 뜻입니다. 구원은 아직 다 끝나지 않았습니다. 상속자가 된다는 것은 하나님 나라를 유산으로 물려받는다는 뜻입니다. 하나님의 통치, 그리스도의 왕권에 참여한다는 뜻입니다. 요한계시록에서는 그것을 "이기는 자와 끝까지 내 일을 지키는 그에게 만국을 다스리는 권세를 주리니"(계 2:26)라고 말합니다. 또 "이기는 그에게는 내가 내 보좌에 함께 앉게 하여 주기를 내가 이기고 아버지 보좌에 함께 앉은 것과 같이 하리라"(계 3:21)고도 약속합니다.

로마서 8장 17절에서 바울은 말합니다.

"자녀이면 또한 상속자 곧 하나님의 상속자요 그리스도와 함께 한 상속자니 우리가 그와 함께 영광을 받기 위하여 고난도 함께 받아야 할 것이니라."

따라서 여기서 '영생'은 생물학적인 생명일 수 없습니다. 하나님의 통치 아래 있는 것, 하나님과의 교제 아래 있는 것, 하나님의 성령으로 호흡하는 것, 하나님의 창조의 리듬을 따라서 사는 것, 하나님이 주신 자원을 의지해서 사는 것, 하나님의 사랑 안에 거하는 것 그리고 하나님의 말씀을 따라 사는 것, 이것이 '영생'입니다. 그런데 이것이 아직은 미래의 일이라는 의미에서 '소망을 따라'($\kappa \alpha \tau$' $\dot{\epsilon} \lambda \pi \acute{\iota} \delta \alpha$)라고 말하고 있습니다. 이 마지막 영생의 상속자가 되기 위해서 지금 성도들에게 필요한 태도는 무엇이라는 뜻입니까? '소망'을 갖는 것입니다. 영생의 소망이 있어야 믿음으로 살 수 있습니다. 영생의 소망이 있어야 세상의 유혹도 이길 수 있습니다.

상속자가 될 소망이 있어야 이 세상에서 권력과 부를 상속받으려고 정욕과 열락(悅樂)의 종으로 살지 않을 수 있습니다.

바울이 이 편지를 시작하면서 자신이 사도가 된 이유에 대해 '성도들이 영원히 누릴 영생의 소망'을 가짐으로써 그들이 오늘 믿음과 진리의 사람이 되게 하기 위해서라고 말했던 것을 기억하십시오.

"하나님의 종이요 예수 그리스도의 사도인 나 바울이 사도 된 것은 하나님이 택하신 자들의 믿음과 경건함에 속한 진리의 지식과 영생의 소망을 위함이라 이 영생은 거짓이 없으신 하나님이 영원 전부터 약속하신 것인데 자기 때에 자기의 말씀을 전도로 나타내셨으니 이 전도는 우리 구주 하나님이 명하신 대로 내게 맡기신 것이라"(딛 1:1-3).

* * *

짧은 일곱 절 안에 바울은 참 심오한 복음의 진리를 담고 있습니다. 우리의 과거와 현재를 대조하고 있습니다. 구원의 역사를 서술하고 있습니다. 세상을 향한 우리의 태도를 말하고 있습니다. 구원하시는 하나님과 예수님과 성령님을 소개하고 있습니다. 구원의 과거와 현재와 미래를 말하고 있습니다.

우리를 구원하시기 위한 삼위 하나님의 구원 사역을 보십시오. 4절에는 성부 하나님의 사랑과 자비와 긍휼, 즉 은혜의 사역이, 5절에는 성령의 새롭게 하시는 사역이, 6절에는 성령을 보내시는 예수 그리스도의 사역이 나옵니다. 그것과 대조되는 것은 무엇입니까? '우리가 행한 바 의로

디도여, 교회를 부탁하오

운 행위'(5절)입니다. 믿음으로 의롭게 된다는 것은, 바로 이 예수 사건으로 우리가 의롭게 된다는 뜻입니다. 또 이 삼위 하나님의 구속 앞에 항복한다는 뜻입니다. 하나님은 그 항복을 귀하게 여기셔서 우리를 의로운 사람으로, 다시 언약 아래 있는 하나님의 백성으로 불러 주십니다. 항복한 자의 행복, 스스로 십자가에 매인 자의 자유, 낮아진 자의 높아짐, 이런 신비가 가능한 것이 바로 그리스도의 십자가의 은혜를 통한 구원입니다.

우리는 중생의 씻음과 성령의 새롭게 하심으로 구원을 받았습니다. 그리고 지금 성령의 능력 안에서 선한 일을 행하는 구원의 삶을 살고 있습니다. 그리고 언젠가 온전히 우리의 것이 될 영생의 기업을 받을 날을 소망하면서 구원의 완성을 향해 살아가고 있습니다. 삼위 하나님의 구원에는 과거와 현재와 미래라는 시제가 있습니다. 그것은 단회적인 사건이 아니라 과정이 있는 여정입니다. 우리가 두렵고 떨림으로 구원을 이루고, 기쁨과 설렘 가운데서 종말론적인 끊임없는 고난과 도전 앞에 긴장을 유지하며 살아야 하는 이유입니다.

이 소망을 가진 우리는 어떻게 살아야겠습니까? 바울은 세상을 이기라고 말합니다. 선한 싸움으로 이기라고 합니다. 그것을 다투지 말고 관용과 온유함을 나타내라고 표현합니다. 하나님이 허락하신 권세를 인정하고, 선한 일이면 무엇이든 참여하라고 당부합니다. 우리는 그렇게 세상 앞에 소금과 빛이 되어 이미 받은 그 주님의 사랑과 은혜, 자비와 긍휼을 세상도 받아 누릴 수 있게 해야 합니다.

1. 복음의 공공성

☑ 우리 교회는 복음의 공공성, 하나님 나라의 공공성을 잘 인식해서 역사와 지역에 뿌리 내리고 그들과 호흡하며 공존하고 있는가?

☑ 이 세상의 다양한 권력(정치, 경제, 사회, 문화, 종교 등)에 대해서 선지자적 안목으로 지지할 때와 비판할 때를 잘 분별하도록 돕고 있는가?

☑ 교인들이 사회 구성원으로서 책임 있게 의무를 다하도록 가르치고 있는가?

☑ 우리 교회가 지역에서 담당하는 '모든 선한 일'은 무엇인가? 성도들에게 각자의 수준에서 담당할 수 있는 '모든 선한 일'에 대한 아이디어를 주는 교회인가? 성도들의 직장이 '모든 선한 일'을 실현하는 장이 되도록 도전하고 있는가?

2. 세상에서 그리스도인의 윤리

☑ 바울은 세상에서 '비방과 다툼'을 멀리하고, '관용과 온유'를 나타내라고 권면한다. 자기중심적이고 이기적인 사람에게서는 찾아볼 수 없는 성품이다. 우리 교회는 성도들이 세상을 따르지 않으면서도 세상으로부터 상종 못할 존재로 배척을 받지 않고 선한 이웃으로 살아가도록 어떻게 돕고 있는가? '기독교적 시민'에 대해 어떤 그림(像)을 전하고 있는가?

☑ 그리스도인은 비방을 금하면서 그른 것에 대해서는 비판을 하고, 다툼을 멀리하면서 불의에는 항거하고, 관용하지만 악에는 침묵하지 않고, 온유하지만 성령의 분노에는 동참하는 자다. 우리 교회는 성도들이 그런 삶을 살도록 어떻게 구체적으로 돕고 있는가?

☑ 교회 안에서만 사랑이 많고 순종적인 성도가 아니라 사회에서도 그런 평가를 듣는 성도가 되게 하고 있는가?

3. 면죄부를 팔지 않는 교회

☑ 구원받은 백성과 결코 같이 갈 수 없는 성품이 있다. '어리석음, 불순종, 속음, 정욕, 행락, 악독, 투기, 가증함, 미워함' 등이다. 이런 삶을 부끄럽게 여길 만큼 하나님의 백성의 삶과 인격에 대한 선명한 그림을 전하고 있는가?

☑ 삶과 인격이 전혀 변하지 않는데도 거짓 구원의 확신으로 거짓 평안을 주는 것은 거짓 복음이다. 우리는 면죄부를 팔지 않는 교회가 되기 위해 강단에서 선포되는 말씀이나 성도들에게 가르치는 말씀을 점검하는 장치가 있는가?

4. 복음에 대한 풍성한 이해가 있는 교회

☑ 삼위 하나님이 영원 전부터 계획해서 역사 속에서 진행하고 계시고 또 예수님의 재림으로 완성하실 하나님 나라의 역사에 대해 성도들에게 잘 가르치고 있는가?

☑ 복음의 통전적인 성격과 전인적인 성격을 조화롭고 균형 있게 가르치고 있는가?

☑ '여정'으로서의 구원 혹은 복음이 주는 '긴장'을 갖도록 가르치고 있는가? 이미 임한 하나님 나라를 누릴 뿐 아니라 완성될 그 나라에 대한 소망을 갖게 해 주고 있는가?

☑ 복음에 있어서 하나님의 주도적인 역할과 우리 믿음의 반응 사이의 관계를 잘 설명해서 성도들이 그릇된 구원의 확신에 도취되지 않으면서도 공로주의나 율법주의에 빠지지 않게 돕고 있는가?

☑ 우리에게 풍성하게 부어지신 성령의 능력에 기대어 영적인 싸움을 싸우도록 격려하고 있는가?

☑ 이 세상 소유의 상속보다 영생의 상속을 더 영광스럽게 여기는 성도로 양육하는 것을 목표로 삼고 있는가?

이 말이 미쁘도다 원하건대 너는 이 여러 것에 대하여 굳세게 말하라

이는 하나님을 믿는 자들로 하여금 조심하여 선한 일을 힘쓰게 하려 함이라

이것은 아름다우며 사람들에게 유익하니라

그러나 어리석은 변론과 족보 이야기와 분쟁과 율법에 대한 다툼은 피하라

이것은 무익한 것이요 헛된 것이니라 이단에 속한 사람을 한두 번 훈계한 후에 멀리하라

이러한 사람은 네가 아는 바와 같이 부패하여 스스로 정죄한 자로서 죄를 짓느니라

내가 아데마나 두기고를 네게 보내리니 그때에 네가 급히 니고볼리로 내게 오라

내가 거기서 겨울을 지내기로 작정하였노라

율법 교사 세나와 및 아볼로를 급히 먼저 보내어 그들로 부족함이 없게 하고

또 우리 사람들도 열매 없는 자가 되지 않게 하기 위하여

필요한 것을 준비하는 좋은 일에 힘쓰기를 배우게 하라

나와 함께 있는 자가 다 네게 문안하니

믿음 안에서 우리를 사랑하는 자들에게 너도 문안하라

은혜가 너희 무리에게 있을지어다.

————

디도서 3장 8-15절

7. 선한 일을 힘쓰게 하라

- 선한 열매를 맺는 공동체 -

나의 소명

저는 제 소명을 'translator'(번역가)로 여기고 있습니다. 이것은 두 영역을 잇는 역할입니다. 하늘의 언어를 땅의 언어로, 학자의 언어를 성도들의 언어로, 저자의 언어를 독자의 언어로, 다른 나라의 언어를 우리나라의 언어로, 그때 그곳의 언어를 오늘 이곳의 언어로 바꾸어 주는 것입니다. 이것은 둘을 잇는 다리 역할을 합니다.

제 소명을 표현하는 다른 하나가 더 있습니다. 그것은 'facilitator'입니다. 촉매자, 촉진자라는 뜻입니다. 원래 회의나 교육 등이 잘 진행되도록 보조하는 사람이라는 뜻입니다. 무언가를 하고 있는 사람을 더 잘할 수 있도록 돕는 사람입니다. 저는 하나님 믿는 사람들을 더 잘 믿게 하는 사람, 설교하는 사람들을 더 좋은 설교자가 되게 하는 사람, 리더를 좀 더 나은 리더가 되게 돕는 사람이 되고 싶습니다. 이것이 저의 또 하나의 소명입니다. 저의 제자를 기르는 것이 아니라 주님의 제자가 되도록 주님에게로 보내드리는 일을 하는 사람이고 싶습니다.

저는 이것이 비단 저의 사명일 뿐 아니라 모든 말씀 사역자의 사명이 아닌가 생각합니다. 하나님의 말씀을 청중들이 알아들을 수 있는 말로 잘 설명해서 성도들이 나의 제자가 아니라 주님의 제자가 되게 하고, 나의 가르침에만 의존하는 것이 아니라 그들도 남을 가르칠 수 있는 교사가 될 수 있도록 도와주는 것이 지도자라고 생각합니다.

디도의 사명 정리(8-11절)

디도서 말씀을 묵상하면서 바울이 디도에게 요구하는 사명이 이와 같은 것이 아닐까 싶었습니다. 그는 그레데 섬에 아주 오래 머물 사람이 아니었습니다. 그러기에 그에게는 시간이 많지 않았습니다. 거기 머문 기간 동안에 교회를 담당할 지도자를 세워야 했습니다. 잘못된 가르침을 바로잡아 주고, 그들이 해야 할 일을 가르쳐야 했습니다. 그는 바울과 성도들을 연결하는 '다리'였습니다. 장로들이 사역을 잘할 수 있도록 가르치는 '촉매자'였습니다. 이제 그 디도에게 바울은 마지막 당부를 하고 있습니다. 하지만 새로운 것은 아닙니다.

본문 8-11절은 앞에서 했던 권면을 요약하고 마무리하는 부분입니다.

디도여, 교회를 부탁하오

그리고 12-14절은 개인적인 당부를 하고 있습니다. 그리고 15절에서 안부를 전하고 축복의 인사를 하면서 편지를 끝내고 있습니다.

본문의 구조

우선은 본문 8-11절이 디도서 안에서 어떤 위치에 있는지를 살펴보는 것이 좋겠습니다. 그러기 위해 디도서의 전체 구조를 보겠습니다.

　1장 1-4절에는 편지를 보내는 바울과 편지를 받는 디도가 나옵니다. 여기서 바울은 자신이 어떤 사명을 받았는지 소개합니다. 1장 5절은 디도서 전체의 핵심 구절입니다. 즉 바울이 디도서에서 디도에게 당부하고 싶은 두 가지를 이야기합니다. 그를 그레데에 남겨 두고 떠난 이유는 두 가지였습니다. 물론 그 둘을 하나라고 봐도 좋을 것입니다. 첫째는, 남은 일을 정리하라, 둘째는, 각 성에 장로를 세우라입니다. 그런 후 6-9절은 장로의 자격에 대해서 말합니다. 이것은 5절에 나왔던 두 사명 가운데 하나를 자세히 설명한 것입니다. 그리고 나서 1장 10절부터 3장 7절까지는 남은 일을 정리하는 문제를 다루고 있습니다. 그것은 크게 두 가지입니다. 첫째는, 그릇된 가르침을 전하는 자들을 책망하는 것입니다(1:10-16). 둘째는, 바른 교훈으로 권면해서 선한 일을 행하는 성도로 양육하는 일입니다(2:1-3:7). 이것은 다시 공동체 안에 있는 지체들에게 전할 바른 교훈에 합당한 삶(2:1-15)과 공동체 밖에 있는 권력자들과 비그리스도인들을 상대할 때의 바른 교훈에 합당한 삶으로 나누어 권면합니다(3:1-7). 이 안에는 각각 그렇게 살아야 하는 근거로 복음이 제시되고 있습니다(2:10-14; 3:3-7).

1.디도에게 맡긴 두 가지 사명(1:5)

- 장로 세우기 + 남은 일 정리하기(가르침과 관련해서)

2. 구체적으로(1:6-3:11)

2.1. 장로 세우기(1:6-9)

2.2. 말씀 세우기(1:10-3:11)

　1) 1:10-16

　　그레데교회 안에 있는 헬라파 유대인들의 그릇된 가르침을 책망하라　　A

　2) 2:1-3:11

　　바른 교훈으로 권면해서 선한 일을 행하는 성도로 양육하라　　B

　(1) 2:1-15　공동체 안에서 성도들의 바른 태도

　　2:1-10　권면　　　　　　　　　　　　　　길게 a

　　2:11-14　권면의 근거　　　　　　　　　　짧게 b

　　2:15　권면

　(2) 3:1-7　공동체 밖을 향한 성도들의 바른 태도

　　3:1-2　권면　　　　　　　　　　　　　짧게 a'

　　3:3-7　권면의 근거　　　　　　　　　　길게 b'

　(3) 3:8-11　정리

　　3:8　굳세게 말하라　　　　　　　　　　　　　　　B'

　　3:9-11　멀리하라　　　　　　　　　　　　　　　A'

　　본문 3장 8-11절은 위의 반대자들을 상대하는 메시지(1:10-16)와 적극적으로 성도들을 상대로 한 메시지(2:1-3:7)를 모두 요약해 주고 있습니

디도여, 교회를 부탁하오

다. 먼저 3장 8절은 바른 교훈으로 권면해서 선한 일을 행하는 성도로 양육하라고 말합니다. 이는 2장 1절부터 3장 7절까지를 요약하는 메시지입니다. 3장 9-11절은 그릇된 가르침을 피하고 멀리하라고 말합니다. 이는 1장 10-16절의 메시지를 요약하고 있습니다. 어떻습니까? 본문은 본론의 가르침 부분을 요약하고 다시 한 번 당부하고 있음을 보여 줍니다. 설교할 때 우리도 이런 방법을 쓰지 않습니까? 디도서는 목회서신입니다. 이것은 디도만 읽도록 한 편지가 아닙니다. 한 사람이 읽으면 공동체 전체가 공예배 때 같이 듣도록 쓴 편지입니다. 설교를 마무리할 때 앞에서 했던 이야기를 반복해서 요약하는 것처럼, 꼭 알아야 할 것을 강조해서 알도록 해 주는 역할을 합니다.

굳세게 말하라(8절)

바울은 이렇게 말합니다.

"이 말이 미쁘도다 원하건대 너는 이 여러 것에 대하여 굳세게 말하라 이는 하나님을 믿는 자들로 하여금 조심하여 선한 일을 힘쓰게 하려 함이라 이것은 아름다우며 사람들에게 유익하니라"(딛 3:8).

이 말이 미쁘도다

"이 말이 미쁘도다!" 이는 바울 사도가 자신의 편지에서 즐겨 쓰는 표현입니다(딤전 1:15, 3:1, 4:9; 딛 3:8; 딤후 2:11 참조). 직역하면 '이 말씀은 신실하다'(피스토스 호 로고스, Πιστὸς ὁ λόγος)입니다. 여기서 '이 말씀'이 어떤 말을 가리키는지에 대해 여러 의견이 있지만, 바로 앞에 나오는 4-7절에서 삼위 하나님의 신실한 사역으로 우리가 구원을 받았고, 의롭게 되었고, 결국 영생의 상속자가 될 것이라고 했던 그 복음의 말씀이 믿을 만하다고 요약하고 있는 것으로 볼 수 있습니다. '이 말'이 단수로 되어 있는 것을 볼 때 구원에 관한 바울의 설명을 가리킨다고 보는 것이 좋을 것 같습니다. 삶을 향한 호소가 그 효과를 내려면 이 복음에 대한 설명, 구원에 대한 진리, 하나님 나라에 대한 깨달음이 있어야 합니다. 복음이 얼마나 미쁘고 신뢰할 만한 하나님의 이야기인지를 충분히 청중들에게 호소하지 않으면, 강단에서 선포하는 것들은 다만 '착하게 살자'는 윤리적인 구호에 지나지 않습니다. 은혜 없이는 그리스도인답게 살 수 없기 때문입니다. 은혜 없이는 믿음으로 하나님 나라의 가치관을 좇아 이 세상을 거스르며 살 수 없기 때문입니다.

그래서 교회가 해야 할 가장 중요한 일은 바로 이 복음이, 이 구원의 진리가 얼마나 미쁜 말씀인지를 성도들에게 잘 보여 주는 일입니다. 잘 가르쳐 주는 일입니다. 이것을 깨달을 때부터 본격적인 신앙이 시작됩니다. 제자의 삶은 바로 그 지점에서 시작합니다. 교회가 이토록 어려워진 이유를 다각도로 진단할 수 있겠습니다. 하지만 무엇보다도 교회를 가능케 한 바로 그 복음이 제대로 선포되지 못하고 있기 때문일 것입니다. 복음보다 더 믿을 만하고, 복음보다 더 신뢰할 만한 가짜 복음이 세상에서뿐 아니라 교회에서도 선포되고 있고, 또 그 가짜 복음을 믿고 있기 때문입니다. 절망적인 인간에게 소망을 주신 하나님의 복음이 아니라, 인간의 기호와 바람을 채워 주는 소비자 복음, 자본주의식 복음이 강단을 점령했기 때문입니다.

디도여, 교회를 부탁하오

너는 이 여러 것에 대하여 굳세게 말하라

바울은 이 미쁜 말씀, 미쁜 복음, 미쁜 구원의 진리, 그것에 입각한 여러 권면들을 '굳세게 말하라'고 부탁합니다. '이 여러 것에 대하여'를 직역하면 '이것들에 대하여'(페리 투톤, περὶ τούτων)입니다. '이것들'이 무엇을 가리키는지에 대해서는 여러 의견이 있습니다.[10] 앞서 8절이 본문의 내용을 요약하고 있다고 제안한 것을 생각할 때, '이것들'은 2장 1절부터 3장 7절까지의 내용 전체를 가리킨다고 볼 수 있습니다. 성도들은 어떤 삶을 살아야 하는지, 그리고 공동체 밖의 권력과 세상 사람들에게 어떻게 대해야 하는지에 대한 모든 내용이 여기에 포함됩니다.

여기 '굳세게 말하라'(디아베바이우스싸이, διαβεβαιοῦσθαι)는 '강력하게 요구하라', '계속해서 주장하라', '확언하라', '확신 있게 말하라', '자신 있게 말하라'는 뜻입니다. 특별히 '너는'(세, σε)을 강조해서 말하고 있습니다. 담대하게, 지속적으로, 확신을 가지고, 복음과 복음의 교훈에 합당한 삶들을 디도는 어떤 반대를 무릅쓰고라도 반드시 가르쳐야 한다는 것입니다. 담대함과 굳셈이 필요할 만큼 그레데는 복음에 역행하는 도시였던 것입니다.

우리 시대의 말씀 사역자들에게도 긴급하게 요구되고 또 가장 부족한 것이 이 담대하고 굳센 가르침이 아닐까 생각합니다. 하나님의 말씀이 사람을 변화시킨다는 확신, 복음만이 하나님 나라를 형성한다는 확신, 그래서 듣든지 아니 듣든지, 청중이 많든지 적든지, 많이 배운 사람이든

---

10 디도서의 전체 문맥구조와 3장 8절의 '이것들'에 관한 논의를 위해서 이진섭, "디도서 3:8이 교회 가르침에 주는 시사점", 《성경과 교회》 4권(2006), p. 170-201을 참고하시오.

지 적게 배운 사람이든지, 나이가 많든지 적든지 그리고 때를 얻든지 못 얻든지, 말씀의 종들은 담대하게 전해야 합니다. 이 시대 교회의 진정한 회복은 바로 거기에서부터 시작될 것입니다.

하나님을 믿는 자들로 선한 일을 힘쓰게 하라

디도가 그 복음을 굳세게 말해야 하는 목적이 무엇입니까? 본문 8절은 히나(ἵνα) 절로 시작하고 있습니다.

"하나님을 믿는 자들로 하여금 조심하여 선한 일을 힘쓰게 하려 함이라"(딛 3:8).

바울에게 있어서 바른 신학과 바른 삶은 떼려야 뗄 수 없는 관계였습니다. 이미 '하나님을 믿는'(완료시제, 호이 페피스듀오테스 쎄오, οἱ πεπιστευκότες θεῷ) 자들은 날마다 '조심하여'(현재시제, 프론티조신, φροντίζωσιν) 그 믿음에 합당한 삶을 추구해야 한다고 말합니다. 흥미롭게도 바울 사도는 '예수 그리스도를 믿는 자들'이라고 하지 않고 '하나님을 믿는 자들'이라고 신자들을 표현하고 있습니다. 대개는 예수를 향해 사용되던 '구주'라는 호칭을 이례적으로 하나님에게 사용하고 있는 이 서신의 특징을 감안하면 이 또한 이해할 만합니다. 특히 바로 앞에서 우리의 구원을 주도하신 분이 하나님이라고 말했기 때문에 그 '하나님을 믿는 자들'이라는 표현은 자연스럽습니다. 이 믿음은 단지 인지적인 믿음이 아니라, 그분을 창조주, 곧 하나님 나라의 왕으로 인정하고, 그분의 새롭게 창조하시는 역사에 나 자신을 맡기고, 하나님 나라가 여기 임하도록 순종하는 사람들을 가리킬 것입니다.

'하나님을 믿는 자들'은 그 장구한 구속의 이야기에서 오늘 이 시대, 여

디도어, 고회를 부탁하오

기에서 전개되는 이야기에 나는 어떻게 참여할지를 고민하는 사람들입니다. 그 왕적 통치가 이 시대에는 대리 통치자이신 아들 예수님을 통해서 실현되고 있기에 '예수님을 믿는다', '예수님을 영접한다', '예수님에게 순종한다'라고 표현하고 있는 것입니다. '예수 믿고 천당 간다'는 공식처럼 하나님에 대한 인격적인 믿음은 염두에 두지 않고 예수님을 통한 구원의 효력에 대한 인지(認知)나 인정(認定)의 차원에만 머문다면, 우리가 이단으로 간주하는 구원파식 믿음과 전혀 다를 바가 없어지는 것입니다. 그들이 다름 아닌 '하나님을 시인하나 행위로는 부인하는 자'(딛 1:16 참조)입니다. 예수님을 향한 우리의 믿음이 "곧 예수 우리 주를 죽은 자 가운데서 살리신 이를 믿는"(롬 4:24) 믿음일 때 의롭다 함을 받고 구원을 받는다는 사실을 아는 것이 중요합니다.

바울은 복음을 굳세게 말해야 하는 이유를 '선한 일에 힘쓰게'(칼론 에르곤 프로이스타스싸이, *καλῶν ἔργων προΐστασθαι*) 하기 위함이라고 합니다. 성도들이 이런 일에 힘쓰도록(프로이스테미, *προΐστημι*) '주의하게'('조심해서', 프론티조, *φροντίζω*) 만들기 위해서입니다. 단지 관심을 갖는 정도가 아니라 헌신하도록 하기 위해서 굳세게 말해야 했습니다. 이것이 디도서의 주제입니다. 이 표현(힘쓰다)은 2장 14절에서 우리를 구원하신 목적을 말할 때 이미 사용한 적이 있는 표현입니다. 모범적인 그리스도인으로 산다는 뜻입니다. 복음에 합당하게 산다는 뜻입니다. 하나님의 자녀답게 산다는 뜻입니다. 여기에서 '힘쓰다'(프로이스테미, *προΐστημι*)라는 말은 '직업에 힘쓴다'는 전문 용어입니다. 자신을 바치는 것(to commit oneself), 무언가에 비상한 관심을 갖는 것을 말합니다.

왜 복음을 굳세게 가르쳐야 합니까? 하나님을 믿는 자들, 즉 성도들이 그리스도인답게 사는 것 외에는 관심 없는 사람이 되게 하기 위해서입니다. 공동체 안에서뿐 아니라 교회 밖 세상을 향해서도 성도는 하나님의 사랑으로 사랑하고, 하나님의 의를 실천하고, 하나님의 거룩하심을 본받아 거룩하게 살고, 하나님의 참되신 뜻을 실현하기 위해서 이 세상을 살아가야 합니다. 그러자면 자신이 누구인지를 알아야 합니다. 자신이 왜 살고 있고, 무엇을 위해서 살고 있는지를 알아야 합니다. 그런 나를 새롭게 정의하는 것이 '복음'이어야 합니다. 내가 가장(家長)이라는 것보다 더 중요한 것이 있고, 내가 엄마라는 것보다 더 중요한 것이 있다는 것, 그것을 알게 하는 것이 복음입니다. 우리에게는 먹고사는 것보다 더 중요한 가치가 있는 것, 노후(老後)를 편안하게 누리면서 사는 것보다 더 중요한 것이 있음을 알아야 합니다. 일상이 중요하지 않다는 의미가 아니라, 그런 나의 일상과 나의 가지각색의 역할에 새로운 의미를 부여하는 것, 그래서 이전에 발견하지 못했던 중요성을 다시 보게 해 주는 것이 복음이라는 뜻입니다. 진정한 '역사', 하나님 나라의 서사는 세상이 주목하든 주목하지 않든, 그런 사람들에 의해서 쓰일 것입니다. 복음을 굳세게 전해야 하는 이유가 그것이고, 인생 끝까지 그 복음에 귀를 기울여야 하는 이유가 그것입니다.

디도서를 유심히 살폈다면 여기 '선하다'라는 뜻을 가진 단어들이 유독 자주 나타난다는 것을 발견할 것입니다(딛 1:8, 16, 2:3, 5, 7, 10, 14, 3:1, 8, 14 참조). 장로는 '선한 행위'를 좋아하는 사람이어야 합니다(딛 1:8 참조). 반대로 그레데 공동체를 위협하는 세력은 '선한 일을 버리는' 사람입니다(딛 1:16 참조).

하지만 디도는 성도들에게 선한 삶을 살도록 가르쳐야 했습니다(딛 2:3, 5, 7, 10, 3:1 참조). 후에 교법사 세나와 아볼로를 급히 보내는 이유도 교인들이 '선한 행위'에 힘쓰기를 배우기 원해서입니다(딛 3:14 참조). 이는 주님이 우리를 구원하신 목적에 부합합니다. 2장 14절에서는 그것을 '선한 일을 열심히 하는 자기 백성이 되게 하기 위함'이라고 이야기하고 있습니다. 바울은 3장 8절에서 '선한 삶'에 대한 본문의 강조점을 요약하고 있는 것입니다.

복음에 합당한 삶은 아름답고 유익하다

이제 바울은 3장 8절에서 그 말을 이렇게 반복합니다.

"이것은 아름다우며 사람들에게 유익하니라."

'이것은 아름다우며'를 직역하면 '이것들은 선하다'(타우타 에스틴 칼라, ταῦτά ἐστιν καλά)입니다. '이것은'은 앞에 나온 '이 여러 것'(이것들)과 같은 단어이며, 가리키는 대상도 같습니다. 복음과 복음에 합당한 삶을 사는 것, 그것이 아름답다는 것입니다. 2장 1절부터 3장 7절까지의 내용 전체를 말하는 것입니다. '아름답다'는 단어는 위에서 반복해서 나온 '선하다'(칼로스, καλός)입니다. 그냥 보기 좋다는 정도가 아니라, 이 세상을 창조하신 후 하나님의 입에서 나왔던 탄성 '토브 메오드'(심히 좋다!)의 헬라어 표현입니다. 그렇다면 이것은 누구 보기에 선하고 아름답다는 말이겠습니까? 1차적으로 하나님이 보시기에 아름답다는 뜻입니다. 이것이 본래 하나님이 창조하고 싶으셨던 사람의 모습입니다. 이것이 창세전에 이 세상과 그 안에 사람을 두기로 계획하시면서 하나님이 기대하셨던 모습입니다. 하나님을 사랑하는 사람, 하나님이 지으신 사람과 세상을 사랑하는 사람, 사랑으로 살고, 은혜로 살고, 하나님과 타인을 기쁘게 하기 위해 사는 사람, 관용하고, 온유하고, 의롭고, 신중한 사람, 주님은 그렇게 창조의 리듬을 따라 조화롭게 사는 사람을 보시면서 '참 보기 좋다' 하실 것입니다. 그러면 당연히 그런 말들은 사람들에게도 유익할 것입니다. 하나님이 듣기에 좋으신 말들이고, 하나님의 마음을 후련하고 시원하게 해 드리는 말들인데 사람에게 유익하지 않을 리 있겠습니까? 강단에서 복음이 선포될 때 주님은 흐뭇한 미소를 지으실 것입니다. 백성이 그 복음에 합당한 삶을 살고 있을 때, 하나님은 '참 아름답다' 하실 것입니다. 하나님이 원하시는 질서대로 관계가 정상화되고 우리 삶이 균형과 조화를 찾아갈 것이기 때문입니다.

피하고 멀리하라(9-11절)

피하라(9절)

바울이 디도에게 남긴 일이 하나 더 있습니다. 그것은 교회에 영향을 미치는 그릇된 가르침에 대해서 단호하게 대처하는 것입니다. 우리는 그것을 1장 10-16절에서 보았습니다. 거기서 디도는 바울의 말에 불순종하고 헛된 말을 하는 사람들, 특히 할례파 사람들에 대해서 엄히 꾸짖어야 했습니다. 그들을 누구와 비교했습니까? 믿지 않는 그레데 사람들과 비교했습니다. 입술로는 유일신 하나님을 믿는다 하고 율법을 가장 잘 지킨다고 자부했지만, 삶은 믿지 않는 그레데 사람들과 다를 바 없었기 때문입니다. 중심을 보시는 하나님이 보시기에 그들은 양심이 더러운 사람들이었습니다. 그들은 더러운 이득을 취하려는 더러운 동기로 가르침을 왜곡해서 전하던 자들이었습니다. 그래서 남의 가정이야 파괴되든지 말든지 상관하지 않았습니다. 그들이 가르친 진리가 옳았다면, 그들이 그렇게 되지 않았을 것입니다.

그래서 앞에서는 '굳세게 말하라'고 했는데, 이제 9-11절에서는 '데'(그러나)라는 접속사로 시작해서 '피하라', '멀리하라'고 권면하고 있습니다.

"그러나 어리석은 변론과 족보 이야기와 분쟁과 율법에 대한 다툼은 피하라 이것은 무익한 것이요 헛된 것이니라"(딛 3:9).

그는 첫째로 '피하라'(페리스테미, περιίστημι)고 권면합니다. 선한 일은 힘써야 하지만(프로이스테미, προΐστημι, 8절), 반대로 어리석은 변론, 족보 이야기, 분쟁과 율법에 대한 다툼은 피하라(페리스테미, περιίστημι)고 합니다. 언어유희를 사용해서 둘을 대조하고 있는 것을 볼 수 있습니다. 어떻습니까? 앞선 1장 10-16절이 떠오르지 않습니까? 율법, 변론, 족보, 분쟁, 다툼, 무익함 등의 단어들이 거기에도 비슷한 형태로 나오고 있기 때문입니다. 앞에서는 "유대인의 허탄한 이야기와 진리를 배반하는 사람들의 명령을 따르지 않게 하려 함이라"(딛 1:14)고 말한 바 있습니다.

디도가 피해야 할 네 가지는 무엇입니까? 어리석은 변론, 족보 이야기, 분쟁, 율법에 대한 다툼입니다. 왜 피해야 합니까? '이것은 무익하고 헛되기(아노페레이스 카이 아타이오이, ἀνωφελεῖς καὶ μάταιοι) 때문'입니다. 바울은 앞에서 대적자들을 '헛된 말을 하는 자'(마타이올로고이, ματαιολόγοι)라고 말했습니다(딛 1:10 참조). 대적자들을 대적하지 않으면 자신도 그와 같은 자들이 된

255

다는 뜻입니다. 그것은 '열매 없는' 사람이 되게 할 것입니다(딛 3:14 참조).

　바울은 첫째, 어리석은 변론(모라스 제테세인, μωράς ζητήσεις)을 피하라고 합니다. 모든 변론을 피하라는 것이 아닙니다. 우리 시대는 신학교나 교회 안에서 신학 논쟁을 기피하는 것이 문제입니다. 교단 소속의 신학교 교수들이 신학적인 결과를 소신껏 펼치다가는 강단에 설 수 없으며, 교단은 자신들이 일단 고백하고 있는 교리는 성경이 어떻게 말하든지 간에 고수하려는 경향이 강합니다. 성도들은 잘 따져서 믿는 것을 골치 아프게 여기고, 목회자들은 자신의 말을 하나님의 말씀이라고 믿고 순종하는 것을 덕스럽게 여깁니다. 무엇이든 '믿는 것' 자체가 좋고, 그것도 '열심히' 믿는 것이 좋다고 생각할 뿐, 그러한가 상고해서 '잘' 믿는 것을 권하지 않습니다. 그래서 교회가 아닌 데서도 얼마든지 들을 수 있는 만담들이 강단을 점유하는데도 제지하지 못하는 것입니다. 예수님도 끊임없이 논쟁하셨고, 바울도 가는 곳마다 논쟁에 휩싸였습니다. 그것은 거의 싸움의 수준이었습니다. 그것 때문에 매를 맞고, 감옥에 갇히고, 죽을 뻔했습니다. 그런데도 바울은 싸움닭처럼 물러서지 않았습니다.

　바울이 여기서 금하는 것은 '어리석은' 변론입니다. 내용 없는 사변, 바보 같은 질문이나 논쟁을 말합니다. 계시된 진리를 토대로 한 논쟁이 아니라 거짓 교사들의 추론에 의지한 논쟁을 말합니다. 가령 중세 시대에는 '바늘 끝에 천사가 몇 명이나 앉을 수 있을까?'를 두고 수도사들 사이에서 논쟁이 있었습니다. 아무도 대답할 수 없는 사변적이고 의미 없는 논쟁입니다. '정통주의'라는 지나친 신학의 과잉이 '경건주의'라는 감정주의의 극단을 낳았고, 거기에서 신학의 다른 극단인 '자유주의'가 나

　　　　　　　　　　　　디도여, 교회를 부탁하오

왔습니다. '어리석은' 변론과 '지혜롭고 유익한' 변론의 경계를 정하는 일은 쉽지 않습니다. 용기 있는 이의 제기와 열린 마음의 변론을 권장하되 성경과 교회와 성도를 염두에 두는 변론이 진행된다면, 교회와 학문과 신앙 모두에 유익하지 않을까 싶습니다.

둘째, 족보 이야기를 피하라고 합니다. 디모데전서 1장 3-11절에도 이 문제에 대한 경고가 나옵니다. 바울은 거기서 신화와 끝없는 족보에 몰두하지 말라고 말합니다. 이것은 구약의 족보들에 근거한 신화를 가리킵니다. 성경을 성경이 말하는 데까지만 해석하는 것이 아니라, 지나친 상상력으로 뒷이야기를 만들어 낸 것입니다. 그것이 성경만큼의 권위로 읽히고 가르쳐지고 있었던 것입니다.

셋째, 분쟁을 피하라고 합니다. 의미 없는 변론이 분쟁으로 번진 것 같습니다. 그리고 마지막으로 율법에 대한 다툼을 피하라고 합니다(딛 1:10-14; 딤전 1:7-11; 딤후 2:23; 고후 7:5; 약 4:1 참조). 유대인 그리스도인들은 예수님을 믿으면서도 여전히 구약의 율법을 문자적으로 지켜야 한다고 우겼을 것입니다. 그리고 그들은 그리스도 안에서 모든 율법이 완성되었다는 바울의 주장을 율법 폐기론이나 방임주의 같은 이단적인 주장이라고 공격했던 것입니다. 그런 공격 자체가 잘못은 아닙니다. 바울은 그 공격을 받는 과정에서 신학을 정립했고, 그의 편지 곳곳에는 율법에 대한 새로운 이해를 바탕으로 한(다른 복음서 기자들이 제시하는 복음과는 다른) 바울만의 복음 전개 방식이 형성된 것을 볼 수 있습니다. 이견과 공격이 그를 더욱 촘촘하고 탄탄한 논리를 갖추게 만든 것입니다. 하지만 여기서 바울은 그런 바른 복음을 찾기 위한 변증이 말싸움으로 변질되지 않도록 하라고 당부합니다.

그런데 왜 피해야 합니까? 무익하고 헛되기 때문입니다(에이신 가르 아노페레이스 카이 마타이오이, εἰσὶν γὰρ ἀνωφελεῖς καὶ μάταιοι). 앞서 복음과 복음에 합당한 삶에 대한 권면은 아름답고 유익하다고 했는데, 여기 그릇된 가르침을 둘러싼 논쟁과 다툼은 무익하고 헛되다고 정반대로 말하고 있습니다. 정확히 어떤 상황인지 알기 어렵지만, 예수님의 경우를 생각하자면, 예수님도 진리를 알고자 하는 자들에게는 진지하게 상대하셨지만 예수님을 시험하기 위해, 또 예수님을 궁지에 몰아넣기 위해 시비를 거는 자들에게는 도리어 허를 찌르는 반대 질문으로 그들의 입을 다물게 하시는 것을 볼 수 있습니다. 그러면서 "거룩한 것을 개에게 주지 말며 너희 진주를 돼지 앞에 던지지 말라 그들이 그것을 발로 밟고 돌이켜 너희를 찢어 상하게 할까 염려하라"(마 7:6)고 하셨습니다. 지금 바울은 디도에게 논쟁을 위한 논쟁은 하지 말라고 말하고 있습니다. 공연히 진리를 알고자 하는 뜻이 없는 사람들과 논쟁해서 말다툼을 했을 때 얻을 것이 아무것도 없다는 것입니다.

우리도 그렇습니다. 자기 것만 강변하려는 자들과는 아예 신학적인 논쟁을 하지 않는 것이 중요합니다. 특히 공식적인 자리가 아니면 이단들을 상대로 설득하려고 해서는 안 됩니다. 이단들은 자신들의 주장을 가르치기 위해 대단히 많은 교육을 받도록 요구하지만, 우리가 가르치는 것, 우리가 반박하는 것을 그런 시간만큼 다 듣고 반박하도록 기회를 주지 않기 때문입니다.

디도여, 교회를 부탁하오

멀리하라(10절)

그럼 그렇게 그릇된 가르침을 전하는 자들을 아예 포기해야 합니까? 공동체 안에서 그릇된 가르침을 받은 사람들은 어떻게 해야 합니까?

"이단에 속한 사람을 한두 번 훈계한 후에 멀리하라 이러한 사람은 네가 아는 바와 같이 부패하여 스스로 정죄한 자로서 죄를 짓느니라"(딛 3:10-11).

바울은 그런 사람들을 상대할 때 필요한 매뉴얼을 주고 있습니다. 첫째, 이단에 속한 사람을 한두 번 훈계하라고 합니다. '여기 이단에 속한 사람'(아히페티콘 안쓰로폰, αἱρετικὸν ἄνθρωπον)을 직역하면, '분파적인 사람', '분열을 일으키는 사람'입니다. 이단은 2세기에 나타난 현상이기 때문에, 이단이라는 번역은 적절하지 않습니다. 그렇게 잘못된 가르침으로 공동체를 분열시키는 사람, 1장에 나온 대로 부정한 이익을 위해서 가정까지 파괴하는 사람을 어떻게 하라고 합니까? 한두 번 훈계하라고 합니다. 신약성경 다른 곳에서는, 한 번은 사적으로 가서 훈계하고, 그래도 안 들으면 공동체가 훈계하고, 그래도 안 들으면 치리하라고 했습니다. 그것을 본문은 한두 번이라고 간단하게 표현한 것 같습니다. 그런데 한두 번이라고 번역하니 너무 성의 없이 들립니다. 그러나 실제는 그렇지 않습니다. 우리는 그릇된 가르침을 받은 지체가 있으면 정말 가슴 아프게 여기면서 최선을 다해 그들이 바로 돌아올 수 있도록 도와야 합니다.

하지만 끝내 마음을 열지 않고 자기 생각을 바꾸지 않으면 어쩔 수 없이 멀리해야 합니다(롬 16:17; 고전 5:11; 살후 3:14; 마 18:17 참조). '멀리하다'(파라이투, παραιτοῦ)라는 이 단어는 디모데에게 청년의 정욕(딤후 2:22 참조)과 불경건과 어리석은 신화(딤전 4:7 참조)를 피하라고 권면할 때 쓰던 것과 같은 동사입니다. 그렇다면 이것은 훈계를 중단하고 더 이상 관계하지 말라는 것입니다. 변론하지 말고 논쟁하지 말고 말다툼하지 말라는 것입니다. 공동체에서 출교하라는 뜻으로 해석하는 학자들도 있습니다.

왜 그렇게 단호하게 대처해야 합니까? 그렇게 공동체가 권면해도 듣지 않으면 그 사람 상태가 어떻기 때문입니까?

"이러한 사람은 네가 아는 바와 같이 부패하여 스스로 정죄한 자로서 죄를 짓느니라"(딛 3:11).

이들은 부패한(엑세스트라프타이, ἐξέστραπται) 사람이기 때문입니다. 수동태 동사인 것을 보면 그 주어는 '사탄'일 것입니다. 그가 사탄에게 속은 것입니다. 여기 '스스로 정죄하다'(아우토카타크리토스, αὐτοκατάκριτος)라는 표현은 자신의 양심에 의해서 정죄를 받는다는 뜻입니다. 자기 잘못을 알면서도 고치지 않는 상태를 가리킵니다. 양심은 '네가 잘못했다'고 말하는데, 정작 그 양심의 소리에 귀를 기울이지 않고 계속해서 죄를 짓는다는 것입니다. 자기 양심의 소리도 안 듣는데, 밖에서 말한다고 들을 리 없다는 것입니다. 몰라서 안 듣는 것이 아니라, 알아도 안 바꾸니 가망 없다는 것입니다. "욕심이 잉태한즉 죄를 낳고 죄가 장성한즉 사망을 낳느니라"(약 1:15)고 했던 야고보의 말처럼, 그리고 시편 1편에 나오는 '악인의 꾀를 좇다가 죄인의 길에 서다가 결국엔 오만한 자의 자리에 앉아서'(시 1:1 참조) 악의 왕 노릇을 하는 사람처럼 더는 스스로 자신을 통제하지 못한 채 양심에 화인을 맞은 자를 가리킵니다. 그들은 이렇게 부패한 양심을 따라 '죄를 짓습니다'(하마르타네이, ἁμαρτάνει). 이 단어가 현재 능동태 시제인 것을 보면, 죄짓는 것이 이미 생활방식, 삶의 일부가 된 사람인 것을 알 수 있습니다.

교회는 이런 자들을 일단 멀리해야 합니다. 교회는 사랑의 공동체지만, 그 사랑은 진리와 함께 기뻐하는 사랑이기 때문입니다. 진리이신 예수님의 사랑을 의미할 뿐, 옳고 그름을 따지지 않고 무조건 수용하고 묵인하는 사랑이 아니기 때문입니다. 개별 교회가 모든 부류의 사람들을 다 감당할 수 있다고 생각하는 것은 착각입니다. 그것은 믿음의 크기와 상관없습니다. 때로는 하나님이 어떻게 그 사람을 다루시는지를 지켜봐야 할 때도 있습니다. 그것은 진짜 큰 믿음의 표현일 수도 있습니다. 따라서 이유를 나타내는 분사구문인 위의 권면을 우리는 이렇게 의역해서 풀어 놓을 수도 있습니다.

'이러한 사람은 의지적으로, 고집스럽게 진리를 거부하고 그릇된 교리를 고수하고 자신의 지식과 양심을 거슬러 죄를 지으므로 부패해졌다는 것을 그대가 알고 있기 때문이다.'

이렇게 바울은 디도에게 보내는 편지의 중요한 부분인 가르침 단락을 마무리하고 있습니다. 마땅한 가르침은 굳세게 전해야 합니다. 그릇된 가르침은 멀리하고 피해야 합니다. 그것이 공동체를 이 그레데 사회에서 하나님 나라를 드러내는 거룩하고 의롭고 경건한 공동체로 지켜 낼 수 있기 때문입니다. 복음만이 교회의 정체성을 지킬 수 있게 하는 근거이기 때문입니다.

개인적인 부탁 (12-14절)

이제 바울이 디도에게 보내는 편지를 마무리하는 단락에 이르렀습니다. 디모데전·후서와 비교할 때 디도서가 상당히 공적인 편지의 성격이 강하다는 것을 느꼈을 것입니다. 디도 개인을 향한 언급은 거의 없고 대부분 교회와 관련한 내용이 주를 이룹니다. 그런데 이 단락에 이르러서야 이 편지를 어떤 배경에서 쓰게 되었는지를 엿볼 수 있습니다. 먼저 12-14절은 세 가지 개인적인 당부를 디도와 그레데 공동체에게 하고 있습니다. 그리고 15절은 문안을 전하고 축복하면서 끝내고 있습니다.

세 가지 개인적인 당부는 무엇입니까? 첫째, 디도는 급히 니고볼리로 오라는 것입니다(12절). 둘째, 세나와 아볼로를 잘 대접해서 보내 달라는 것입니다(13절). 셋째, 신자들이 좋은 일에 힘쓰는 것을 배우게 하라는 것입니다(14절).

니고볼리로 오라 (12절)

바울은 디도에게 겨울까지는 니고볼리로 오라고 부탁합니다.

"내가 아데마나 두기고를 네게 보내리니 그때에 네가 급히 니고볼리로 내게 오라 내가 거기서 겨울을 지내기로 작정하였노라"(딛 3:12).

바울처럼 디도 역시 순회 사역자였습니다. 그레데에 머물러 오래도록 사역할 사람이 아니었습니다. 바울은 디도가 어느 정도 사역을 잘 마무리하면 그를 대신할 다른 일꾼을 보낼 계획이었습니다. 아직은 정하지 않았지만, 아데마 혹은 두기고 둘 중 하나를 보낼 것입니다. 아데마에 대

디도여, 교회를 부탁하오

해서는 성경에 알려진 바가 없습니다. 전승에 의하면, 70명의 제자 가운데 하나로 후에 루스드라의 감독이 되었다고 합니다. 반면에 두기고는 성경에 다섯 번이나 나옵니다. 그는 아시아(아마 에베소) 사람으로 일찍이 바울의 선교 여행에 동참했습니다(행 20:4 참조). 그는 드로비모와 함께 아시아에서 모은 연보를 예루살렘에 전달하기 위해 뽑은 대표들 가운데 한 명이었습니다. 그렇다면 교회들에서 매우 신망이 높은 사람이었을 것입니다. 바울은 그를 "사랑을 받은 형제요 주 안에서 진실한 일꾼"(엡 6:21)이라고 부르고 있습니다. 그래서 골로새교회에 자신의 편지를 전달하도록 '대사' 역할을 맡기기도 했습니다.

"두기고가 내 사정을 다 너희에게 알려 주리니 그는 사랑받는 형제요 신실한 일꾼이요 주 안에서 함께 종이 된 자니라 내가 그를 특별히 너희에게 보내는 것은 너희로 우리 사정을 알게 하고 너희 마음을 위로하게 하려 함이라"(골 4:7-8).

두기고를 보내면 바울 자신의 형편과 마음을 잘 전달하고 골로새 성도들의 마음을 위로해 줄 수 있을 것 같았습니다. 그래서 '그를 특별히 너희에게 보낸다'고 말합니다. 그런데 이제 그 두기고를 그레데에 보내서 디도를 자유롭게 해 주겠다고 제안합니다. 실제로 두 사람 중에 누구를 보냈을까요? 우리는 모릅니다. 그런데 디모데후서 4장 10-12절을 보면, "데마는 이 세상을 사랑하여 나를 버리고 데살로니가로 갔고 그레스게는 갈라디아로, 디도는 달마디아로 갔고 누가만 나와 함께 있느니라 네가 올 때에 마가를 데리고 오라 그가 나의 일에 유익하니라 두기고는 에베소로 보내었노라"라고 말하고 있습니다. 디도와 두기고가 동시에 나옵니

다. 디도는 달마디아로 갔다고 하는데, 만약 디도서의 니고볼리가 마게
도냐 서쪽 해변에 있는 니고볼리를 말한다면, 달마디아가 니고볼리의 북
쪽이었기 때문에, 디도는 니고볼리에서 바울을 만난 후 거기서 같이 겨
울을 보낸 후에 바로 위 달마디아로 간 것으로 보입니다. 달마디아는 아
드리아 해의 동부 해변에 위치한 일루리곤의 남서부 방면에 있는 지역인
데, 그는 바울의 일루리곤 사역(롬 15:19 참조)의 후속 조치를 위해 거기 간
것으로 보입니다. 그레데에서도 바울의 후속 사역을 감당했던 것처럼 말
입니다. 바울이 두기고를 그의 고향 아시아의 에베소로 보냈다면, 두기
고 대신에 아데마가 그레데로 보내졌을 가능성이 큽니다.

바울은 두 사람 중 하나가 그레데 섬에 도착하면 디도는 '니고볼리'에
있는 바울에게로 '급히 오라'고 당부합니다. 여기서 '급히 오라'(스푸다손
엘쎄인, σπούδασον ἐλθεῖν)는 말은 '서둘러 오라' 혹은 '최선을 다해 오라'는 뜻
입니다. 속도를 말하기보다는 반드시 오라는 뜻으로 보입니다. 동역자
디도를 만나고 싶은 바울의 간절한 마음을 읽을 수 있습니다.

누구든 다 바울 같은 위대한 사도가 될 수 없고 또 디도처럼 될 수도 없
습니다. 주님의 일에는 두기고와 아데마 같은 일꾼도 필요합니다. 바울
처럼 개척하는 사역자도 필요하고, 그 뒤에 그들을 훈련하는 디도와 같
은 일꾼들도 있어야 하고, 또 그 뒤를 이어서 안정된 교회를 양육하는 사
역자들도 있어야 합니다. 만약 저에게 전도나 선교의 사명을 주셨다면
무척 힘겨워했을 것입니다. 정말 중요하고 또 해야 할 일이지만, 저는 성
도들을 교육하고 훈련하고 양육하는 사역에 더 잘 어울립니다. 노방전도
하고 축호전도를 해서 교회를 개척하시는 분들이 저에게는 존경의 대상

입니다. 저도 그런 사역을 일부 감당하겠지만 제가 주로 해야 할 사역은 아닌 것 같습니다. 글 쓰고 강의하면서 가르치는 것이 제게는 더 어울리는 일입니다.

아데마와 두기고처럼 지도자가 언제든 자신의 일을 믿고 맡길 만한 일꾼들이 공동체에 많아져야 합니다. 믿고 구역을 맡기고, 믿고 주일학교를 맡기고, 믿고 선교를 맡기고, 믿고 회계를 맡길 일꾼들이 늘 있다면 참 건강한 교회일 것입니다. 그들을 대신할 일꾼들을 미리 세워야 합니다. 그래서 물이 흐르듯 세대가 이어지고, 또 일꾼들이 줄을 서는 교회가 되어야 합니다. 큰 교회라고 해서 일꾼이 남거나 건강한 교회인 것은 아닙니다. 일꾼들을 잘 양육하는 교회가 건강한 교회인 것입니다.

바울은 디도와 니고볼리에서 재회하고 싶었습니다. 순회 전도를 하던 바울이 겨울 동안은 그곳에 머물기로 작정했기 때문입니다. 겨울에는 모든 해상 교통로가 폐쇄되어 해상으로는 더 이상 여행할 수 없었기 때문입니다. 바울이 디도에게 니고볼리로 '급히 오라'고 한 것은 단지 같이 그곳에서 겨울을 나기 위함만은 아닐 것입니다. 사사로운 목적 때문에 그레데교회의 일꾼을 교체했을 리는 없습니다. 니고볼리는 아테네 북서쪽 200마일 떨어진 곳에 있는, 해변 도시 가운데 가장 큰 도시였습니다. 남서쪽으로 여행하기 위한 정거장이기도 했습니다. 바울이 보기에 니고볼리는 그리스 서쪽으로 복음을 전하기에 적합한 도시였습니다. 우리는 바울이 이 복음을 서바나(스페인)까지 전하고 싶어 한다는 것을 잘 알고 있습니다.

"또 내가 그리스도의 이름을 부르는 곳에는 복음을 전하지 않기를 힘썼노니 이는 남의 터 위에 건축하지 아니하려 함이라 기록된 바 주의 소식을 받지 못한 자들이 볼 것이요 듣지 못한 자들이 깨달으리라 함과 같으니라 그러므로 또한 내가 너희에게 가려 하던 것이 여러 번 막혔더니 이제는 이 지방에 일할 곳이 없고 또 여러 해 전부터 언제든지 서바나로 갈 때에 너희에게 가기를 바라고 있었으니 이는 지나가는 길에 너희를 보고 먼저 너희와 사귐으로 얼마간 기쁨을 가진 후에 너희가 그리로 보내 주기를 바람이라"(롬 15:20-24).

바울이 니고볼리에서 겨울을 나기로 하고 거기서 디도를 만나자고 한 것은 이 겨울에 거기서 전도한 후 서바나까지 갈 계획이 있었을지 모릅니다. 바울이 '거기서'(니고볼리에서) 겨울을 지내기로 작정했다고 한 것을 보면, 아직 바울도 니고볼리에 있지는 않은 것이 분명하고, 이 편지를 쓰는 시점도 여름 중반 정도일 것으로 추정됩니다.

바울에게 디도는 이렇게 소중한 동역자였습니다. 물론 바울이 대단하지만, 그 곁에 돕는 동역자들이 있었기 때문에 그 많은 일들을 해낼 수 있었습니다. 바울 자신도 그런 사실을 잊지 않았습니다. 그래서 고린도교회에 보내는 편지를 보면, 성도들이 결코 자신에게 집중해서 자신을 떠받들지 못하게 하고 있습니다(고전 3:4-9 참조).

먼저 보내라(13절)

바울의 두 번째 부탁이 13절에 나와 있습니다.

"율법 교사 세나와 및 아볼로를 급히 먼저 보내어 그들로 부족함이 없게 하고."

디도여, 교회를 부탁하오

한마디로 세나와 아볼로가 여행을 하는 데 아무 부족함이 없도록 잘 보살펴서 보내 달라고 부탁한 것입니다. 그것도 '급히' 보내라고 합니다. 앞에서는 디도에게 '속히' 오라고 했는데(12절) 이번에는 서둘러 보내라고 합니다. 여기 '먼저 보내다'(프로펨포, προπέμπω)라는 단어는 '동행하다', '호송하다', '전송하다' 혹은 (다음 여행에 필요한 것을 채워 주어) '길을 떠나보내다'라는 의미의 전문 용어입니다. 지금 이 세나와 아볼로가 이미 그레데에 도착해 있는지 아니면 앞으로 그레데에 갈 예정인지는 모릅니다. 다만, 반드시 그곳을 지나서 다른 곳으로 떠날 것인데, 그때 필요한 것을 적절하게 공급해 달라고 부탁한 것입니다. 소위 '손 대접'을 잘하라고 요청하고 있는 것입니다. 아마 이들은 이 디도서를 가지고 그레데의 디도에게 향했을 가능성이 큽니다. 앞 절에서는 디도에게 '급히' 혹은 '최선을 다해서'(스푸다조, σπουδάζω) 오라고 했는데, 여기서는 '급히' 혹은 '열심히'(스푸다이오스, σπουδαίως) 환대를 베풀어 달라고 당부하고 있습니다. 바울 자신은 아데마나 두기고 두 사람 중 한 명을 보낼(펨포, πέμπω) 것이고, 디도는 선교 여행 중에 있는 세나와 아볼로를 보내야(프로펨포, προπέμπω) 한다고 말한 것입니다. 절묘하게 언어유희를 구사해서 당부하는 것을 볼 수 있습니다.

율법 교사 세나에 대해서는 우리가 아는 것이 거의 없습니다. 율법 교사(노미코스, προπέμπω)라고 번역한 단어가 유대인 서기관을 가리키는 것인지, 아니면 로마법 전문가를 가리키는 것인지 분명하지 않습니다. 아볼로는 성경에 여러 번 나오는 중요한 인물입니다. 알렉산드리아 출신으로 성경에 능통하고 언변이 바울보다 좋은 사람입니다. 특히 고린도교회에서는 '아볼로파', 즉 '아사모'(아볼로를 사랑하는 사람들의 모임)가 만들어질 만큼 많은 활약을 한 일꾼입니다. 그는 바울의 마음을 잘 알고 전할 대사로 충분한 역량이 있었습니다.

손 대접(환대); 이것은 초대 교회 그리스도인들의 중요한 특징 가운데 하나였습니다. 제도와 일꾼들을 다 갖춘 교회가 드물고, 몇몇 순회 사역자들이 방문해서 교회를 돌보던 시기에 말씀 사역자를 영접하고 필요한 것을 채워 주는 일은 성도들에게 매우 중요했습니다. 꼭 말씀 사역자가 아니더라도, 여행하는 지체들이 거할 곳을 예비해 주는 것을 중요한 의무 사항으로 여겼습니다. 이 시대의 교회들도 이렇게 하나님 나라 사역을 위해 일하시는 분들을 돕고 영접하고 채워서 보내는 일에 적극적으로 참여해야 할 것입니다. 그 대상과 범위를 좀 넓혀서 해외 선교사뿐만 아니라 국내의 사회 선교사들이나 NGO 간사들, 열악한 환경에서 신학 서적을 번역하시는 분들, 마을 활동가들 등 교회가 하나님 나라의 일을 잘 감당할 수 있도록 협력하는 일에 더 많은 상상력을 발휘하면 좋겠습니다.

배우게 하라(14절)

바울의 세 번째 부탁은 '배우게 하라'입니다.

"또 우리 사람들도 열매 없는 자가 되지 않게 하기 위하여 필요한 것을 준비하는 좋은 일에 힘쓰기를 배우게 하라"(딛 3:14).

'또'(데 카이, δὲ καὶ)는 '디도 너뿐 아니라' 혹은 '그리고 한 번 더 반복하나니'라는 뜻도 가능하지만, 마지막으로 힘주어 강조하고 싶은 권면을 잔소리처럼 덧붙이겠다는 사도의 의도를 보여 주는 접속사라고 생각합니다. 14절은 실천적인 신앙을 강조하는 디도서의 성격이 마지막 순간까지 드러나고 있는 구절입니다. 여기 '우리 사람들'(오히 헤메테로이, οἱ ἡμέτεροι)은 '우리에게 속한 사람들'이라는 뜻입니다. 그들은 그레데에 사는 바울과 디도를 아는 그리스도인들을 가리킬 것입니다. 바울은 그들이 '계속해서 배우기를'(만싸네토산, μανθανέτωσαν, 현재 명령법) 원하고 있습니다. 무엇을 배우기를 바랍니까? '좋은 일에 힘쓰기를'(칼론 에르곤 프로이스타스싸이, καλῶν ἔργων προΐστασθαι) 배우라고 합니다. 이 표현은 8절에 나온 '선한 일에 힘쓰다'와 같은 표현입니다. 그레데인들의 '게으름'(딛 1:12 참조)과 대조되는 태도가 이 '힘씀'이요, '지속적인 배움'입니다.

구체적으로 어떤 식의 선한 일에 힘쓰라고 합니까? 믿든지 안 믿든지 우리 주변에 있는 자들에게 '필요한 것을 준비하는 일'(에이스 타스 아낭카이 아스, εἰς τὰς ἀναγκαίας χρείας)입니다. 이것은 '긴급하고, 실제적이고, 절박한' 필요를 채운다는 뜻입니다. 특히 동료 그리스도인들이나 사역자들에게 꼭 필요한 도움의 기회가 생겼을 때 그레데의 그리스도인들은 그들을 도와야 하는데, 그것이 바로 선한 일이라는 것입니다. 바로 앞 절(13절)과 관련시키면 순회 사역자의 필요를 채우는 것을 말하지만, 디도서의 맨 마지막 권면이라는 것을 감안하면, 이 '필요한 것'은 지체나 이웃에게 반드시 필요한 것을 가리키는 일반적인 표현일 수도 있습니다. '좋은 일'(καλῶν ἔργων)이라는 디도서의 주제적 표현을 사용한 것을 보면 더 그렇게 볼 이유가 충분해집니다.

이웃의 필요에 눈감지 않는 사람, 이웃의 절박한 어려움에 나 몰라라 하지 않는 사람, 하나님 나라의 일에 적극적으로 참여하는 사람과 같이 하나님은 주님의 일, 하나님 나라의 일, 선한 일을 억지로가 아니라 힘써서 하는 사람으로 만드는 것을 하나님이 아들을 통해 우리를 구원하신 목적이라고 하셨습니다(딛 2:14 참조). 한 개인 안에서뿐만 아니라 공동체 안에서 거의 본능적으로 이뤄질 정도로 영적으로 민감하고 예민한 환대의 감수성을 형성하는 것이 저는 목회의 핵심이라고 생각합니다. 그 '좋은 일'의 대상이 비단 교회 안에 있는 지체들로 국한되지 않고 하나님이 사랑하시는 이 세상을 향해 점점 확대해 나가도록 눈을 열어 주는 것이 목회라고 생각합니다.

저희 교회에서 시행하고 있는 '살림펀드'(교인들이 조성한 펀드로 당장 생계가 곤란한 가정이나 청년에게 월급 형태로 기한을 정하지 않고 지급하는 일)나 '지목헌금' (받는 사람 이름만 기록해서 헌금하는 일) 그리고 준비하고 있는 '희년은행' 등은 이런 노력의 일환이며, 마을로 파송한 사회 선교사도 이 동네의 필요를 채울 준비를 하는 좋은 일에 참여하고자 하는 것입니다. 이것이 교인들에게 너무 분주하고 과도한 활동이 되지 않는 한에서 교회는 섬김과 나눔을 통해 이 지역에 교회를 두신 하나님의 뜻을 잘 이뤄야 할 것입니다.

저희는 지금도 '배우고' 있습니다. 이미 형제 사랑, 이웃 사랑, 마을 사랑을 잘 실천하고 있는 교회를 찾아가고, 초청하고, 또 사역자를 파견해서 배우고 있습니다. 또 저희도 가서 소개하고 가르치고 있습니다. 마음이 없어서가 아니라 동기부여가 되지 않아서 못할 수도 있고, 하는 방법을 잘 몰라서 못하기도 합니다. 그러니 배워야 하고 잘 가르쳐야 합니다.

바울은 '계속해서 가르쳐야 하는' 목적을 이렇게 표현합니다. 다른 사람들의 긴급한 필요를 외면하지 않고 채워 주면, 그 결과 우리가 어떤 사

디도여, 교회를 부탁하오

람이 되는지를 말하고 있습니다. '열매 없는 자가 되지 않기 위해서'(히나 메 오신 아카르포이, ἵνα μὴ ὦσιν ἄκαρποι). '열매 없는(아카르포이, ἄκαρποι) 그리스도 인'이라는 말은 없습니다. 그것은 형용 모순입니다. '열매 없는'은 '소용없는', '쓸모없는'이라는 뜻이기 때문입니다. 하나님의 필요를 채우지 못하는 사람, 이웃의 필요에 둔감한 사람, 그는 쓸모없는 사람입니다. 무익한 사람입니다. 사랑할 줄 모르는 사람이고, 사랑받을 줄 모르는 사람이기 때문입니다. 열매가 없으면 그리스도인이 아닙니다(갈 5:6; 약 2:15-16 참조). 예수님도 그 열매를 보고 하나님의 백성인지 여부를 아신다고 하셨습니다. 선한 일은 하면 좋고 안 해도 어쩔 수 없는 것이 아니라, 선한 일을 해서 선한 열매를 맺지 않으면 그리스도인이 아닙니다. 주님은 행한 대로 심판하시고, 열매로 판단하실 것입니다(롬 2:6-8; 마 7:16-20 참조). 그리스도에게 접붙여 있는 가지에는 그리스도의 열매, 성령의 열매, 빛의 열매가 맺혀야 합니다.

주님이 우리 각자와 우리 공동체에게서 어떤 열매를 보고 계실까요? 어떤 열매를 기대하고 계실까요? 우리 앞에는 늘 다양한 '긴급한 상황'이 전개될 것입니다. 나에게 올 수도 있고, 지체에게 올 수도 있습니다. 그럴 때 우리는 힘써 선한 일을 행하기를 준비해야 합니다. 그것이 바로 우리 교회에게 그때그때 주시는 소명이고 사명이기 때문입니다. 그런데 우리가 알듯이 그것은 저절로 되는 것이 아닙니다. 그래서 '배우라'고 한 것입니다. 그것도 '계속해서 배우라'고 합니다. 디도는 공동체가 어떻게 서로 긴밀하게 연결되어 서로의 필요를 채워 줄 것인지를 궁리하고 가르쳐야 했습니다. 지도자는 성도들에게 사명을 보여 주고 섬김의 길을 제시해야 합니다. 그래서 사랑의 열매를 맺을 수 있도록 도와줘야 합니다. 자기 가족만 챙기고 있으면 더 넓게 시야를 확장해 주고, 우리가 서로 어떻게 긴밀하게 연결되어 있는지를 일깨워 줘야 합니다. 우리 교회만 바라보고 있으면, 더 넓은 세상과 이웃과 선교지를 보게 해 주어야 합니다. 시각의 변화, 시야의 확대, 따스한 시선의 확보, 그것이 기독교 교육의 시작이라고 생각합니다.

문안(15절)

이제 끝으로 바울은 문안을 전합니다.

"나와 함께 있는 자가 다 네게 문안하니 믿음 안에서 우리를 사랑하는 자들에게 너도 문안하라 은혜가 너희 무리에게 있을지어다"(딛 3:15).

바울의 사역지에서 같이하고 있는 성도들이나 동역자들의 문안을 디도에게 전해 줍니다. '믿음 안에서 우리를 사랑하는 자들', 즉 바울이나 바울의 동역자들을 알고 있는 그레데의 성도들에게도 바울은 안부를 전해 주고 있습니다. 성도의 관계의 핵심에 바로 '사랑'과 '믿음'이 있음을 보여 주지 않습니까? 하나님과 말씀에 대한 같은 믿음이 있고, 그 믿음에 기초한 사랑이 있어야 공동체라고 할 수 있습니다. 우리는 일을 위해서 모인 것이 아니라 가족으로 모였습니다. 교제하려고 모였지 일하려고 모이지 않았습니다. 존재하려고 모였지 소유하려고 모인 것이 아닙니다. 교회 안에서 행하는 모든 일은 믿음의 반응이어야 하고, 그 자체로 사랑

디도여, 교회를 부탁하오

의 교제여야 합니다. 지도자는 말씀으로 성도를 섬기고, 성도는 무슨 일을 하든지 그것은 하나님과 지체를 사랑으로 하는 일이어야 합니다. 하나님과 교회를 사랑한다면, 설교자가 기도 없이 설교할 수 없습니다. 사랑한다면, 수고로운 노동 없이 설교할 수 없습니다. 내 욕심을 위해서 말씀을 이용하는 일도 없습니다. 사랑이 동기가 되고 말씀에 대한 믿음이 기초가 되어 진행될 때, 우리는 어디에 있든지, 무슨 일을 하든지, 하나님 나라의 가족이 되는 것입니다.

바울은 이 그레데 공동체에게 하나님의 은혜가 머물기를 빌어 주면서 편지를 맺고 있습니다. "은혜가 너희 무리에게 있을지어다"(딛 3:15). 이 편지는 은혜로 시작해서(딛 1:4 참조) 은혜로 끝나고 있습니다(딛 3:15 참조). 그 하나님의 은혜로 그레데 성도들은 구원을 받고 양육을 받아 경건하게 살 수 있게 되었습니다. 그 은혜는 성도들을 구원하고, 거룩하게 하고, 이 세상을 이길 수 있는 권능을 주는 하나님의 과분한 호의입니다. 그래서 바울은 이 은혜가 끊임없이 그레데 성도들에게 임하기를 구하고 있는 것입니다. 이 기도는 간구이면서 찬양입니다. 성도의 모든 삶이 찬양에 둘러싸일 때, 그것은 하나님의 통치와 권위를 대신하는 모든 유사 권위와 우상 숭배를 비합법적인 것으로 만드는 저항이 될 것입니다.

* * *

이것이 바울이 그레데 사역자 디도에게 보낸 편지입니다. 여기서 교회에 관한 바울의 모든 가르침 혹은 성경의 모든 가르침을 다 배울 수 있는 것은 아닙니다. 그레데의 독특한 처지에 맞게 편지를 보냈기 때문입니다. 그들의 필요에 따라 복음의 어떤 측면을 강조했기 때문입니다. 하지만 그레데의 형편이 우리와 크게 다르지 않습니다. 그래서 여전히 우리가 새겨들을 만한 원리적인 메시지가 있습니다.

지도자의 중요성

첫째, 공동체는 지도자를 잘 세워야 합니다. 그 자리가 명예를 위한 자리가 되어서는 안 됩니다. 직분이 신분이 되게 해서는 안 됩니다. 지도자는 오직 성경의 교훈으로 권면하고 거슬러 말하는 자를 책망할 만큼 공동체 안팎으로, 또 가정과 사회에서도 인정받는 사람이어야 합니다. 인격적으로 준비되고, 말씀으로 준비되고, 또 실제 교회를 지혜롭게 경영할 만큼 세상과 인생에 대한 지혜로운 안목을 갖추어야 합니다. 아무리 공동체가 부족하다 할지라도, 아무리 시대가 어둡고 교회를 향한 비난이 거세다 할지라도, 그럴수록 지도자를 향한 교회의 기대치는 높아야 합니다. 세속적인 기준을 걷어치우고 본질에 충실한 알짜들이 대접받고 존경받는 시대가 와야 합니다. 묵묵히 자기 자리를 지키면서 내공을 키워 온 사람, 아무도 보지 않는 곳에서 가난과 고독을 이기며 내면을 깊게 하고 넓게 한 사람, 그런 사람들을 발굴해서 그 준비에 걸맞은 역할을 맡게 해 주어야 합니다. 한 사람이 한 교회에만 충성하는 것도 아름답지만, 적절하게 준비될 때 그에 맞는 역할을 맡게 하는 것도 아름다운 일이라고 생각합니다. 그것을 야망이나 욕심으로만 여길 것이 아닙니다.

바른 가르침의 중요성

둘째, 지도자는 바른 가르침을 전해서 성도들이 진리 위에 바로 서게 해주어야 합니다. 진리를 배반하는 자들을 용납해서는 안 됩니다. 엄히 꾸짖어야 합니다. 훈계해도 듣지 않으면 멀리해야 합니다. 디도에게도 교훈에 부패하지 말라고 당부하고 있습니다. 지금 강단에서 복음이 심각하게 훼손되고 오해되고 있다는 증거가 수없이 많습니다. 복음만이 권면의 타당성을 가르는 결정적인 기준입니다. 그릇된 복음은 필경 그릇된 열정을 강요하고, 신자들의 그릇된 삶을 신학적으로 포장하고 정당화하는 데 이용될 것입니다. 예레미야 선지자는 유다의 멸망을 목전에 둔 상황에서도 거짓 선지자들은 하나님을 멸시해서 백성들에게 '너희가 평안하리라'는 메시지만 선포했다고 고소합니다(렘 23:17 참조). 그들은 "간음을 행하며 거짓을 말하며 악을 행하는 자의 손을 강하게 하여 사람으로 그 악에서 돌이킴이 없게 하였"(렘 23:14)습니다. 그런 자들이 유다를 소돔과 고모라처럼 만들었다고 비난합니다. 교회는 말씀의 일꾼들을 존중하고 사랑해야 하지만, 그들의 메시지가 복음에 근거하고 있는지를 적절하게 평가하고 진단할 수 있는 장치를 마련해야 합니다. 어떻게 감히 교인이, 혹은 평신도가 목회자를 판단하느냐고 말해서는 안 됩니다. 그런 안일하고 그릇된 생각 때문에 이 시대 적잖은 말씀의 일꾼들이 말씀 아닌 것, 복음 아닌 것, 진리 아닌 것을 전하게 되었기 때문입니다. 말씀은 바르게 전했는데 교인들이 순종하지 않아서 문제라고 더는 말할 수 없는 상황에 이르렀습니다.

열매 맺는 선한 삶의 중요성

셋째, 구원의 열매를 강조합니다. 공동체 안의 지체들을 향한 태도뿐 아니라 공동체 밖의 불신자들을 향해서도 성도들은 탁월한 책임감과 도덕성을 갖춰야 합니다. 그래서 하나님의 말씀이 비방을 받지 않게 하고, 우리 구주 하나님의 교훈을 범사에 빛나게 해야 합니다. 입으로 시인하고 행위로 부인하면 가증한 자입니다. 우리는 '선한 일'을 하는 하나님의 백성을 창조하기 위해 구원받았다는 사실을 기억해야 합니다. 천국 가는 입장권을 얻는 문제 정도로 구원을 이해해서는 안 될 것입니다. 구원의 목표는 '하나님 나라'입니다. 자기를 부인하고 지체를 사랑할 줄 아는 사람, 평화를 추구할 줄 아는 사람, 하나님의 긍휼과 용서를 닮은 사람, 서로에게 안식이 되는 사람이 모인 곳이 하나님 나라입니다. 그 온전함을 향해 순례의 여정에 나선 사람들, 적어도 그 방향과 목표를 향해 힘써 나아가는 사람이 그리스도인입니다.

은혜의 중요성

그레데의 핵심적인 반대자들은 '할례파'입니다. 유대인들인 것입니다. 그들은 율법주의자들입니다. 그들은 단지 하나님을 향한 열정에서 율법의 철저한 준수를 주장한 것이 아니었습니다. 그랬다면 바울은 할례든, 음식법이든, 안식일이든 '각각 마음으로 확정할지니라. 날을 중히 여기는 자도 주를 위하여 중히 여기고 먹는 자는 주를 위하여 먹으니 이는 하나님께 감사함이요 먹지 않는 자도 주를 위하여 먹지 아니하며 하나님께 감사하느니라'(롬 14:5-6 참조)라고 말했을 것입니다. 하지만 그들은 우리의 구원에 있어서 하나님의 은혜로는, 예수님의 십자가로는 충분하지 않다고 주장했습니다. 자신들이 행한바 의로운 행위로 구원을 받는다고 여겼기 때문에 바울은 적극적으로 대응한 것입니다. 우리가 하나님의 백성이 되는 것과 복음에 합당하게 사는 데 필요한 모든 것은 하나님의 긍휼에서 나옵니다. 예수님과의 연합에서 나옵니다. 성령의 새롭게 하심과 부으심에서 나옵니다. 우리가 의로운 백성이 되는 것은 오직 '은혜로만' 가능합니다. 그분의 긍휼과 자비와 사람 사랑하심으로만 가능합니다. 그 은혜로 시작해서, 은혜로 살고, 은혜로 마치는 것이 그리스도인의 삶입니다.

우리는 디도서를 통해서 지도자와 바른 가르침, 선한 행실, 은혜를 강조하시는 주님의 음성을 듣습니다. 우리의 교회를 이 소명을 잘 감당하는 교회로 세워 가지 않겠습니까?

교회다움을 위한 체크 리스트

1. 복음의 우선성

- ☑ 복음이 얼마나 신실하신 하나님에 대한 소식이며 이야기인지를 잘 전하고 있는가?
- ☑ 복음에 비추어 우리 교회의 모든 가르침과 경영과 사역을 계획하고 평가하고 있는가?

2. 실천적인 성도

- ☑ 성도들이 교회 안이나 특정한 종교 활동으로 자신의 삶을 치장해서 자신을 속이지 못하게 돕고 있는가?
- ☑ 성도들이 그들의 전 존재를 통해, 모든 영역에서, 모든 시간 동안 하나님이 부여하신 정체를 따라 사랑과 자유를 만끽하도록 힘을 주고 있는가?
- ☑ 하나님의 선한 역사로 주의 구원에 참여한 성도들이 그 복음이 동기가 되어 교회 안팎에서 선한 일에 전념해 열매를 맺을 수 있도록 돕고 있는가?

3. 경계할 사상

- ☑ 성도들이 멀리하고 피해야 할 이단의 사상이나 이 시대의 가치관에 대해서 잘 가르쳐 주고 있는가?
- ☑ 성도들이 던지고 있는 실제적인 질문들에 대해 신학적, 성경적 대답이 있는 세계관적 가르침이 전해지고 있는가?
- ☑ 복음의 권면을 받아들이지 않는 구성원을 어떻게 다룰지에 대한 가이드라인이 마련되어 있는가?

4. 동역자

☑ 바울과 디도처럼 우리 교회만의 사역자가 아니라 하나님 나라 사역을 하는 사역자들을 어떻게 지원하고 있는가?

☑ 특정 교회에 소속되어 있지 않지만 다양한 분야에서 활동하고 있는 사역자들(선교 단체 간사, 번역가, NGO 간사 등)을 잘 지원하고 있는가?

5. 은혜가 있는 교회

☑ 우리 교회는 하나님의 풍성한 은혜의 우선성을 늘 잊지 않고 있는가? 설령 그것이 인간의 무책임성을 야기할 위험이 있다 할지라도 위로부터 주시는 힘으로만 이 세상을 감당할 뿐 아니라 하나님의 뜻에 복종할 수 있음을 분명하게 인식하도록 전하고 있는가?

6. 이상을 놓치지 않는 교회

☑ 교회는 여전히 온전하지 못한 죄인들의 공동체지만, 여기서 성도들이 하나님 나라를 경험하게 하고, 궁극의 완성을 기대하게 하는 사명을 잊지 않게 도와주는가?

☑ 사회가 절망해서 포기한 지점에서 희망과 기대를 갖게 할 상상력을 불어넣어 주는 공동체인가?

☑ 사회가 제시하는 헛된 청사진 속에 담긴 허위를 간파하고 그 절망에 직면하게 해 줌으로써 참된 희망을 갖도록 해 주는가?

디도여,
고희를 부탁하오